Elvira Klein

# Der Ausflug in den Taunus

SOCIETÄTSVERLAG

Satz: Societäts-Druck, Sören Ruppert
Druck und Verarbeitung: Ebner & Spiegel GmbH, Ulm
Karten und Zeichnungen: Rudolf Klein
Umschaggestaltung: Societäts-Verlag, Tijana Veljovic
Printed in Germany 2005

ISBN 3-7973-0951-1

# Ein Wort zuvor

Er misst 4000 Quadratkilometer, drei Flüsse, Rhein, Lahn, Untermain sowie das Wetzlarer Becken begrenzen ihn, drei Naturparks und sechs Kreise teilen sich in die Gesamtfläche: So klingt in nüchterner Beschreibung der Taunus. Was Daten und Fakten nicht mitteilen können, ist der große landschaftliche Reichtum dieses Mittelgebirges, dessen Laub- und Nadelwälder, der reizvolle Wechsel mit offenen Felderpartien, seine allerorten anzutreffenden Felsformationen und Naturdenkmale. Hinzu kommt viel Sehenswertes, hübsche Kleinstädte wie das Fachwerk-Kleinod Idstein, burgengekrönte Gemeinden wie Königstein, der mondäne Glanz früherer Nobelkurorte wie Bad Homburg und Wiesbaden oder die großartigen Hinterlassenschaften aus Kelten- und Römerzeit.

Abwechslung und Vielfalt zeichnen den Taunus aus. Immerfort, manchmal auf wenigen Kilometern, verändert er sein Gesicht. Im Südosten schenkt ihm die unvermutet aus der Ebene aufsteigende Achthunderter-Kette Altkönig, Großer und Kleiner Feldberg eine ganz eigene Topographie. Hier und von den südlich anschließenden Höhenzügen bis Wiesbaden bieten sich grandiose Aussichten über das Rhein-Main-Gebiet. Im Westen, zum Rhein hin, wird das Bild lieblicher; Weinberge, Kirchen und Klöster prägen den Rheingau. In starkem Kontrast dazu stehen die dichten, fast nur von Laubbäumen gebildeten Wälder im Rheintaunus. Schroff und pittoresk dagegen die Partie am Mittelrhein bis Lahnstein.

Den Lahntaunus charakterisieren steile Uferberge und beeindruckende Felsgruppen, aber auch offene, beckenartige Partien. Hier lebte man schon immer gern. Nicht zufällig sind dort zahllose Schlösser und Burgen oder grandiose Kirchenbauten wie der Limburger Dom anzutreffen. Ganz anders dagegen die Landschaft im so genannten Hintertaunus. Sie bildet eine weite Hochebene im ständigen Wechsel von Feld, Wald und Wiesen. Nur der Horizont begrenzt hier die Fernsicht.

Es gibt also viel zu entdecken und zu erleben im Taunus. Am besten natürlich zu Fuß. Diesen Anspruch, Natur- mit Kulturgenuss zu verbinden, möchte das vorliegende Wanderbuch einlösen. Gestützt auf die allwöchentlich in der Frankfurter Allgemeinen Zeitung erscheinenden Ausflugsvorschläge, wurde hierfür eine repräsentative Auswahl getroffen, und bei den 75 Routen darauf geachtet, dass die Ausgangsorte (bis auf wenige Ausnahmen) auch mit öffentlichen Verkehrsmitteln erreichbar und die Runden nicht zu lang sind. So bleibt ausreichend Zeit für Besichtigungen, Stadtrundgänge oder auch Einkehr und Rast.

Alles Wissenswerte zu den jeweiligen Wandermerkmalen, Sehenswertem und Einkehrmöglichkeiten ist in knapper Form jeder Tour vorangestellt. Genannt werden auch Öffnungszeiten und Adressen von touristischen Informationsstellen; für die aufgeführten Gasthäuser gilt: Sofern nicht anders verzeichnet, sind diese täglich geöffnet. Trotz Aktualisierung (Stand Frühjahr 2005) kann allerdings keine Gewähr für die Richtigkeit dieser Angaben gegeben werden, ebenso für das Vorhandensein der Markierungen. In der Regel sind die Wege dank des Engagements der ehrenamtlichen Helfer der Wandervereine aber zuverlässig gekennzeichnet.

Allen Wanderern wünsche ich so glückhafte Stunden, wie ich sie während ungezählter Touren im Taunus erleben durfte. Mein besonderer Dank gilt der Geschäftsführung der Frankfurter Allgemeinen Zeitung und des Societäts-Verlags, die das Erscheinen dieses Buches ermöglicht haben.

*Elvira Klein*

# Inhaltsverzeichnis

**Lahntaunus**

# „Vor der Höhe“

## Misteln für Miraculix

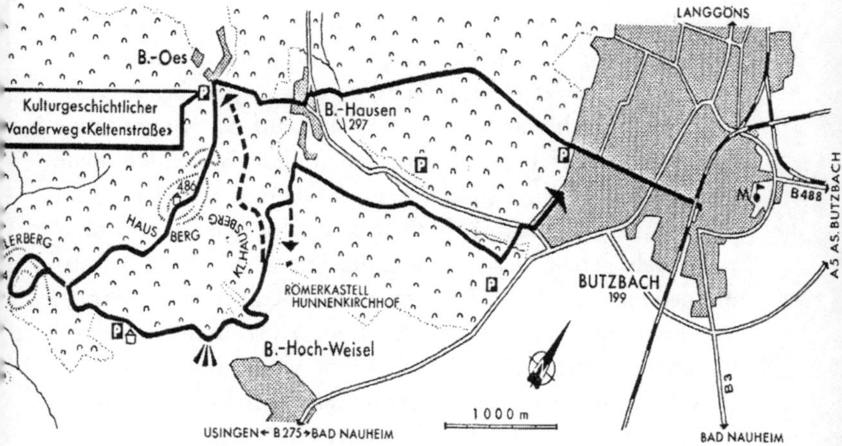


**Beginn:** Butzbach, Bahnhof
**Länge:** 15 (12) km; nur Lehrpfad 8 km
**Merkmale:** Zunächst bergan • dann im Wechsel hügelab und hügelauf • durch Streuobstwiesen und Wachholderheide • zu historischen Stätten
**Öffnungszeiten:** Stadtmuseum, Solms-Braunfelser Hof, tägl. a. Mo. 10–12 u. 14–17 Uhr, Sa. nur nachmittags
**Info:** Stadtverwaltung Butzbach, Kulturamt, Tel. 0 60 33/74 71 11 14; Internet: www.butzbach.de
**Sehenswert:** Ev. Pfarrkirche, Anfang 13. Jh. begonnen, im 15. Jh. zu dreischiffiger gotischer Hallenkirche erweitert; unter dem Chor Gruft der Landgrafen v. Hessen-Butzbach; Grabsteine und zahlreiche Epitaphien • spätgotische Michaelskapelle im ummauerten Kirchhof • Wendelin-Kapelle (älteste Holzkirche Hessens) mit Schnitzaltar um 1500 • Landgrafenschloss, 1610 errichtet, im 19. Jh. umgebaut • Solms-Braunfelser Hof, 1481 als Amtshof der Grafen zu Solms-Lich erbaut, Treppenhaus v. 1588, im 18./19. Jh. verändert, Wehrturm des Stadttores einbezogen (jetzt Stadtmuseum) • malerische Altstadt mit Rathaus von 1560 und zahlreichen Fachwerkhäusern aus 16. bis 18. Jh. am Marktplatz

Es liegt noch nicht lange zurück, da war der Hausberg bei Butzbach „off limits". Die exponierte Lage der knapp 500 Meter hohen Anhöhe am östlichsten Taunusrand nutzten die amerikanischen Streitkräfte seit 1967 für eine Funkstation. Erst in den achtziger Jahren wurde das Plateau wieder freigegeben. Seitdem zieht es die Butzbacher wie früher auf ihren Hausberg, als dort ein 1876 errichteter Aussichtsturm stand und an jedem Himmelfahrtstag ein Fest gefeiert wurde (jetzt am 1. Mai). Mit der Zugänglichkeit wurde auch das Interesse an der Vorgeschichte gefördert, da sich auf der Kuppe sowie dem benachbarten Brülerberg bedeutende Bodendenkmale aus keltischer Zeit erhalten haben. Für den Wanderer sind diese mit einem Lehrpfad exzellent erschlossen. Großformatige Tafeln geben Auskunft über die Anlage mit ihren Befestigungen aus dem 5. bis 3. Jahrhundert v. Chr. Doch wie sooft bei keltischen Hinterlassenschaften, trotz archäologischer Grabungen 1911/12 weiß man sehr wenig über Funktion und Bewohner einer solchen Höhensiedlung. Am wahrscheinlichsten ist die Annahme, dass dort ein Stammesfürst lebte und die Bevölkerung in der fruchtbaren Ebene. Den knapp acht Kilometer langen Kelten-Rundweg wollen wir in eine längere, landschaftlich sehr abwechslungsreiche Wanderschleife ab Butzbach einbinden.

Gestartet wird am Bahnhof mit den Markierungen blaues X und schwarzes T. Links vom Eingang schlüpfen diese in den Fußgänger-Tunnel unter den Gleisen, um dann durch die schnurgerade Taunusstraße dem Wald zuzustreben (am Ende der Straße können Autofahrer parken). Unter hochstämmigen Bäumen schlängelt der Weg fast eben voran, erst vor dem Dörfchen Hausen senkt er sich in einen Wiesengrund. Ist ein unscheinbarer Steg überschritten, kommt man nach kurzem Anstieg hinauf. Mit Links-rechts-Abzweigen sind die wenigen Gebäude von Hausen rasch passiert; wieder im Wald, führt ein kräftiger Anstieg nach Oes. Vor dem ersten Haus knickt man links ab, am dortigen Parkplatz beginnt die Keltenrunde. Offiziell nennt sich der Lehrpfad „Kulturgeschichtlicher Wanderweg Keltenstraße“. Wie viele weitere Einrichtungen wurden auch Haus- und Brülerberg 2002 im Rahmen des Projektes Keltenstraße aufwändig für die Öffentlichkeit erschlossen. So verwundert es nicht, hier dem am Glauberg gefundenen Kelten-Fürsten mit seinen markanten „Ohren“ wieder zu begegnen. Als Signet, im Schattenriss auf grünem Grund, begleitet er den Wanderer in die Butzbacher Prähistorie. Die bisherigen Zeichen, X und T, werden fortan ignoriert.

*Butzbach, Marktplatz*

Erneut heißt es kurz, aber tüchtig steigen. Ein fast rampenartiger Anstieg zielt auf den Hausberg. Unterwegs erkennt man noch gut an den – kontraststark mit Moos bewachsenen – Geländeeinschnitten und Aufschüttungen, wie die keltische Höhenfestung gebaut war. Den beiden äußeren Abschnittswällen folgten zwei geschlossene Ringwälle, der äußere vermutlich ein reines Erdwerk, der innere nach dem Verfahren so genannter Pfostenschlitzmauern errichtet. Auf 12 Hektar umschlossen Wehranlagen den Hausberg. Freilich: Das kreisrunde, eingeebnete Gipfelplateau stammt nicht aus keltischer Zeit, vielmehr wurde es vom amerikanischen Militär nach seinen Bedürfnissen hergerichtet.

Der Keltenweg verlässt rechts von der Schutzhütte den Hausberg und führt auf breitem Forstweg erst einmal bergab. Nach längerer Lärchenpartie lässt sich an einer Kreuzung für einen Schlenker um den Brülerberg rechts abbiegen. Der Lehrpfad macht hier auf Besonderheiten aus Flora und Fauna aufmerksam. Kaum vorstellbar angesichts des dichten Bewuchses, dass der keltische, zu fränkischer Zeit umgestaltete Wall einmal frei am Hang gelegen hat, gar im 17. Jahrhundert Weinbau betrieben wurde. Auch im weiteren Verlauf, nach Passieren des Wanderparkplatzes Hausberg, weisen die Info-Tafeln auf Naturschätze hin. Hier, zwischen Kiefern und Streuobstwiesen, spaziert man durch eine Wacholderheide, die als Rückzugsgebiet bedrohter Tiere und Pflanzen nicht minder von Bedeutung ist wie die Obstbäume. Die in ihren Kronen gut erkennbaren Mistelbüsche gelten zwar als Schmarotzer, sind aber durchaus von kulturgeschichtlichem Reiz, sollen doch die Kelten, wie es der römische Geschichtsschreiber Plinius der Ältere für die Gallier überliefert hat, die Mistel als Pflanze verehrt haben, „die alles heilt“. Leser der „Asterix“-Comics kennen das Bild vom Druiden Miraculix, wie er durch die Bäume turnt und mit einer goldenen Sichel Misteln schneidet.

Am Ende der Wacholderheide geht es mit Linksbogen wieder in den Wald. Die Spurrillen im Untergrund erinnern an einen mittelalterlichen Fahrweg. Betrieb herrschte hier schon immer. Nach den Kelten kamen die Römer, wie die Reste des Kleinkastells Hunnenkirchhof belegen, zu dem der Lehrpfad mit Abstecher führt. Wer nur dem Keltenweg folgt, kehrt also zurück zu jener Stelle, wo sich der Weg für das Schlussstück nach Hausen gabelt. Unsere Hauptstrecke setzt sich mit dem unterdessen aufgetauchten Zeichen schwarzer Strich fort. Ab der Wegekreuzung kurz vor dem Kastell hält man sich links leicht abwärts bis zum ersten Gebäude von Hausen, dort rechts. Eine ganze Weile werden wir zwischen feuchten Wiesen und Waldrand entlanggeführt, ehe man links hinauf zur Landstraße kommt. Dort kurz rechts, und drüben weiter durch die Goethestraße zum Ausgangspunkt. Bahnfahrer laufen rechts die Taunusstraße hinab.

# Bedeutend, aber unbekannt – die Hospitalkirche von Nieder-Weisel

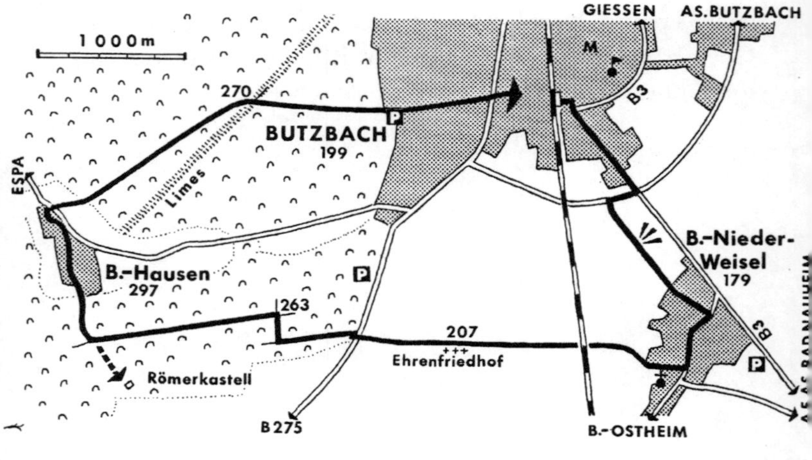


**Beginn:** Butzbach, Bahnhof
**Länge:** 11 km
**Einkehr:** In Nieder-Weisel
**Merkmale:** Zu einem ungewöhnlichen Gotteshaus • erste Wanderhälfte durch ebene Felder, dann bergan im Wald • zum Schluss herrliche Buchenwälder
**Öffnungszeiten:** Schlüssel zur Hospitalkirche in der benachbarten Johanniter-Unfallstation
**Info:** Stadtverwaltung Butzbach, Kulturamt, Tel. 0 60 33/74 71 11 14; Internet: www.butzbach.de
**Sehenswert:** Nieder-Weisel, ev. Pfarrkirche, mächtiger Wehrturm 12. Jh., spätgotisches Langhaus mit Staffelgiebel, Umbau 1616 mit prachtvoller Stuckdecke • Johanniterkirche, Anfang 13. Jh., Rarität einer turmlosen, zweigeschossigen Längskirche; im Obergeschoss ein Krankensaal, ausgebaut im 16. Jh. • Butzbach, siehe S. 11

Hessen ist reich an romanischer Architektur: Kirchen, Klöster, Burgen und selbst Wohnhäuser, es gibt noch hunderte Gebäude, die am charakteristischen Rundbogen erkennbar sind. Eines der bedeutendsten, gleichwohl eher unbekannt gebliebenen Bauwerke aus dem Hochmittelalter versteckt sich im Butzbacher Ortsteil Nieder-Weisel. Dunkel dräuend, fast abweisend liegt dort am Rande des engen Gassengewinkels ein unverputzter Kasten, dem nicht auf Anhieb seine (frühere) Funktion als Kirche anzusehen ist, fehlt doch das, was gemeinhin ein Gotteshaus kennzeichnet, ein Turm. Nur die Apsis an der Ostseite und die regelmäßig eingeschnittenen Fenster lassen an einen Sakralbau denken. Oberhalb davon erkennt man eine zweite Reihe kleinerer Fenster, darunter ein gliederndes Zickzackband. Allein dieses Detail lässt äußerlich die ungewöhnliche Funktion des Gebäudes als Hospitalkirche erahnen. Unten wurde Gottesdienst gehalten, oben lagen die Kranken. Durch drei Öffnungen in der Decke konnten sie akustisch an der Messe teilhaben.

Mitglieder des Johanniterordens hatten hier eine erstmals 1245 genannte Komturei errichtet. Gegründet wie der Deutsche und andere Orden auf den Kreuzzügen, gehörte es zum Selbstverständnis der (Ritter-)Gemeinschaft, Seelsorge mit dem Schutz und der Pflege von Bedürftigen zu verbinden. Dank Abgabenfreiheit und zahlreicher Schenkungen gedieh der Johanniterorden prächtig, mehrere tausend Morgen Land oder ein Drittel der Gemeindefläche gehörten ihm alleine in Nieder-Weisel. Mit der Reformation begann der Niedergang, an dessen Ende 1809 die Auflösung stand. Nachdem der Orden die Kirche 1865 zurückerhalten hatte, wurde (im Herrenhaus) erneut ein Hospital eingerichtet, das bis in die siebziger Jahre des 20. Jahrhunderts bestand. Der Krankensaal in der Kirche dient seit Gründung (1961) einer „Ordensallianz" aus mehreren Ländern als Versammlungsraum, der zeremonielle Ritterschlag zur Aufnahme in die Gemeinschaft wird im Langhaus vollzogen. Außerdem hat die Bundesschule der 1952 gegründeten Johanniter-Unfallhilfe ihren Sitz in Nieder-Weisel.

Starten wollen wir am Bahnhof von Butzbach. Wir halten uns rechts über Bus- und Autoparkplatz die wenigen Schritte hinab zur Weiseler Straße; mit ihr verlässt man die Stadt. Bald trifft man auf eine große Straßenkreuzung, dort rechts Richtung Usingen. Nach etwa 200 Metern queren wir diese in Höhe eines die Böschung durchschneidenden Feldweges. Dieser bringt geradeaus hinüber nach Nieder-Weisel. Dabei genießt man den Blick zu einem weiteren Schmuckstück der Romanik, Burg Münzenberg. Durch ihre beiden Rundtürme wirkt sie wie ein gestrandeter Ozeandampfer über der offenen Wetterau-Landschaft. Mit Erreichen von Nieder-Weisel wird das Ge-

*Johanniter-Spitalkirche in Nieder-Weisel*

radeaus in der Langgasse fortgesetzt, erst am Gasthaus „Zur Glocke" biegen wir rechts in die Butzbacher Straße und damit in den älteren Teil. Hier trifft man auf die evangelische Pfarrkirche. Auch sie ein kunstgeschichtliches Kleinod. Während der mächtige Turm noch die wehrhafte Sprache des 12. Jahrhunderts spricht, zeigt sich das spätgotisch umgestaltete

Langhaus schmuckfreudig mit der Rarität eines Staffelgiebels an der Ostseite.

Bald nach der Ortsmitte zweigt rechts die unscheinbare Hausbergstraße zur Johanniterkirche ab. Dahinter, nach leichtem Rechts-links-Schlenker und dem Unterqueren einer Eisenbahnlinie, steht man wieder im freien Feld. Auf befestigtem Weg werden wir schnurgerade zum Wald geführt, wobei ein Ehrenfriedhof für Gefallene des Zweiten Weltkriegs berührt wird. Die Straße am Waldrand laufen wir wenige Schritte nach rechts, um dann gleich links in den Forst einzutreten. Wieder heißt es geradeaus. An der Wegekreuzung etwa 500 Meter später folgt man dem Hauptweg rechts und an der nächsten Kreuzung 200 Meter weiter links. Leicht bergan, kommen wir nun in einstiges Grenzgebiet der Römer. Die Nähe des Limes signalisiert das Wanderzeichen eines schwarzen Wachturmes, auf das wir nach einer Viertelstunde Weges an einer Kreuzung treffen. Links abzweigend, kann man einen kurzen Abstecher zum Kleinkastell Hunnenkirchhof unternehmen. Seine Umwehrungen sind als tiefe Gräben noch gut im Gelände sichtbar.

Ansonsten gehen wir mit dem Zeichen Limesturm rechts bis Hausen, passieren den kleinen Ort fast in ganzer Länge und biegen rechts in den Wiesengrund. Unten überschreitet man einen kleinen Steg. Die Markierung knickt hier rechts ab, nach 500 Metern links, um auf den noch beeindruckend vorhandenen Wallresten des Limes entlangzuführen. Kurz heißt es bergan und dann unter hochstämmigen Laubbäumen fast nur noch geradeaus (man kann mit dem X nach dem Steg auch einfach geradeaus gehen). Unterwegs treffen beide Zeichen, Wachturm und X, wieder zusammen. Wenn sich die Wanderhilfen erneut teilen, verbleiben wir beim X. Mit diesem geht es zum Forst hinaus und die Taunusstraße hinab zum Bahnhof (Autofahrer können auch hier oben am Waldrand parken).

# Im römischen Grenzbereich

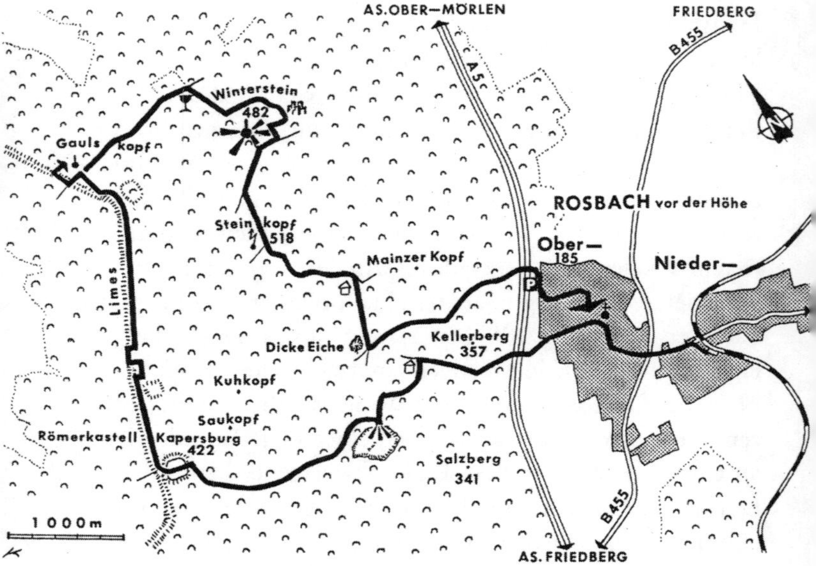


**Beginn:** Rosbach v. d. Höhe, Bahnhof oder Ortsmitte
**Länge:** 17 km (15 ab Ober-Rosbach).
**Einkehr:** Forsthaus Winterstein (Mo. u. Di. Ruhetage)
**Merkmale:** Zu wichtigen römischen Hinterlassenschaften: Kastell Kapersburg und Signalturm am Gaulskopf • Anfangs lang und kräftig bergan, am Limes weitgehend eben • steiler Kurzanstieg auf aussichtsreichen Winterstein • langer Schlussabstieg
**Öffnungszeiten:** Kapersburg und Signalturm am Gaulskopf sind frei zugänglich
**Info:** Gemeindeverwaltung Rosbach, Tel. 0 60 03/82 20;
Internet: www.rosbach.de
**Sehenswert:** Ober-Rosbach, Torturm einer Burg aus 13. Jh. • Altes Rathaus (1570) und Fachwerkhäuser • Kapersburg, römisches Kastell aus 2. Jh. n. Chr.

Erstmals seit Jahrzehnten herrscht wieder Leben am Limes – jedenfalls in archäologischer Hinsicht. Nach Ende der systematischen Erfassung durch die Reichslimeskommission um 1900 war nicht mehr viel an dem 550 Kilometer langen obergermanisch-rätischen Limes zwischen Mittelrhein und Donau geschehen, ungeachtet zahlreicher Rekonstruktionen von Kastellen und Wachtürmen. Mit Blick auf das hundertjährige Jubiläum des Wiederaufbaus der Saalburg (1907 beendet) und mehr noch auf die Anerkennung des Limes als UNESCO-Weltkulturerbe wird wieder fleißig an der Taunusstrecke gegraben, hier in den Kleinkastellen Feldberg und Kapersburg.

Außergewöhnliche Funde sind kaum zutage getreten (und sind auch nicht zu erwarten), aber es erhärtet sich der schon länger gehegte Verdacht, dass die Befestigungen bereits vor dem so genannten Alemannensturm 260 n. Chr. ganz oder in Teilen aufgegeben waren. Im Falle der Kapersburg dürfte die berittene Abteilung bereits abgezogen und von den verbliebenen Fußsoldaten nur noch ein Viertel der Kastellfläche belegt gewesen sein. Der Limesuntergang war nicht, wie lange vermutet, spektakulär, vielmehr ging dieses heute größte Flächendenkmal Deutschlands eher schleichend zugrunde. Der Wall verfiel und blieb, wo sich Wald ausbreitete, im Gelände gut sichtbar.

Einen der am besten erhaltenen Abschnitte wollen wir in unsere Wanderung zur Kapersburg einbeziehen. Beginn ist am Bahnhof von Rosbach v. d. Höhe. Wir orientieren uns an der in Sichtweite vorbeiführenden Straße und folgen ihr, dann als Nieder-Rosbacher Straße ausgewiesen, links in den alten Kern von Ober-Rosbach bis zur barocken Pfarrkirche (hier oder am Ortsrand können auch gut die Autofahrer beginnen). Vor dem Gotteshaus sichten wir das Zeichen schwarzes Dreieck. Es führt um die Kirche herum und links in die Bergstraße. Diese macht ihrem Namen alle Ehre, wenn es kräftig steigend den Hang durch ein Villenviertel hinauf zur Fußgängerbrücke über die Autobahn geht.

Das Bergauf setzt sich dann im Wald fort. Für Abwechslung sorgt der Aussichtspunkt oberhalb eines aufgegebenen Quarzitbruchs. Als dunkler Schattenriss zeichnen sich hinter den Frankfurter Hochhäusern die Kammlinien von Odenwald und Spessart ab. Weiter heißt es unermüdlich steigen, dabei verändert der Wald langsam sein Gesicht – dunkle Fichten gehen in luftige Laubbäume über, weiter oben freilich fast urwaldartig verdichtet. Unvermutet steht man so vor der in Grundzügen wieder aufgemauerten Kapersburg. Nur ein Schlängelpfad bahnt den Weg quer durch das 1,6 Hektar große Rechteck. Die mit etwa 150 Mann besetzten Numeruskastelle vom Typus Kapersburg – eine spätmittelalterliche Bezeichnung – waren kaum anders aufgebaut als die dreimal so große Saalburg. Neben Kommandantur und Unterkünften fehlte es auch hier nicht an einer Badeanlage.

Die Therme lag vor dem westlichen Kastelltor. Dort kommt das Wanderzeichen heraus und hält auf eine große Blockhütte zu. Gegenüber ihrer rechten Seite trifft ein ganzes Zeichenbündel zusammen. Für uns genügt das schwarze Türmchen des Limes-Fernwanderweges. Dieser verläuft unmittelbar auf und an der ehemaligen Grenze, die das römische Imperium eher psychologisch sicherte als wirklich schützte. Mehr als ein Annäherungshindernis stellte der Limes nicht dar. Wichtig waren die in Sichtweite stehenden Türme und Kleinstkastelle zur raschen Nachrichtenübermittlung, gerade in Taunus und Wetterau, wo die unruhigen Chatten im Auge zu behalten waren. Am Rande des durch halbhohe Erdwälle gekennzeichneten Abschnitts erkennt man Reste von zwei der kleinen Außenposten. Ein ungewöhnlich großer Turm lag am Gaulskopf. Den restaurierten Signalturm erreicht man mit Abstecher links ab (weiterhin Limeszeichen), nachdem ein breiter Waldweg und damit die Markierung rotes Kreuz erreicht wurden. Regulär geht es damit rechts weiter leichten Schrittes bis zur rustikalen Einkehr „Forsthaus Winterstein“ an einer großen Waldwiese.

Gleich dahinter wechseln wir zum Zeichen schwarzes liegendes U. Es geriert sich zunächst als „Bergführer“ beim kräftigen Anstieg zum Winterstein, nicht ohne unterwegs für „süße“ Zwischenmahlzeiten in Gestalt ausgedehnter Heidelbeer-Teppiche zu sorgen, wie überhaupt der gesamte Wald in diesem Raum ungewöhnlich abwechslungsreich ist. Zwischen Eichen, Buchen, Farnen und dichtem Buschwerk erfreut im Sommer besonders rosafarbener Fingerhut das Auge. An der Quarzitrippe auf dem von einem Aussichtsturm gekrönten Winterstein tritt nochmals der Wald zurück, ehe er sich für den gesamten Rückweg um uns schließt. Hierfür, den Abgang bis Rosbach, ist Folgendes zu beachten: Zunächst setzen wir mit dem liegenden U den Weg fort, das heißt wenige Meter vor der Felsgruppe links und etwa 200 Meter weiter rechts. Nach einer vergrasten Passage stößt man auf die Zufahrt zum Fernmeldeturm am Steinkopf. An der ersten Kreuzung unterhalb davon behalten wir das Geradeaus bei, wechseln aber zum roten Punkt. Auch an der nächsten Kreuzung, nach einer etwas rutschigen Partie, bleibt es beim Geradeaus, nun freilich mit dem schwarzen Strich. Dieser gilt bis zum Schluss. Zu beachten ist nur ein Rechts- und später ein Linksschwenk – dort sieht man etwas zurückgesetzt die 250 Jahre alte Dicke Eiche. Ein breiter Forstweg weist hinab bis zur Autobahnbrücke. Durch Taunusstraße und die Straße In der Nonn kommt man zum alten Kern.

# Wo der Taunusquarzit in der Sonne gleißt

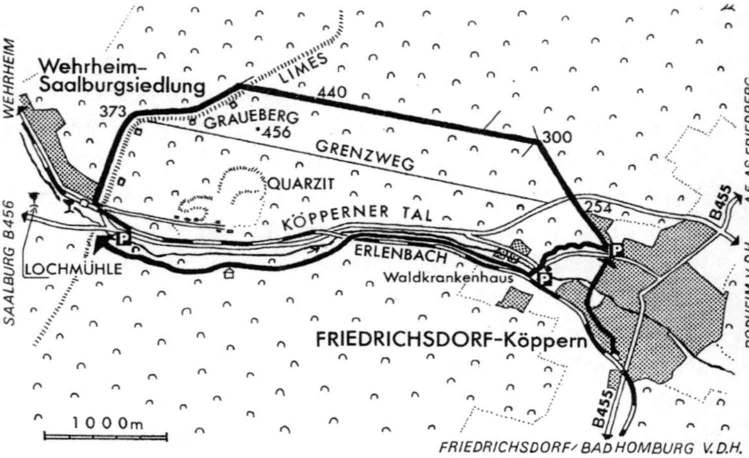


**Beginn:** Bahnhof Saalburg-Lochmühle
**Länge:** 12 km
**Einkehr:** Mit Abstecher in Köppern • am Freizeitpark Lochmühle (nur im Sommerhalbjahr)
**Merkmale:** Stille, abwechslungsreiche Waldpassagen • mäßige Steigungen • besonders für einen Ausflug mit Kindern geeignet
**Öffnungszeiten:** Freizeitpark Lochmühle, tägl. 9–18 Uhr, Ostern bis Anfang Okt.

Die Zauberformel „Sesam öffne dich!" mag manchem Wanderer in den Sinn kommen, wenn er über dem Köpperner Tal der hell gleißenden Wände des Taunus-Quarzit-Werks ansichtig wird, in die sich die Bagger hineinfressen, um den „Edelstein der Geologie" zu heben. In der Tat, der Taunusquarzit gilt als einer der härtesten Natursteine der Erde, ist säure- und laugenbeständig und verwittert nicht. Entsprechend wird er genutzt, vorzugsweise zum Straßenbau, für Rollfelder auf Flughäfen, in der Industrie zum feuerfesten Auskleiden von Hochtemperaturöfen bis 1700 Grad Celsius. Immerhin ist der Quarzit 350 Millionen Jahre alt. Er entstand durch Metamorphose vom ursprünglich sandigen zum kieseligen Sandstein, um schließlich bei der Gebirgsbildung unter extremem Druck und bei hohen Temperaturen zum wertvollen Quarzit zu werden. Der Abbau des Taunusquarzits, den schon die Römer als Baustein zu schätzen wussten, begann 1899, kurz nach Eröffnung der Bahnlinie von Bad Homburg ins Usinger Land. So war auch die Reichsbahn erster Kunde, denn sie brauchte Schotter zum Bau der Trassen, und der kleine Steinbruchbetrieb konnte sich rasch zu einem führenden Unternehmen entwickeln.

Die Eisenbahn verkehrt heute noch auf dieser Strecke. Sie bringt zur Saalburgsiedlung, dem Ausgangspunkt der Wanderung. Hier gibt es auch für Autofahrer ausreichend Parkmöglichkeit. Vom Bahnhof läuft man vor zur Straße, biegt dort links ein, dem Zeichen liegendes U folgend, zu dem später noch blaues Kreuz, T und Limesturm treten, dann rechts die Limesstraße hinauf. Parallel dazu ist deutlich der römische Wallgraben zu erkennen, dem wir ein längeres Stück folgen. Wenn die Straße links abknickt, verlaufen die Zeichen weiter geradeaus am Laubwald, dabei mehr Pfad als Weg. Alte Grenzsteine tauchen in kurzen Abständen vor dem Limes auf, sie markieren die einstige Grenze zwischen Nassau und Hessen-Homburg. Wenn das Dreiergespann X, U und T sich anschickt, nach rechts den Limes zu queren, hat man bis hierher die Standorte von vier römischen Wachtürmen passiert. Wir folgen den drei Zeichen, es geht noch eine Weile bergauf, unser Pfad mündet in einen festen Weg, der weiter schnurgerade am nordöstlichen Hang des Grauebergs (456 Meter) allmählich talwärts zieht. Erst wenn die drei Zeichen halb links zum Abbiegen ansetzen, muss aufgemerkt werden:

Wir behalten ohne Markierung die Geradeausrichtung im hohen Buchenwald bis zu einem Wegedreieck bei. Genau gegenüber heißt es am Fichtenwaldrand weiter rechts leicht abwärts bis zur Straße. Jenseits, an der rotweißen Schranke, noch ein kurzes Stück durch Wald, dann sind die ersten Häuser von Köppern erreicht. Geradeaus die Kapersburgstraße hinunter, jetzt in Begleitung der Markierung rote Schnepfe, die ab dem Postbriefkasten auf einem Pfad halb rechts zum Naturparkplatz Köpperner Tal leitet und dort an das schwarze Hirschgeweih für einen Teilabschnitt des Rückwegs übergibt.

Gleich rechts neben der Straße weist dieses Zeichen über den Holzsteg, schlängelt sich parallel zum Asphaltband durch Wald. An der ehemaligen Rossbachmühle wird der Erlenbach gequert, ein Holzwerk nicht ganz umrundet, und weiter rechts leicht bergauf. Am Bahnübergang kommt zum Hirschgeweih noch der weiße Strich hinzu. Beide Lotsen biegen vor den Gleisen rechts ab, alsbald auf breiten, festen Waldweg, teilweise in Sichtweite des Erlenbaches. Sind die Gleise überschritten, steigt es noch immer leicht – dabei wird jenseits des Tals mehrfach die weiße Wand der Quarzitsteinbrüche sichtbar. Wir kommen zum Lochmühlenweg, unterqueren die Straße, schlagen noch einen Haken am Eingang des Freizeitparks Lochmühle und an der Gaststätte vorbei und sind wieder am Bahnhof Saalburg angekommen. Die Lochmühle ist insbesondere auf Familien mit kleineren Kindern eingestellt. Statt nervenaufreibender Fahrgeschäfte findet man hier Karussells, Spielplätze oder Hüpfburgen, man kann Ponys reiten, in einer Kutsche mitfahren oder einfach auf einer Liegewiese entspannen und grillen.

# „Das Pferd frisst keinen Gurkensalat“

**Beginn:**
Friedrichsdorf, Bahnhof
**Länge:**
12 (8) km
**Merkmale:** Leicht zu gehende Wanderrunde mit mäßigen Steigungen • mal Stadtgebiet, mal Waldpartie • Besuch beim Telefon-Erfinder
**Öffnungszeiten:** Stadtmuseum mit Philipp-Reis-Sammlung, Hugenottenstraße 93, Di. u. Do. 9–16 Uhr, sonst n. V., Tel. 0 61 72/73 12 89
**Info:** Friedrichsdorf, Kulturamt, Tel. 0 61 72/73 12 96; Internet: www.friedrichsdorf.de

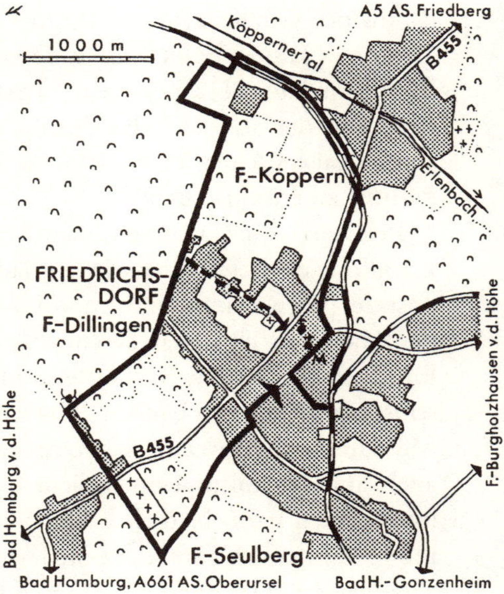


**Sehenswert:**
Französisch-reformierte Kirche, klassizistisch, um 1837 • moderner Mormonen-Tempel • Denkmal für Landgraf Friedrich II. auf der Hugenottenstraße • Grabstätte von Philipp Reis mit Gedenk-Obelisk auf dem Friedhof in der Taunusstraße

„Ich habe der Welt eine große Erfindung geschenkt. Anderen muss ich überlassen, sie weiterzuführen.“ Resignation und visionäre Weitsicht schwangen mit, als Philipp Reis diese Sätze kurz vor seinem Tod äußerte. Mit gerade 40 Jahren starb der Physiker und Lehrer am 14. Januar 1874 in Friedrichsdorf bei Bad Homburg. Aber selbst Reis wird nicht geahnt haben, dass sich seine originäre Erfindung des „Telephons" – auch diese in alle Weltsprachen eingegangene Bezeichnung stammt von ihm – einmal zum Massenkommunikationsmittel schlechthin entwickeln würde. Zu Lebzeiten von seinen Kollegen als „Spielerei" belächelt und dann vom Ruhm des weitaus erfolgreicheren Graham Bell überlagert, dauerte es Jahre, ehe sich die Erkenntnis durchgesetzt hatte, dass es dieser in bescheidenen Verhältnissen lebende Pädagoge war, der als erster das Prinzip nutzbar gemacht hatte, „durch galvanischen Strom Töne aller Art in beliebiger Entfernung zu reproduzieren."

Reis und seine Nachkommen haben keinen Pfennig an der Erfindung des Telefons verdient, gnädig gewährte die Reichspost der Witwe eine Rente von 400 Talern. Eine kleine Gedenkstätte im einstigen Wohnhaus erinnerte erst seit den fünfziger Jahren an den „Tüftler und Bossler", wie sich Reis selbst sah. Durch den Umbau 2004 wurde daraus ein hübsches Museum, teilweise mit der Originalmöblierung, wo jetzt auch auf die kulturgeschichtliche Bedeutung des Telefons hingewiesen wird. Natürlich fehlt nicht die Versuchsanordnung, mit der um 1860 der erste fernmündliche Satz gesprochen wurde: „Das Pferd frisst keinen Gurkensalat." Nichts an dieser Apparatur aus einem geschnitzten Holzohr, Stricknadel, Kupferdrahtspule und einer Geige als Klangverstärker erinnert äußerlich an die schmucken Phonesets heutiger Machart, am (analogen) Prinzip freilich hat sich wenig geändert. Das physikalische Grundphänomen des Telefonierens versinnbildlicht ein modernes Denkmal für Reis im Hinterhof der Erinnerungsstätte. Eine Doppelwelle aus 17 unterschiedlich langen Stahl-Stelen in Form einer Sinus-Kurve steht für die erforderliche Stromschwingung.

Vom S-Bahnhof kommt man rasch in den alten, auf eine hugenottische Gründung von 1687 zurückgehenden Teil Friedrichsdorfs. Man läuft durch die Unterführung nach rechts, quert das Rondell, nimmt die Markierung schwarzer Punkt auf und folgt damit der Bahnstraße hinan. Sie stellt mit der anschließenden Wilhelmstraße die Verbindung zur langen, geradlinigen Hugenottenstraße her, dem einstigen Siedlungsbereich der Réfugiés unter Landgraf Friedrich II. von Hessen-Homburg. Ein Denkmal erinnert an ihn und seinen generösen Akt, 30 protestantischen Familien aus Frankreich eine neue Heimstatt auf der grünen Wiese überlassen zu haben. Einige wenige Wohnbauten und die – 1837 klassizistisch neu errichtete – Französisch-reformierte Kirche stehen noch für die Gründerzeit. Der lang gezogene „Tempel“ gegenüber hat allerdings nichts mit der Urgemeinde zu tun. Es ist die zentrale, 1987 erbaute Andachtsstätte der etwa 45 000 „Mormonen“ in Deutschland.

Vorbei am Stadtmuseum und der Philipp-Reis-Passage gehen wir die Hugenottenstraße weiter zum Ortsrand, wobei die Wanderzeichen wechseln, vom schwarzen Punkt zum weißen, schwarz umrandeten Strich. Nach einem Linksbogen aufwärts schwenkt dieser rechts in den Fußweg neben der B 455 ein. Bei trockenem Wetter kann auch ein parallel verlaufender Pfad im Wald benutzt werden. Beide Möglichkeiten enden mit Überqueren der Straße zum Köpperner Bahnhof. Rechts davon weist der Strich in die Dreieichstraße, setzt sich aber bald ab und folgt weiter den Gleisen. Auf angenehmem Weg, begrenzt von Bäumen und Hecken, kommen wir zum Köpperner Tal, einem tiefen Waldeinschnitt, in den sich der Erlenbach hineingesägt hat. Durch das enge Tal windet sich das Zufahrtssträßchen zu den weit verstreuten Gebäuden des Waldkrankenhauses links oberhalb. Hier queren wir die Gleise und wechseln drüben zum grünen Strich. Er umrundet halbseitig die Klinik und zieht leicht ansteigend auf dem Niedererlenbacher Grenzweg weiter. Der schwarze Punkt taucht jetzt wieder auf. Sobald das Areal der Landhochschulgebäude passiert wurde, besteht die Möglichkeit, mit dem Punktlotsen links abkürzend nach Friedrichsdorf zurückzukehren. Der

Wald öffnet sich, voraus macht sich ein Forsthaus bemerkbar. Gemeinsam mit dem roten Strich geht es dahinter links den eleganten Rotlaufweg abwärts. Über die B 455 und am Rand des Bad Homburger Waldfriedhofs entlang, trifft der Wanderer schließlich wieder auf den bekannten weißen Strich. Links hinab, ein Wiesental querend, bringt er zum Stadtzentrum zurück.

# Wie man einst lebte

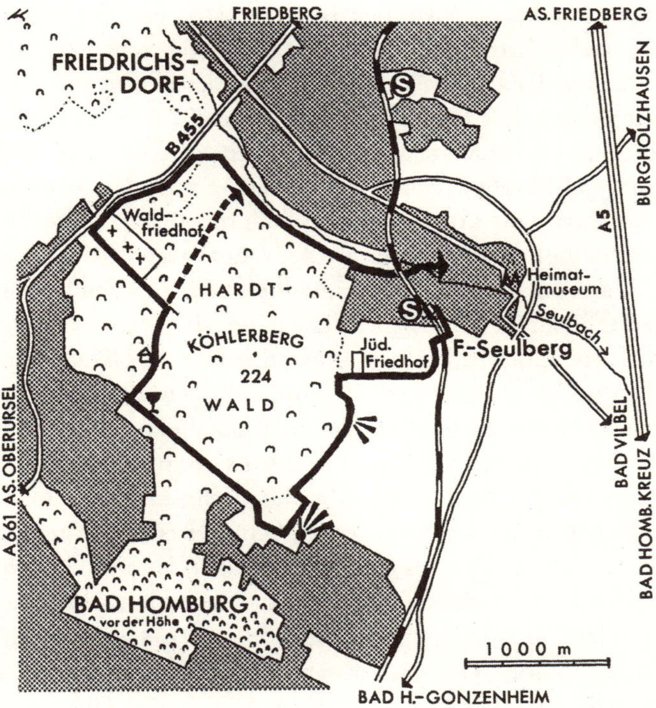


**Beginn:** Friedrichsdorf-Seulberg, S-Bahnhof
**Länge:** 9 (8) km
**Einkehr:** Hotel-Restaurant Hardtwald (Mo. Ruhetag)
**Merkmale:** Wandern in schönem Buchenwald zwischen Seulberg und Bad Homburg • Kennen lernen, wie früher gelebt und gearbeitet wurde
**Öffnungszeiten:** Heimatmuseum Seulberg, Di. u. Do. 9–12, So. 14–17 Uhr
**Info:** Friedrichsdorf, Kulturamt, Tel. 0 61 72/73 12 96;
Internet: www.friedrichsdorf.de

Bekannt wurde die Vortaunusgemeinde Friedrichsdorf als Stadt der Hugenotten. Es war Landgraf Friedrich II. von Hessen-Homburg, der 1687 evangelische Glaubensflüchtlinge aus Frankreich vor den Toren der Homburger Residenz angesiedelt hatte. Die Gemeinde ist damit recht jung und doch eine der ältesten Hessens. Die Gebietsreform von 1972 machte den Ort um fast tausend Jahre älter, da neben den ebenfalls bis ins Mittelalter zurückreichenden Dörfern Köppern und Burgholzhausen auch Seulberg unter das kommunale Dach von Friedrichsdorf schlüpfte: Bereits anno 768 wird es im Lorscher Codex als „Suleburc“ genannt.

Ein Stück kulturelle Eingeständigkeit hat sich Seulberg bis heute erhalten. Die Kleinteiligkeit im alten Kern bewahrt noch etwas der früheren Wohnverhältnisse von Bauern und Handwerkern. Deren Arbeits- und Lebensumstände freilich sind nurmehr in dem anschaulich gestalteten Heimatmuseum zu erahnen. Ein reger Geschichtsverein verwendet viel ehrenamtliche Mühe darauf, authentische Einblicke in die untergegangene Welt der Töpfer, Schuster oder Bürstenmacher zu geben. Der Besucher tritt förmlich ein in Handwerker- und Bauernstuben und kann Anekdoten in „Selwischer“ Mundart per Audio-Installation hören. Das stattliche Museumsgebäude bietet außerdem ausreichend Platz für Sonderausstellungen und Veranstaltungen. Viermal im Jahr gehört das Erdgeschoss den unterschiedlichsten Themen, besonders schön zur Oster- und Weihnachtszeit. Dann gibt es jeweils auch einen ganztägigen Markt mit Kunsthandwerk und Kulinaria.

Vor einem Museumsbesuch steht aber erst einmal eine kleine Wanderrunde durch die herrlichen Wälder zwischen Friedrichsdorf und Bad Homburg. Wir beginnen an der S-Bahn-Station von Seulberg. Gleich neben dem vorgelagerten Parkplatz halten wir uns rechts in das Sträßchen Frankfurter Hohl. Dieses geht in freies Feld über. Der zunächst noch asphaltierte Weg unterquert die S-Bahn-Gleise, dahinter dann links. Nach einer Rechtskurve und weiteren 200 Metern geradeaus biegen wir in den ersten rechts abführenden, nun unbefestigten Feldweg. Voraus kommt ein kleiner Eichenhain in Sicht. Er beschattet den alten jüdischen Friedhof von Seulberg. Nach Jahrzehnten der Vergessenheit wurde die bereits 1580 erwähnte Begräbnisstätte im Sommer 2002 durch das interreligiöse Kulturprojekt „Shalom" stärker in das allgemeine Bewusstsein gerückt. Definiert als Mahnmal für Frieden und Versöhnung, stehen zwölf Basaltsäulen für die Zahl der Stämme Israels. Je sechs Stelen flankieren den Eingang, dessen doppelbogige Torgestaltung die Form der Gesetzestafeln aufnimmt, die Moses von Gott erhielt. Als Zeichen der Verbundenheit legen Vorübergehende kleine Steine auf den Basalt.

Wir halten geradeaus auf den Wald zu, dort links. Der Weg wird bald zum Schlängelpfad, zwischen Eichen geht es geradeaus voran. Wie bereits zuvor, gerät auch jetzt immer mal wieder die Frankfurter Skyline in den Blick. Noch besser werden die Aussichten vom Turm Ellerhöhe inmitten einer Wohnsiedlung am Rande Bad Homburgs. Hierfür laufen wir nach dem Waldaustritt links durch die Straßen Am Pilgerrain und dann gleich rechts Am Baumgarten. Eine Wendeltreppe führt zur oberen, kaum die Dächer überragenden Plattform. Beim Turmbau 1873 standen hier noch keine Villen. Am Straßenende heißt es rechts abbiegen, durch eine Senke wieder in den Wald und weiter halb rechts vorbei an einem großen Sanatorium. Geradeaus spazieren wir nun auf breitem Weg durch den bei Einheimischen wie Kurgästen beliebten Hardtwald. In dem hochstämmigen, von prachtvollen Buchen dominierten Mischwald fühlt man sich weit entfernt von jedem städtischen Getriebe.

Gastronomischer Mittelpunkt ist das nach dem Hardtwald benannte Hotel-Restaurant. An der dortigen Wegekreuzung knickt man rechts ab. Am bald auftauchenden Spielplatz können wir den Hauptweg verlassen und uns einem verschwiegenen Pfad ab der Schutzhütte anschließen, angezeigt später als „Köhlerweg". Dort hat man erneut einen breiten Weg erreicht. Wahlweise lässt sich nun geradeaus Richtung Seulberg abwärts marschieren oder, nach links wendend, ein Bogen um den Homburger Waldfriedhof schlagen. An dessen vorderem Zugang führt die viel befahrene Bundesstraße 455 vorbei. Gefahrlos folgt ihr rechts abwärts ein Fußweg. Wenn der Wald zurückbleibt, zweigen wir rechts in den befestigten Feldweg. Diagonal zielt dieser auf den Seulbach. Mit etwas Abstand gibt er die Richtung bis zu den ersten Häusern von Seulberg vor. Nur kurz rechts in die Berliner Straße, dann links zur S-Bahn-Station in der Hardtwald-Allee. Für einen Museumsbesuch folgen wir weiter der Allee geradeaus in den alten Kern von Seulberg.

# Von der „Sommerfrische" zum „Römercastell"

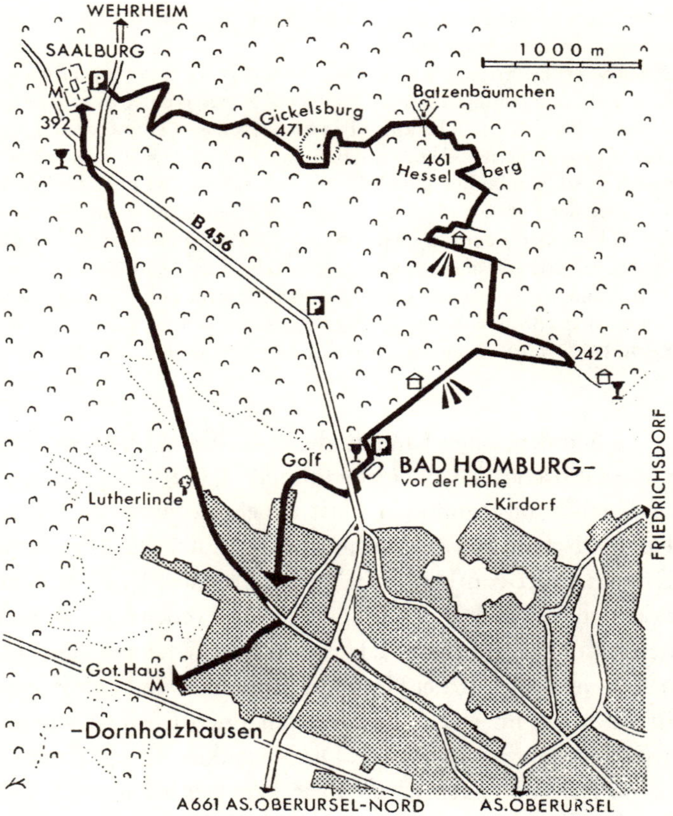


**Beginn:** Bad Homburg v. d. Höhe, Ortsteil Dornholzhausen, Landgraf-Friedrich-Platz
**Länge:** 11 km (13 bei Abstecher zum Gotischen Haus)
**Einkehr:** An und in der Saalburg
**Merkmale:** Erst auf die Höhe, dann wieder hinab • mit Saalburg und Gickelsburg bedeutende vorgeschichtliche Stätten aufsuchen • zum Abschluss schöne Aussichten vom Pelagius-Platz

**Öffnungszeiten:** Homburger Schloss, 1. März bis 31. Okt. 9–17 Uhr (erste Führung 10, letzte 16 Uhr); 1. Nov. bis 28. Febr. 9–16 Uhr; unabhängig davon kann der Bergfried bestiegen werden • Saalburg, tägl. 9–18 Uhr, im Winterhalbjahr 9–16 Uhr • Gotisches Haus mit Stadt- und Hutmuseum, tägl. a. Mo. 14–17 (Mi. bis 19), So. 10–18 Uhr
**Info:** Tourist-Information Bad Homburg v. d. H., Tel. 06172/178110; Internet: www.bad-homburg.de
**Sehenswert:** Ev. Erlöserkirche (1908), neuromanisch unter Jugendstileinfluss, vollständig mit Marmor u. Goldmosaiken ausgestattet • Landgrafenschloss, 1680–85 durch Landgraf Friedrich II. erbaut, 1723 erweitert; um zwei Höfe gruppierte Gebäude mit barocken Prachtportalen, zum Schlosspark hin geöffnet; im Innenhof 50 m hoher Bergfried „Weißer Turm", letzter Zeuge der Eppstein'schen Burg (um 1180); seit 1866 Sommerresidenz der Hohenzollern; damalige Einrichtung vollständig erhalten • Kurpark, 1854 v. Heinrich Siesmayer angelegt, mit 26 ha einer der größten Europas; darin Siamesischer Tempel (1907), Russische Kapelle (1899), Landgrafen-Denkmal am Brunnenbezirk (1906) • Stadtteil Dornholzhausen, Frz.-ref. Kirche (1724–26) • Gotisches Haus, siehe S. 44 • Saalburg, siehe S. 72

Zu den deutschen Landen, die Ende des 17. Jahrhunderts protestantische Glaubensflüchtlinge („Hugenotten") aus Frankreich aufgenommen hatten, gehörte auch die kleine Landgrafschaft Hessen-Homburg. Der durch das Kleist'sche Drama „Prinz von Homburg" bekannt gewordene Landgraf Friedrich II. wollte eher sein „Silbergeraete verkaufen", also die berühmte Beinprothese, „als diesen armen Leuten die Aufnahme versagen". In der Homburger Louisen- und Dorotheenstraße sowie im eigens gegründeten Friedrichsdorf wurden 1687 Hugenotten angesiedelt. Die Neuankömmlinge dankten es mit Fleiß und Rechtschaffenheit. Weniger bekannt ist, dass Landgraf Friedrich 1699 einer zweiten Flüchtlingsgruppe Asyl gewährte. Jetzt waren es 30 Familien der aus den Savoyer Alpen vertriebenen Waldenser. Ihnen ließ der Landesherr die mittelalterliche Wüstung Dornholzhausen anweisen. Von den damals erbauten Häuschen entlang der schmalen Dornholzhäuser Straße steht freilich nurmehr eines in Originalgröße (Hausnummer 28), wie sich überhaupt fast alle waldensischen Spuren in dem 1972 eingemeindeten Ort verwischt haben. Die Waldenser hatten es in merkantiler Hinsicht weitaus schwerer als ihre hugenottischen Glaubensbrüder. Zeitweilig konnte man sich nicht mal einen Pfarrer leisten. Seit dem ausgehenden 19. Jahrhundert versuchte die Gemeinde ihr Glück als „Sommerfrische“. Vor dem Hintergrund des mondänen Bad Homburg hob man „günstige möblierte Zimmer ohne Kurtaxe“ und die Lage am Taunus hervor, in dem der Gast sich „stundenlang ergehen“ könne, bis hin zum „Römercastell Saalburg“. Praktischerweise stand für den Anstieg auch eine „Elektrische Straßenbahn“ bereit. Die Alternative stellt sich allerdings schon lange nicht mehr. Die Zahnradbahn wurde 1935 nach einem Unfall stillgelegt.

Zum Auftakt folgt unsere Wanderung der einstigen Trasse. Gestartet wird an der Bushaltestelle Landgraf-Friedrich-Platz in Dornholzhausen mit der Markierung gelber Strich. An der Busstation biegt das Zeichen links in die Landgraf-Friedrich-Straße, die nach Passieren der Lutherlinde in freies Feld und anschließend in Wald übergeht. Fast schnurgerade strebt der Weg durch Mischwald bergan. Die 1900 eingeweihte Zahnradbahn hatte einen Höhenunterschied von gut 200 Metern zu überwinden, der eingeschnittene Weg lässt noch den früheren Verlauf erahnen. Der Anstieg ist nicht zu kräftezehrend. Ehe man es sich versieht, erkennt man erste Vorboten der 1897 bis 1907 wieder aufgebauten Saalburg – linker Hand zwischen den Bäumen die Nachbildung einer Jupitersäule, vor den zinnenbewehrten Kastellmauern die Fundamente von Vicus, Therme und Mithras-Heiligtum. Ganzjährig hält das einstige Legionslager einer 500 Mann starken Reiterkohorte seine Pforten geöffnet. In Ruhe kann man sich in die römischen Hinterlassenschaften und deren Rekonstruktionen von der Damensandale bis zum Katapult vertiefen.

Am vorgelagerten Parkplatz setzen wir die Wanderung mit dem blauen Strich fort. Zunächst über eine Fußgängerbrücke, dahinter links, dann gleich rechts, und schon ist man wieder im Wald. Auch weiterhin sind einige scharfe Wendungen zu beachten, bis man auf annähernd biegungsfreiem Weg zur Gickelsburg gelangt. Wir werden quer durch die einstmals auf 1,6 Hektar Fläche umwehrte Anlage aus der späten Hallstatt-

*Das römische Kastell Saalburg*

zeit (um 500 v. Chr.) geschleust. Im unteren Bereich sind noch terrassenartige Aufschüttungen erkennbar. Die nächste Station heißt Batzenbäumchen, eine naturgeschützte Eiche auf einem Fünf-Wege-Stern. Dort wechseln wir zum schwarzen Strich in Richtung Friedrichsdorf, zunächst noch ebenen Weges, um dann in immer neuen, abrupten Wendungen den Hesselberg hinabzulaufen. Den holprigen Weg löst weiter unten eine breite Forststraße ab, der wir uns links anschließen. Eine Pause mag man wegen der herrlichen Aussicht über das Rhein-Main-Gebiet am Pelagius-Platz einlegen. Seitdem (1880) die so genannte Samstags-Gesellschaft von Homburg diesen Punkt zu ihrem Lieblingsziel erkoren hat, wird er von Sicht behindernden Bäumen freigehalten. Warum aber die Honoratioren den Ort nach dem anno 418 hingerichteten Märtyrer und Gegner der augustinischen Gnadenlehre Pelagius benannt haben, wird wohl immer ihr Geheimnis bleiben. Vielleicht weil Pelagius auch als Schutzheiliger des Hornviehs gilt.

Mit dem unterdessen aufgetauchten roten Strich knicken wir kurz nach dem Platz rechts ab und lassen uns auf bequemem Weg zum Waldrand treiben, dort wiederum scharf rechts. Nun ohne Markierung, geht es geradeaus bei schönem Blick über Bad Homburg zum Sportzentrum „Nordwest". Links in den Usinger Weg, rechts am Reiterzentrum vorbei, stößt man auf die B 456. Die viel befahrene Bundesstraße kann nach Linksschwenk zur Karlsbrücke gefahrlos unterquert werden. Drüben kurz die Böschung hinauf und weiter entlang des Golfplatzes. Am Ende eines Linksbogens nehmen wir den linken Strang. Dieser mündet ins Sträßchen Altes Sonnenbad, dieses wiederum in die Victor-Achard-Straße mit dem Endpunkt Landgraf-Friedrich-Platz. Die Busse verkehren von hier auch zum Gotischen Haus mit dem Hut- und Stadtmuseum; zu Fuß gelangt man über Güldensöller- und Tannenwaldweg dorthin.

# Ein Wald im Geiste der Empfindsamkeit

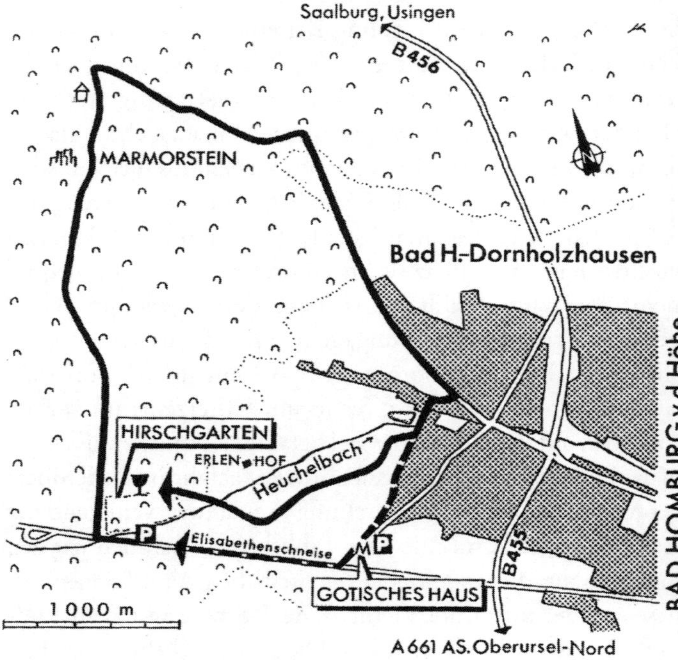


**Beginn:** Bad Homburg v.d. Höhe, Parkplatz Hirschgarten, Bus-Endhaltestelle
**Länge:** 9 km
**Einkehr:** Restaurant Hirschgarten (Mo. Ruhetag)
**Merkmale:** Genussreiche, wenig anstrengende Waldwanderung mit Einblick in die Forstgeschichte von Bad Homburg • Abstecher zum Gotischen Haus mit Stadt- und Hutmuseum
**Öffnungszeiten:** Homburger Schloss, 1. März bis 31. Okt. 9–17 Uhr (erste Führung 10, letzte 16 Uhr); 1. Nov. bis 28. Febr. 9–16 Uhr; unabhängig davon kann der Bergfried bestiegen werden • Saalburg, tägl. 9–18,

im Winterhalbjahr 9–16 Uhr • Gotisches Haus mit Stadt- und Hutmuseum, tägl. a. Mo. 14–17 (Mi. bis 19), So. 10–18 Uhr
**Info:** Tourist-Information Bad Homburg v. d. H., Tel. 06172/178110; Internet: www.bad-homburg.de
**Sehenswert:** Bad Homburg v. d. H., siehe S. 36 • Stadtteil Dornholzhausen, Gotisches Haus, 1823–26 als Jagdschloss für Landgräfin Elisabeth im neugotischen Tudorstil erbaut (heute Hut- und Stadtmuseum)

Tannen, Nadelgehölze allgemein, galten einst im Taunus als so exotisch, dass sie eigens gepflanzt wurden, um ihre Besonderheit zu unterstreichen. Noch zu Goethes Zeiten war das Gebirge fast ausschließlich von Laubbäumen bedeckt. Kein Wunder, dass sich ein Johann Heinrich Merck in ein „pays de fées", ein Feenreich, versetzt fühlte, als er im „Großen Tannenwald" mit Goethe und dem Homburger Landgrafenpaar wandelte. Seit 1771 hatte Landgraf Friedrich V. diesen Nadelwald ganz im Geiste der Empfindsamkeit am Ende der zwei Kilometer langen Tannenwaldallee anlegen lassen, die vom Homburger Schloss zwischen Kleinem Tannenwald und den „Prinzengärten" der landgräflichen Kinder zum bereits seit 1696 bestehenden Hirschgarten führte. Später wurde dieser Weg als Elisabethenschneise auf den Taunuskamm verlängert und mit dem Gotischen Haus (heute Stadt- und Hutmuseum) ein architektonischer Kontrapunkt gesetzt.

Beeinflusst von Rousseau, waren Landgraf Friedrich und seine Gattin Caroline von einem romantischen Naturverständnis beseelt, das aus der kleinen Residenz Homburg ein gärtnerisches Gesamtkunstwerk machte. Nicht weniger als zehn Flächen wurden im „englischen" Landschaftsstil gestaltet oder umgewandelt – vom Schlosspark bis eben zum Großen Tannenwald. Dieser war als annähernd gleichseitiges Dreieck, durchzogen von regelmäßigen, sich kreuzenden Wegen, angelegt. Dazu gesellten sich scheinbar „gewachsene" Pfade, hinführend zu versteckten Ruhestätten, Birkenhütten, „Eremitagen" und den viel bestaunten Nadelgehölzen, in erster Linie als

Solitäre gepflanzte Douglasien und Tannen. Selbst der natürliche Landbau fehlte nicht. Ein Nutzgarten und vier Fischteiche versorgten den landgräflichen Hof. Vieles davon ist verloren. Dafür wirken die Bäume heute fast urtümlich, knorrige Eichen und hohe Buchen wechseln mit den dunkel dräuenden Nadelbäumen. Nach und nach stellt die Stadt Bad Homburg mit großem Aufwand einige der historischen Parks und Einrichtungen wieder her.

Für einen Gang durch das Merck'sche „Feenreich" eignet sich am besten der direkt mit Bus oder PKW erreichbare Hirschgarten. Etwa 200 Meter oberhalb vom dortigen Parkplatz gegenüber der Buswendeschleife geht es rechts in den anfangs schnurgeraden Weg mit der Markierung rotes Kreuz. Die Tafeln eines Waldlehrpfades orientieren über die Zusammensetzung des Bad Homburger Stadtwaldes: „Nur" 40 Prozent der Bestände sind Fichten. Selbst dieser Anteil soll noch zurückgedrängt werden. Teilweise wurden die nach den großen Stürmen 1990 frei gewordenen Flächen sogar der natürlichen Sukzession überlassen. Als Erstes hat sich dort die Birke angesiedelt. Wie widerstandsfähig ein gesunder Mischwald ist, zeigt sich beim Weitergehen. Die altehrwürdigen Bestände im und am einstigen „Tannenwald" haben die Orkane der jüngeren Vergangenheit besser überstanden. Auch die Bäume an der steilen Flanke des Marmorsteins, den wir unterhalb passieren, blieben fest verwurzelt. Dominieren hier noch Buchen und Eichen, verlagert sich der Schwerpunkt beim Fortschreiten mehr und mehr zu Lärchen und Tannen. Fast dunkel wird es unter ihren tief herabhängenden Ästen, sobald wir nach Passieren einer Schutzhütte rechts mit der neuen Markierung schwarzer Strich abschwenken.

Leicht bergab werden wir in Richtung Dornholzhausen geführt. An einer Schneise erkennt man voraus den weißen Turm des Homburger Schlosses. Darüber sollte aber nicht der unvermittelte Übergang in einen – mitunter etwas aufgeweichten – Pfad nach links versäumt werden. An der nächsten Wegekreuzung biegt man mit dem gelben Strich rechts ab. Nun laufen wir durch offeneres Gelände und weiter entlang der Landgraf-Friedrich-Straße zwischen Bebauung und Wiesenflur. Am Landgraf-Friedrich-Platz heißt es kurz rechts – nun ohne Markierung – in den Güldensöller- und gleich links in den Tannenwaldweg abknicken.

Wer das Hutmuseum mit seinen über 300 Exponaten besichtigen möchte, folgt diesem Sträßchen bis zum Gotischen Haus. Von dort kann auch in den Bus zugestiegen werden. Ansonsten biegt man vom Tannenwaldweg in Höhe der Bushaltestelle Forellenteiche rechts in den Wald und schließt sich dem „Schlängelpfad" hinauf zum Hirschgarten an. Umkurvt werden einige ausnehmend schöne Douglasien, zu sehen ist auch einer der früheren Teiche. Die großen Weideflächen rechter Hand gehören zum berühmten Gestüt Erlenhof, dessen Pferde mehrfach den Deutschen Derbysieger stellten. Man kommt am unteren Ende des heute mit Damwild und Mufflons besetzten Hirschgartens heraus. Wahlweise kann man dem Zaun links- oder rechtsherum zu Parkplatz und Bushaltestelle folgen.

# „Gut behütet“ durch die Champagnerluft

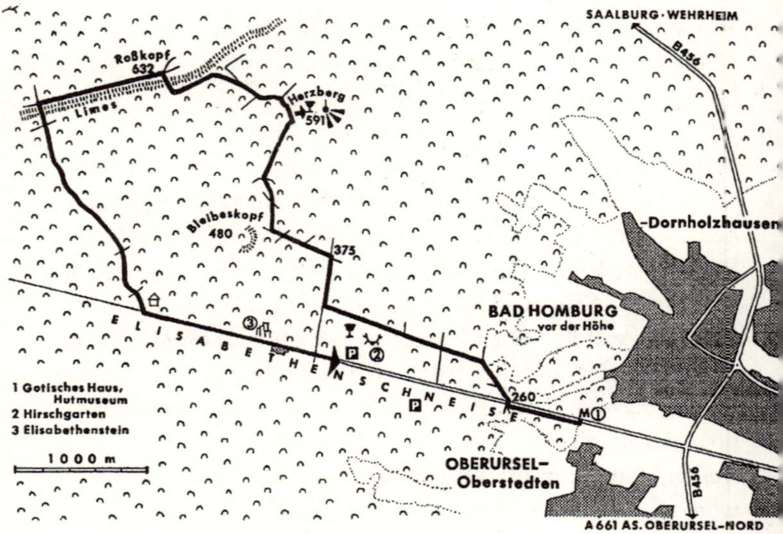


**Beginn:** Bad Homburg v. d. H., Ortsteil Dornholzhausen, Gotisches Haus oder Bushaltestelle und Parkplatz Hirschgarten
**Länge:** 12 km (10 ab Hirschgarten)
**Einkehr:** Restaurant Hirschgarten (Mo. Ruhetag) • Herzberg (Mi. Ruhetag)
**Merkmale:** Langer, teils steiler Anstieg auf den Herzberg • ein Stück am Limes entlang • munteres Bergab • sehenswertes Hutmuseum
**Öffnungszeiten:** Gotisches Haus mit Hut- und Stadtmuseum, tägl. a. Mo. 14–17 (Mi. bis 19), So. 10–18 Uhr
**Info:** Tourist-Information Bad Homburg v. d. H., Tel. 06172/178110; Internet: www.bad-homburg.de
**Sehenswert:** Bad Homburg v. d. H., siehe S. 36 • Stadtteil Dornholzhausen, Gotisches Haus, 1823–26 als Jagdschloss für Landgräfin Elisabeth im neugotischen Tudorstil erbaut (heute Hut- und Stadtmuseum)

Bei den im Kaiserreich so beliebten Gruppenfotografien sticht eines sogleich ins Auge – alle Personen, Mann oder

Frau, Jung oder Alt, Arm oder Reich, ja, selbst die Kinder tragen eine Kopfbedeckung. Solche im Bad Homburger Hutmuseum zu sehende Aufnahmen sind der Spiegel der früher selbstverständlichen Sitte, nur „gut behütet“ das Haus zu verlassen. Noch 1950 hieß es in einem Standardwerk für Bekleidungsfragen: „Ohne Hut zu gehen ist keine Mode ..., sondern eine Unnatürlichkeit, ein Zeichen von Nachlässigkeit und Ungepflegtheit.“ Der letzte, der regelmäßig einen Hut aufsetzte, scheint die Fotogalerie in der Sammlung mit 300 Exponaten zu sagen, war Konrad Adenauer. Freilich nicht irgendeinen, sondern natürlich den „Homburger“. Dieser elegante gräuliche Hut mit einer nach innen gebogenen Krempe war einst von dem Kurort in die Welt gegangen, nachdem ihn seit 1880 der englische Kronprinz und nachmalige König Edward VII. hier hatte fertigen lassen. Rasch löste der „Homburger“ die bis dato vorherrschenden Zylinder und Melonen ab. Mit einem begehbaren, bis an die Decke reichenden „Chapeau claque“ wird im Hutmuseum, das zugleich eine kleine stadtgeschichtliche Sammlung birgt, an die mondänen Zeiten erinnert, die sich mit dem Zylinder verbinden – gerade in einem der führenden Bäder Europas, wie es Homburg nach 1866 zur Zeit der Hohenzollern war. Fast jährlich nahm Kaiser Wilhelm II. nebst vielköpfigem Gefolge im Schloss Quartier. Nach eigener Aussage hatte es ihm besonders die „Champagnerluft“ im Taunus angetan.

Machen wir es dem Regenten nach und nehmen eine kräftige Prise von der würzigen Luft. Beginnen wollen wir in Bad Homburg-Dornholzhausen am Gotischen Haus. In dem 1823 im neugotischen Tudorstil errichteten Gebäude ist das Hutmuseum untergebracht. Rechts vom Zugang an der Bushaltestelle sichtet man das Wanderzeichen gelber Punkt. Es führt zunächst ein Stück geradeaus durch den Wald, dann aber weiter auf dem Sträßchen. Um diesem auszuweichen, verlassen wir die Markierung und achten an der vielarmigen

Wegekreuzung nach dem Wasserwerk auf den halb rechts abführenden Weg, angezeigt als „Lindenweg". Nach etwa 400 Metern biegt man von dort links ein und läuft am Zaun des Tierparks hinan. Da weniger begangen, ziehen sich Mufflons und das Damwild gerne auf dieser Gehegeseite zurück.

*Gotisches Haus in Bad Homburg-Dornholzhausen*

Am Ende der Einfriedung kommt man links mit wenigen Schritten zum Restaurant „Hirschgarten" (Autofahrer können unterhalb davon gut parken). Ansonsten geht es weiter geradeaus aufwärts zur nächsten Kreuzung, dort rechts auf den asphaltierten Weg. Auch diesem folgen wir nur für etwa 300 Meter, an der dann auftauchenden Kreuzung links ab. Weitere 200 Meter, dann sind wir wieder in der Obhut eines Zeichens, nun dem von rechts hinzutretenden blauen Punkt. Er ist unser Begleiter fast hinauf zum Herzberg. Bis dahin heißt es ohne Unterlass kräftig steigen. Zunächst auf breiterem Weg noch moderat, dann, nach der halb rechts abführenden Richtungsänderung zu einem steinigeren Pfad, zunehmend steiler werdend. Weiter oben, in einer dunklen Fichtenschonung, fühlt man sich auf einen alpinen Bergpfad versetzt. Doch bald ist es geschafft, an einem großen Wegestern der Gipfelgrat zwischen Herzberg und Roßkopf erreicht. Zur Einkehr in dem beliebten Gasthof auf dem Herzberg läuft man etwa 300 Meter rechts hinauf.

Der eigentliche Weg setzt sich ab der Kreuzung mit den neuen Zeichen blaues X und schwarzes T links fort. Unvermittelt ändert sich die Baumszenerie. Wo zuvor Fichten standen, dominieren nun Lärchen und vor allem Birken inmitten von undurchdringlichem Strauchwerk. Bewusst verzichtet man hier seit den Orkanen von 1990 auf die ordnende Hand des Försters. Auf den frei gewordenen Flächen hat sich die rasch wachsende Birke angesiedelt. In einigen Jahrzehnten wird sie von robusten Eichen und Buchen verdrängt sein.

Wir achten am Ende dieser Fläche auf den leichten Rechtsabzweig zu einem pfadähnlichen Weg. Kurz zieht die Steigung wieder an, am höchsten Punkt trifft man auf den noch in stattlichen Überresten vorhandenen Limes. Nach dessen Querung und Linksknick folgen wir der römischen Grenzbefestigung für eine ganze Weile durch dichten Wald. Bei so viel Bäumen sollten wir nicht den überraschenden Zeichen- und Richtungswechsel verpassen. Mit dem schwarzen Zeiger biegen wir links weg. Und das heißt zugleich bergab. Fast kommen wir ins Traben, nun dürfen 300 Höhenmeter ohne Unterbrechung hinuntergelaufen werden. Ab und zu wird man dem von Regenfluten ausgewaschenen Hauptweg etwas seitlich ausweichen, sonst gibt es keine Schwierigkeiten. Weiter unten achte man auf den kurzen Rechts- und dann Linksknick in einen Durchschlupf. Er stellt die Verbindung zur Elisabethenschneise her. Auf dieser nach der früheren Homburger Landgräfin Elisabeth und Erbauerin des Gotischen Hauses benannten Schneise kommt man schnurgeraden Weges wieder zum Hirschgarten.

# Hochtaunus

## Das Tor zum Taunus

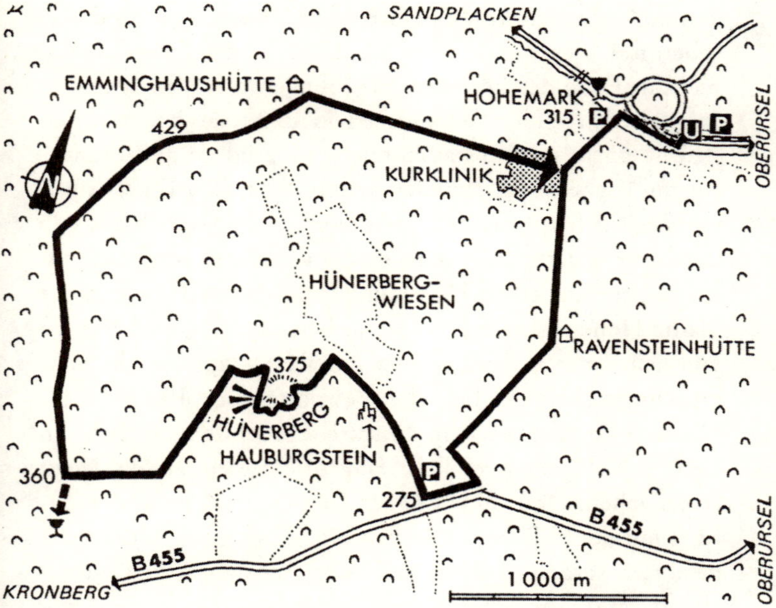


**Beginn:** Oberursel, Hohemark (Endstation U 3)
**Länge:** 7 km
**Einkehr:** Hohemark, Restaurant „Seoul" • Waldgasthaus „Bürgelstollen" (beide Mo. Ruhetag)
**Merkmale:** Angenehme Waldwanderung mit nur leichten Steigungen • beeindruckende Felsen vor und auf dem Hünerberg • Aussicht
**Öffnungszeiten:** Oberursel, Vortaunusmuseum, Marktplatz 1, Mi. 10-12, Sa. 10–16, So. 13–16 Uhr

**Info:** Stadtmarketing Oberursel, Tel. 06171/509222;
Internet: www.oberursel.de
**Sehenswert:** Kath. Pfarrkirche St. Ursula, spätgotischer Hallenbau mit Stadtturm v. 1481; Hochaltar v. 1671 • Altes Rathaus am Marktplatz (1441/46) über dem gotischen Haupttor (15. Jh.) der ersten Stadtbefestigung stehend, im Dreißigjährigen Krieg zerstört, 1658 mit hohem Fachwerkaufsatz wieder aufgebaut • in der Altstadt zahlreiche Fachwerkhäuser

Wenn es im übertragenen wie realen Sinne ein „Tor zum Taunus“ gibt, dann ist es die Hohemark am Nordrand von Oberursel. Bereits vor mehr als 2000 Jahren haben Kelten hier am Fuße der höchsten Erhebungen des Mittelgebirges gesiedelt. Zu beiden Seiten des Heidetränktales beherrschten sie mit einem großen stadtähnlichen Oppidum den Taunuszugang (siehe S. 62). Freilich waren die steilen Erhebungen wirtschaftlich nie sonderlich interessant. Bodenschätze gab der harte Quarzit, aus dem der Hochtaunus aufgebaut ist, kaum her. Nur etwas Holz- und Landwirtschaft, woran der Name Hohemark erinnert. So blieben die Hänge, abgesehen von den Kuppen, auch immer bewaldet – zur Freude Naherholungsuchender. Für die Bewohner des Rhein-Main-Gebietes kommt es einem Glücksfall gleich, dass sie hier ein riesiges Waldgebiet vor ihrer Haustüre finden, zudem leicht zu erreichen. Ohne umzusteigen, kann vom Zentrum Frankfurts mit der U-Bahn direkt bis zum „Einfallstor“ Hohemark gefahren werden. Außerdem finden Autofahrer hier ausreichend Parkraum. Ungezählte Wandermöglichkeiten eröffnet das „Basislager“ am Oberurseler Stadtrand. Einer großen Tafel können die Hauptrouten entnommen werden: Gelbe, rote oder blaue Linien führen beispielsweise zu Altkönig und Großem Feldberg, nach Osten zum Hirschgarten oder westlich über den von einem Ringwall umgürteten Hünerberg. Zu diesem weniger bekannten Ziel wollen wir auf der ersten, an der Hohemark beginnenden Runde unsere Schritte lenken.

Von der Endstation der U-Bahn geht man kurz geradeaus weiter und überquert die Straße nach links. Dabei sind der Hinweis „Kurklinik“ und die für uns maßgebliche Markierung weißer Strich nicht zu übersehen. Schon mit wenigen Schritten ist man im Wald und läuft links seitlich am Klinikgelände vorbei auf schnurgeradem, festem Weg (Kohlenweg) bis zur Ravensteinhütte, errichtet in memoriam „Dem Wegbereiter und Förderer des Taunuswanderns August Ravenstein“. Dank der Initiative dieses vorausschauenden Mannes schlug 1868 mit Gründung des Taunusklubs die Geburtsstunde der deutschen Wandervereine und ihrer vorbildlichen Einrichtungen. Gegenüber der Schutzhütte kommt zum Strich das weiße X hinzu, halb rechts geht man leicht bergab, um sich dann nach links zur B 455 zu wenden. Weiter am Waldrand auf der Böschung nach rechts leicht bergan, dann ist der schwarze Punkt geradeaus bis über den Hünerberg hinaus maßgeblich.

Hünerberg ohne „h“ – ein Schreibfehler? Keineswegs. Hätte es der Volksmund bei Hünenberg (Hünen = Riesen) belassen, wäre der Zusammenhang deutlicher. Auf dem Gipfel dieses Bergmassivs erstreckte sich ein doppelt ausgelegter Ringwall. Die Menschen glaubten später, es seien Riesenkräfte dazu notwendig gewesen, die Felsblöcke zu Mauern aufzuschichten, auch wenn sich die Ausmaße dieser Befestigung nicht mit den mächtigen Steinwällen auf dem Altkönig vergleichen lassen.

Die Steigung nimmt allmählich zu. Links am Wegrand wird überraschend der klotzige Hauburgstein sichtbar, ein Schieferquarzitfels mit kleineren Satelliten als Vorboten des Hünerbergs. Ihn überwindet der Weg mit dem uns schon eine Weile begleitenden grünen Eichenblatt in fast direkter Linie, während die Route mit dem schwarzen Punkt den letzten Anstieg gemächlicher im Zickzack von hintenherum angeht. Die Wälle sind in sich zusammengefallen und nur noch rudimentär erkennbar. Vermutlich aus dem 8. Jahrhundert stammt die Anlage, einer Zeit, in der im Taunusvorland erste fränkische Siedlungen bestanden. Bei Kriegsgefahr bot der Hünerberg sicheren Rückzugsraum. Wir kommen dann zum Aussichtspunkt Kappenbank, der prächtige Sicht auf Kronberg und seine Burg gewährt.

Der schwarze Punkt leitet uns zunächst den holperigen, steinigen Pfad hinunter ins Waldtal, dann leicht bergan zum breiten Forstweg. Er schnörkelt sich später durch den Wald und trifft schließlich auf den grünen Strich. Wer im nahen Waldgasthaus „Bürgelstollen“ einkehren möchte, macht einen kurzen Abstecher links abwärts, ansonsten mit dem grünen Strich nach rechts ständig leicht ansteigend. Am Fünf-Wege-Stern kreuzt der blaue Strich, der von jetzt an bis zum Ausgangspunkt führt, die 3,5-Kilometer-Marke, wie ein Hinweis anzeigt. Holzschilder erinnern daran, dass wir uns auf dem Kaiserin-Friedrich-Weg bewegen. Nach ihrem 1888 verstorbenen Mann, dem unglückseligen „99-Tage-Kaiser“ Friedrich III., nannte sich Kaiserin Viktoria an ihrem Witwensitz in Kronberg. Wir wenden uns halb rechts und genießen den abwechslungsreichen Mischwald. An der Emminghaushütte, einem verdienstvollen Mitstreiter August Ravensteins gewidmet, biegen wir rechts ab und kommen leicht abwärts an der Kurklinik vorbei zum Ausgangspunkt.

# Keine Spinnerei an der Hohemark

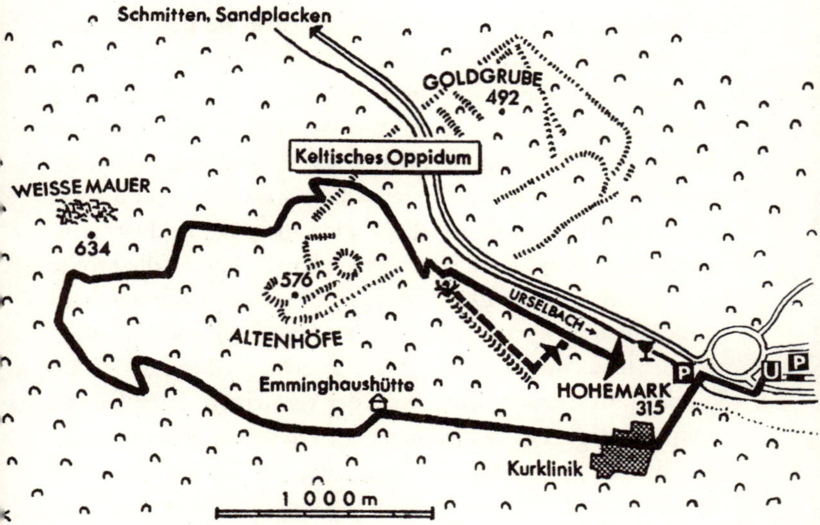


**Beginn:** Oberursel, Hohemark (Endstation U 3)
**Länge:** 8 km
**Einkehr:** Hohemark, Restaurant „Seoul“ (Mo. Ruhetag)
**Merkmale:** Reine Waldwanderung • längere Anfangssteigung • Spurensuche nach frühindustrieller Technik
**Info:** Stadtmarketing Oberursel, Tel. 0 61 71/50 92 22;
Internet: www.oberursel.de

Wo sich heute das Tor für Ausflüge im Taunus weit öffnet, an der U-Bahn-Endstation Hohemark, sah die Welt vor gut hundert Jahren noch ganz anders aus. Das Rattern, Pochen, Knirschen, Ächzen eines der größten textilverarbeitenden Unternehmen im Rhein-Main-Gebiet erfüllte das Urselbachtal. Bis zu 400 Beschäftigte zählte die 1860 gegründete „Aktiengesellschaft für Spinnerei und Weberei Hohe Mark“. Zahlreiche Produktionsstätten säumten den Bach, hohe Schornsteine überragten die Bäume, eine werkseigene Gasanlage versorgte Fabrik- und Wohngebäude. Das Unternehmen galt mit seinen Sozialeinrichtungen als vorbildlich. Neben angeschlossenen Unterkünften für Ledige und Familien gab es Betriebskranken- und Sparkasse, Bücherei, Konsumladen, Badehäuser, Volksschule, und selbst ein Gesangverein fehlte nicht. Das eigentlich Revolutionäre freilich war die technische Meisterleistung zur Nutzung der Wasserkraft. Hierfür wurde ein drei Kilometer langer „Werkgraben" vom Urselbach abgezweigt – bei nur zwei Meter Gefälle –, an dessen Ende eine so genannte Drahtseiltransmission stand. Mit 700 Metern Länge war sie die größte ihrer Art in Europa. Das Wasser eines weiteren Werkgrabens wurde direkt auf eine Turbine in der Spinnerei geleitet. Insgesamt leisteten die Turbinen 270 PS, genug, um über 10000 Spindeln anzutreiben. Ein Großfeuer vernichtete 1919 fast die gesamte Anlage. Einzig das ehemalige Direktionsgebäude blieb, weil abseits (gegenüber der Endhaltestelle Hohemark), verschont. Außerdem können, etwas versteckt im Wald, noch längere Passagen am Oberen Werkgraben abgegangen werden.

Über einen weiter ausholenden Bogen wollen wir uns dem früheren Gewerbegebiet Oberursels nähern. Hierfür quert man die Straße an der U-Bahn-Station Hohemark und orientiert sich an der Markierung grüner Strich. Gemeinsam mit weiteren Zeichen weist er erst die Friedländer Straße hinan, um dann nach Rechtsknick vor einer Klinik geradeaus in den Wald zu geleiten. Nun beginnt ein lang gezogenes Steigen, das sich auch nach dem Linksabzweig an der Emminghaushütte fortsetzt. Bis zum Wendepunkt der Wanderung sind rund 300 Höhenmeter zu bewältigen. Doch der Anstieg ist insgesamt moderat, und für Kurzweil sorgt der Wald mit seinem wechselnden Kleid. Mal begleiten uns Buchen, mal Fichten und Lärchen, dann sind wieder alle Baumarten bunt durchmischt.

Weiter oben wird der Weg zunehmend „steiniger" – Vorbote, dass wir uns den gewaltigen Steinhalden am westlichen

Taunusabhang nähern. Auf dem 789 Meter hohen Altkönig hat sie der Mensch vor 2500 Jahren zu mächtigen Ringwällen geschichtet; etwas tiefer, an der Weißen Mauer, vor der wir nach Rechtsabzweig stehen, sind sie als „natürliches“ Geröllfeld zu sehen (hierfür muss man wenige Meter den Waldhang hinaufgehen). Unterhalb der Weißen Mauer biegen wir rechts ab mit der neuen, bis zum Ende maßgeblichen Markierung gelber Strich. Was anfangs hinaufgeklettert werden musste, darf man nun beschwingten Schrittes wieder hinablaufen. Ohne Unterbrechung, dabei immer mal wieder überraschend abknickend, fällt der Weg gen Tal. Nurmehr zu erahnen sind dabei die Ringwälle „Altenhöfe“. Sie waren Teil eines Oppidums links und rechts vom Heidetränktal. Anders als die mehr als 300 Jahre ältere Bergfestung auf dem Altkönig umfasste hier ein kompliziertes Mauersystem eine regelrechte Stadt zu beiden Talseiten. Auf gut 130 Hektar Fläche waren die ursprünglich getrennten Anlagen Altenhöfe und Goldgrube vermutlich im zweiten vorchristlichen Jahrhundert miteinander verbunden worden (siehe S. 62). Mitten hindurch floss der Urselbach. Er dürfte für die Standortwahl ebenso ein wichtiges Kriterium gewesen sein wie später für den Bau der Spinnerei.

Von industrieller Nutzung spürt man allerdings zunächst nichts, nachdem der gelbe Strich die Talsohle erreicht hat. Ganz im Gegenteil bleibt das Bachbett seit einigen Jahren frei von forstwirtschaftlichen und regulierenden Eingriffen. Über umgestürzte Bäume und Felsblöcke bahnt sich das kraftvoll strömende Gewässer seinen Weg. Einzig die treppenartigen Barrieren im weiteren Verlauf erinnern an menschliche Eingriffe. Und natürlich der Obere Werkgraben, den man, abweichend vom Hauptweg, noch über eine längere Strecke verfolgen kann. Hierfür geht man am holzgetäfelten Forsthaus geradeaus. Der von Linden beschattete Kanal endet in Sichtweite des Pumpwerkes linker Hand im Urselbachtal. Darauf halten wir zu und biegen rechts in den schurgeraden Weg zur Hohemark.

# Gipfelsturm auf den Großen Feldberg

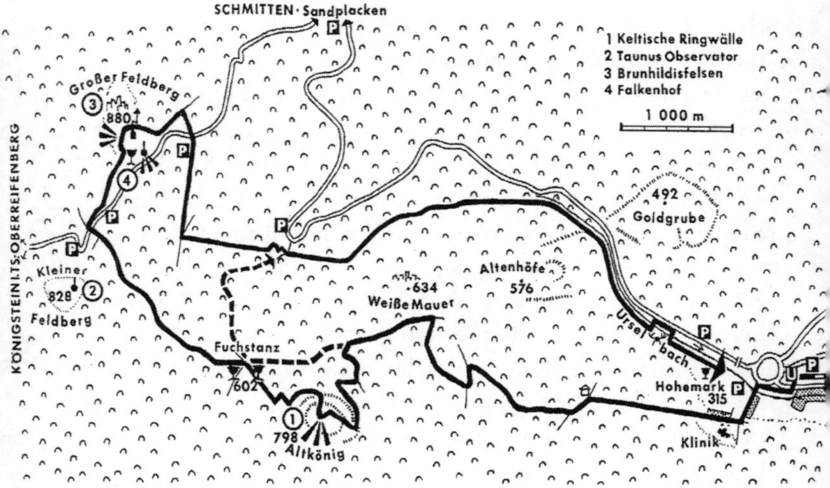


**Beginn:** Oberursel, Hohemark (Endstation U 3)
**Länge:** 18 (13) km (ohne Altkönig jeweils ein km kürzer)
**Einkehr:** Fuchstanz, zwei Gaststätten mit verschiedenen Ruhetagen (eine hat immer geöffnet; zudem Getränkestand unter freiem Himmel) • Großer Feldberg, Feldberghof (Restaurant und Selbstbedienung); außerdem gibt es einen Kiosk (dort auch Zugang zum Aussichtsturm)
**Merkmale:** Eine klassische Taunuswanderung: über 800 Höhenmeter von der Hohemark über Altkönig und Fuchstanz zum Großen Feldberg • dabei immer im Wald, aber auf den höchsten Gipfeln grandiose Aussicht genießen
**Öffnungszeiten:** Großer Feldberg, Aussichtsturm, tägl.; Falkenhof mit Flugvorführungen, 1. Mai bis Ende Okt., tägl. 14 Uhr
**Info:** Taunus Tourist Service, Bad Homburg, Tel. 0 61 72/9 99 80 02; Internet: www.taunus-info.de
**Sehenswert:** Altkönig, doppelter Ringwall – 980 und 1390 m lang mit Annexwall, um 450 v. Chr.

„Durch zufällige Anregung sowie in zufälliger Gesellschaft stellte ich manche Wanderung nach dem Gebirge an, das von Kindheit an so fern und ernsthaft vor mir gestanden hatte. So besuchten wir Homburg, Kroneburg, bestiegen den Feldberg, von dem uns die weite Aussicht immer mehr in die Ferne lockte.“ Seit den Zeiten Johann Wolfgang von Goethes, wie hier in „Dichtung und Wahrheit“ überliefert, gehört die Besteigung des 880 Meter hohen Großen Feldbergs zu den festen Erinnerungen der Rhein-Main-Bewohner. Spätestens seitdem die Vorläuferin der U-Bahnlinie 3, die Straßenbahn 24 von Frankfurt aus die Hohemark bei Oberursel direkt anfuhr (1910), haben Generationen von Schulklassen und Wanderern hier den Zugang zum Taunus gefunden. Zuvor marschierte man zu Fuß aus der Ebene hinauf, so 1814, als nach dem Sieg über Napoleon Freudenfeuer auf dem Feldberg loderten, und seit 1844, als auf Anregung des Kartographen August Ravenstein regelmäßig zu einem – noch heute veranstalteten – Turnfest gepilgert wurde.

Ravenstein und einigen Getreuen ist auch maßgeblich die infrastrukturelle Erschließung des Hochtaunus zu verdanken. Zunächst begründeten sie 1868 als ersten deutschen Wanderverein den „Bund der Feldbergläufer“, aus dem der Taunusklub hervorging. Drei Jahre benötigte Ravenstein, um das noch weitgehend unzugängliche Gebirge zu vermessen, und drei weitere für die darauf basierende Ausschilderung eines ersten Streckennetzes. Gut 2500 Kilometer markierter Wanderwege betreuen heute ehrenamtlich die Taunusklub-Mitglieder. Machen wir es einmal den „Feldbergläufern“ nach und folgen ihren Spuren auf einer klassischen Taunuswanderung von der Hohemark über Altkönig und Fuchstanz zum Großen Feldberg. Dabei sind unter Einbeziehung des Altkönigs insgesamt rund 800 Höhenmeter zu bewältigen.

Jenseits der U-Bahn-Station, vor dem gegenüberliegenden Parkplatz, steht eine große Wegetafel mit den Hauptrouten durch den Hochtaunus. Wir wählen den grünen Strich, da bei dessen Verlauf westlich der Kuppe Altenhöfe die Anfangssteigung nicht ganz so steil ausfällt. Mit weiteren Zeichen führt der Strich erst die Friedländer Straße hinan, um dann nach Rechtsknick vor einer Klinik geradeaus zum Wald zu weisen. Jetzt beginnt das lange Steigen, das sich auch nach dem Linksabzweig vor der Emminghaushütte – benannt nach einem verdienten Mitstreiter Ravensteins – fortsetzt; kurz danach rechts. Beim steten Bergan wechseln sich Buchen, Fichten und Lärchen ab, dann sind wieder alle Baumarten bunt durchmischt. Weiter oben wird der Weg zunehmend „felsiger" – Vorbote, dass wir uns den gewaltigen Gesteinshalden am westlichen Taunusabhang nähern. Früh schon hat der Mensch diese zu riesigen Wallanlagen aufgeschichtet, wie sie insbesondere auf dem Altkönig noch beeindruckend vorhanden sind. Nach Linksknick vor dem – nur nach kurzem Abstecher in den Wald sichtbaren – Geröllfeld der Weißen Mauer stehen wir bald am Fuße des Altkönigs. Das Zeichen führt steil auf den von zwei keltischen Ringwällen aus der Zeit um 450 v. Chr. umgürteten Gipfel (siehe S. 55). Von der Spitze übernehmen schwarzer Strich und weißes X die Lotsendienste über einen abenteuerlichen Pfad hinab zum Fuchstanz.

Wer nicht auf den Altkönig klettern möchte, kann für den direkten Weg zu den beiden Fuchstanz-Gaststätten einfach geradeaus verbleiben. Auch nach der Stärkung hat man die Wahl: entweder zum Endspurt auf den Großen Feldberg ansetzen oder mit dem schwarzen Strich in Richtung der angezeigten „Großen Kurve". Kurz vor der Landstraße fädelt man sich dann rechts in den Abstieg mit dem schwarzen Winkel ein. Für den Feldberg-Gipfelsturm nimmt man ab Fuchstanz das schwarze X. Auf breitem Forstweg geht es über 220 Höhenmeter en suite zur höchsten Erhebung im Taunus.

Viel hat sich in den vergangenen Jahren dort oben getan: Aus dem kahlen, von einem Großparkplatz beherrschten Plateau wurde eine begrünte Hochebene; insbesondere ist durch den Bau eines modernen Gasthauses mit drei Restaurationsbetrieben die unbefriedigende gastronomische Versorgung früherer Tage vergessen. Die schönsten Aussichtspunkte waren und sind der dem Taunusklub gehörende Aussichtsturm am Kiosk sowie der rückwärtige Brunhildisfelsen. Von der bereits im Jahre 1043 als „lectulus Brunhildae“ genannten Quarzitrippe eröffnet sich ein grandioser Blick über das burgengekrönte Oberreifenberg in den Hintertaunus.

*Der Brunhildisfelsen auf dem Großen Feldberg*

Für den Rückweg wählen wir aus den zahllosen Zeichen den schwarzen Winkel. Über ein kurzes Wiesenstück führt er in den Wald, nach 300 Metern rechts, quert die Straße und setzt zu einem nicht enden wollenden Bergab an. Zunächst geradeaus und nicht zu steil, ist nach dem abrupten Linksknick etwa einen Kilometer später Trittfestigkeit gefragt. Über Stock und Stein sucht sich ein Pfädchen die Ideallinie, erst nach dem Kreuzen eines breiten Forstweges wird es moderater. Von hier an auch wieder mit den Abkürzenden vereint, zunächst noch steil, aber ohne Hindernisse, marschiert es sich dann mit jedem Meter abwärts angenehmer, um am Ende fast flach auszulaufen. Mit dem sich recht wild gebärdenden Urselbach als Begleiter werden wir geraden Weges zur Hohemark zurückgebracht.

# Viel Wissenswertes über die Kelten

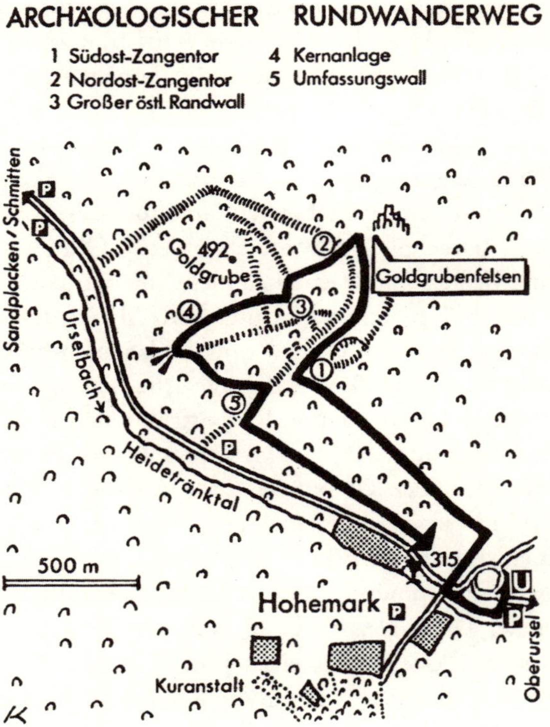


**Beginn:** Oberursel, Hohemark (Endstation U 3)
**Länge:** 5 km
**Einkehr:** Hohemark, Restaurant „Seoul" (Mo. Ruhetag)
**Merkmale:** Auf keltischen Spuren durch den Wald • Wissen im Vorübergehen mitnehmen
**Öffnungszeiten:** Oberursel, Vortaunusmuseum, Marktplatz 1, Mi. 10 – 12, Sa. 10 – 16, So. 13 – 16 Uhr (mit Funden vom Heidetränk-Oppidum)
**Info:** Stadtmarketing Oberursel, Tel. 0 61 71/50 92 22;
Internet: www.oberursel.de

Dass die Kelten 2000 Jahre nach ihrem rätselhaften Verschwinden einmal ein ehrgeiziges, kulturtouristisches Programm anstoßen würden, hätte vor wenigen Jahren noch niemand vorausgesagt. Auch wenn seit Beginn der archäologischen Grabungen Ende des 19. Jahrhunderts bekannt war, zu welch großartigen Fertigkeiten es Kelten in kunsthandwerklicher und bautechnischer Hinsicht gebracht hatten – man denke nur an die ausgedehnten Ringwälle auf dem Altkönig oder dem Dünsberg bei Gießen –, breite Aufmerksamkeit wurde erst 1994 mit dem spektakulären Grabfund des „Keltenfürsten" am Glauberg in der Wetterau geweckt. Ohne diese Entdeckung wäre es 2002 sicherlich nicht zur Einrichtung einer „Keltenstraße" gekommen. Unter dem Signet des Fürsten mit seinen markanten „Ohren" sind seitdem mehrere Orte im Rhein-Main-Gebiet ideell verbunden, die wichtigsten Fundstätten durch Lehrpfade und Rekonstruktionen aufgewertet. Am Dünsberg entstand ein so genanntes Zangentor, am Glauberg der vermutete Grabhügel; der Hausberg bei Butzbach (siehe S. 13) sowie das Heidetränk-Oppidum bei Oberursel bekamen aufwändige Erläuterungstafeln.

An diesem Oppidum, wie Caesar die stadtähnlichen Siedlungen der Kelten genannt hatte, konnte man freilich auf Bewährtes zurückgreifen. Bereits seit den siebziger Jahren war hier ein Archäologischer Rundweg („Artaunerix") durch das hügelige Terrain ausgeschildert. Im Zeichen der Keltenstraße durfte sich der Oberurseler Geschichtsverein nun einen lang gehegten Wunsch erfüllen und alles Wissenswerte auf insgesamt 16 Tafeln aufbereiten. Dennoch gibt die Anlage bis heute Rätsel auf. Weder weiß man, wie viel Menschen dort einstmals lebten, noch wann und warum die Stadt aufgegeben wurde. Gesichert ist, dass ein kompliziertes Mauersystem die große Siedlung zu beiden Talseiten nahe der Hohemark umfasste. Auf gut 130 Hektar Fläche, bei einem Höhenunterschied von 230 Metern, waren die ursprünglich getrennten Höhenrücken Altenhöfe und Goldgrube vermutlich im zweiten vorchristlichen Jahrhundert miteinander verbunden worden. Im Inneren bestand ein weiterer Befestigungsring und bereits 1200 Meter vor dem südlichen Hauptzugang eine Vorfeldsicherung. Sind auch längst die mächtigen Pfostenschlitzmauern zusammengesunken, das Vorhandene ist beeindruckend genug, um eine Vorstellung von den Ausmaßen dieser keltischen Großstadt zu geben.

Der Gang in die Prähistorie startet an der Hohemark, Endstation der U-Bahn-Linie 3. Vor dem Parkplatz an der gegenüberliegenden Straßenseite beginnt der Rundweg. Noch ehe es richtig losgeht, wird man sich zunächst in den dortigen Informationstext vertiefen, schließlich wollen die Kelten als gesamteuropäisches Phänomen gewürdigt sein. Immerhin dürfen die zum hallstatt- und La-Tène-zeitlichen Kreis gerechneten Stämme als prägendste Volksgruppe nördlich der Alpen im ersten vorchristlichen Jahrtausend angesehen werden – auch ohne Schriftkultur. Die moderne Archäologie hat den lange im Schatten der Griechen und Römer stehenden Kelten längst Gerechtigkeit widerfahren lassen.

Die Führung übernimmt ein im Profil zu sehender „Keltenkopf", die bildhafte Wiedergabe einer aus dem Oppidum stammenden Silbermünze. Er geleitet über die mit Keltenmotiven bemalte Fußgängerbrücke und knickt nach kurzem Geradeaus links ab. Durch Mischwald geht es erst leicht, dann etwas kräftiger bergan. Das Oppidum ist mit Erreichen des südöstlichen Zangentores angezeigt. Gut zu erkennen ist noch ein tiefer Geländeeinschnitt. Diese hohle Gasse von 35 Metern Länge hatten Freund und Feind zu passieren, ehe man zum eigentlichen Zugangstor kam. Wir laufen noch ein Stück am südlichen Rand entlang und zweigen kurz vor den Goldgrubenfelsen links in die Kernanlage auf dem Berg Goldgrube, ein Name, der nichts mit den Kelten zu tun hat. Erstmals 1571 urkundlich genannt, wird hier an die (vergeblichen) Anstrengungen im frühen 18. Jahrhundert erinnert, in dem Gebiet nach Gold zu schürfen.

Einige Abraumhalden sind noch sichtbar, die wallartigen Aufschüttungen dagegen eindeutig keltischen Ursprungs. Auf der abgeflachten Bergspitze öffnet sich kurz der Wald für einen Blick hinüber zum Altkönig. Die dortige Anlage aus dem fünften vorchristlichen Jahrhundert hatten die Kelten lange schon aufgegeben, als das verkehrstechnisch viel günstiger liegende Heidetränk-Oppidum am stärksten gesichert und genutzt war. Den Funden und (160 bekannten) Hausbauten nach zu urteilen, lebten dessen Bewohner von Ackerbau und Handwerk. Handelsbeziehungen bestanden bis an die Ostsee und den Mittelmeerraum. Die im Vortaunusmuseum von Oberursel gezeigten Funde – Waffen, Pferdegeschirr, Handwerkszeug, Schmuck und eine steinerne Handmühle – vermitteln noch eine Ahnung von der hoch stehenden keltischen Kultur. Die meisten Funde wurden am südwestlichen Abhang gemacht. Dorthin, wo die „Wohnpodien“ standen, lenkt der Rundweg gegen Ende den Wanderer – man achte hier auf einen scharfen Rechtsknick, dem weiter unten ein Linksabzweig folgt. Ist auch die letzte Tafel mit Beschreibungen des „Lebens vor den Toren der Stadt“ studiert, heißt es durch Buchenwald nur noch geradeaus zur Hohemark zurücklaufen.

# Und heiraten kann man auch

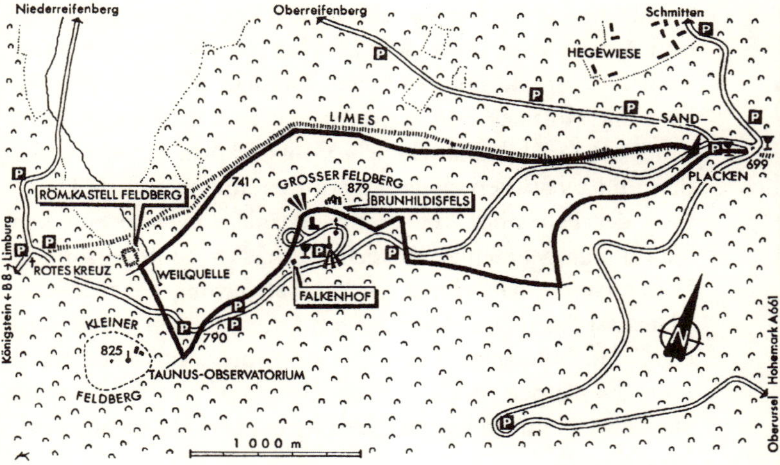


**Beginn:** Sandplacken (Passhöhe zwischen Oberursel und Schmitten)
**Länge:** 10 km
**Einkehr:** Am Sandplacken • Feldberghof sowie Kiosk auf dem Großen Feldberg
**Merkmale:** Durch das Herzstück des Taunus vom Sandplacken auf den Großen Feldberg • herrliche Aussichten über das Rhein-Main-Gebiet • im Gefolge der Römer: Feldberg-Kastell und Limes
**Info:** Taunus Tourist Service, Bad Homburg, Tel. 0 61 72/9 99 80 02; Internet: www.taunus-info.de
**Sehenswert:** Kleiner Feldberg, römisches Kastell (mit 700 m höchstgelegenes am Limes), in Grundzügen rekonstruiert, um 130 n. Chr. errichtet; erschlossen durch Lehrpfad • Großer Feldberg, Aussichtsturm, Falkenhof mit Flugvorführungen (1. Mai bis Ende Okt., tägl. 14 Uhr)

Geheiratet werden kann jetzt auch: Nach zehnjähriger Planungs- und Bauzeit wurde 2001 die Neugestaltung des Plateaus auf dem Großen Feldberg im Taunus abgeschlossen. Zuerst hatte 1999 ein modernes Gasthaus mit drei Restaurationsbetrieben den alten Feldberghof ersetzt. Als besonderen Service unterhält hier die Gemeinde Schmitten als Eigner des Geländes das „höchstgelegene Standesamt Hessens“. Auslöser für die Neugestaltung war der stark gestiegene Besucher- und Autoverkehr, unter dem zunehmend die Vegetation litt. Nun verläuft alles in geordneten Bahnen: Die Rasenflächen sind mit Holzbarrieren abgegrenzt, die verrosteten Liftanlagen abgebaut, der unansehnliche Großparkplatz ist verschwunden und renaturiert. Belassen wurden auf Frankfurts Hausberg der Falkenhof, die Fernmeldeanlagen sowie ein dem Taunusklub gehörender Aussichtsturm. Der 1868 gegründete Wanderverein hat seinen Teil zur Aufwertung des Feldberg-Plateaus beigetragen. Die von ihm unterhaltenen Wanderzeichen und hölzernen Wegweiser sind nicht nur frisch überholt. Es kamen noch weitere Strecken hinzu, etwa der Weiltalweg und ein instruktiver Lehrpfad am römischen Feldberg-Kastell.

Bei unserem Wandereinstieg an der Passhöhe Sandplacken wollen wir zunächst die Fährte der Markierung roter Fuchs aufnehmen. Mit ihr geht es über den Hotelparkplatz des am Straßenabzweig in Richtung Großer Feldberg liegenden Gasthauses, kurz durch Wald und weiter über den nachfolgenden Wanderparkplatz. Von nun an „springt“ der Fuchs voraus. Auf breitem, ebenem Weg kommt man problemlos voran, gelegentlich erhascht man durch die Bäume einen kurzen Blick in die Rhein-Main-Ebene. Dieser kehren wir aber bald den Rücken: Mit dem roten Strich heißt es rechts zum „Gipfelsturm“ auf den Großen Feldberg ansetzen. Rund 200 Höhenmeter sind in einem Stück zu bewältigen. Nur kurz ist das Verschnaufen, nachdem das Zeichen eine Landstraße gekreuzt hat; dann links, noch ein „Stich“, und das Bergplateau kommt in Sicht. Ein weiter Linksbogen lenkt nun die Ausflügler zwischen Brunhildisfelsen und die Aufbauten. Von dem mächtigen Quarzitblock sowie einer früheren Skischneise eröffnen sich großartige Ausblicke nach Nordwesten über die Reifenberger Burg bis weit in den Hintertaunus; für den Blick in Richtung Frankfurt empfiehlt es sich, den Aussichtsturm zu besteigen. Auch in Zukunft wird dafür Sorge getragen, dass der Gipfel von Bewuchs frei bleibt. Schließlich soll nicht zuletzt von der Ebene der Sichtbezug möglich sein, wenn auch keine patriotischen Freudenfeuer mehr hier oben abgebrannt werden, wie anno 1814 nach dem Sieg über Napoleon.

Mit dem gelben Strich laufen wir ab Falkenhof in Richtung Kleiner Feldberg. Weiter unten kreuzt das Zeichen die Straße und zweigt gleich rechts ab. Bald darauf biegen wir mit dem Wechsel zur Markierung braunes Eichhörnchen erneut rechts und queren nochmals die Straße. Rasch kommt man bergab zur Weilquelle und weiter zum Feldberg-Kastell. Ein Lehrpfad erläutert, wie überlegt dieses etwa von 200 Mann besetzte Kohortenkastell angelegt war. Einerseits kontrollierte es den Passübergang am Roten Kreuz, andererseits hatte man hier oberhalb der Reifenberger Wiesen ungehindertes Sichtfeld bis zum Gießener Becken und damit die unruhigen Chatten im Blick. Außerdem sicherte die Weilquelle die Frischwasserzufuhr. Der Dienst in diesem Legionslager dürfte allerdings einer Strafversetzung gleichgekommen sein. Im mit 700 Metern höchstgelegenen Kastell am gesamten Limes zwischen Rhein und Donau verdrossen Regen, Nebel, Kälte und Schnee an vielen Tagen im Jahr den Alltag.

Auf dem Rückweg verfolgen wir ab dem Kastell den einstigen Limes, dessen wallartige Aufschüttungen noch deutlich zwischen den Buchen und Fichten erkennbar sind. Das parallel zum Grenzwall verlaufende Zeichen eines stilisierten römischen Wachturmes führt zum Sandplacken.

# Der Limes als Wegweiser

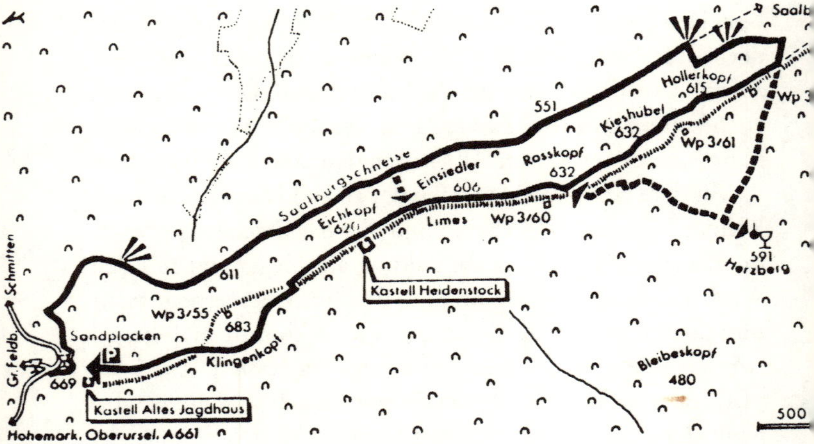


**Beginn:** Sandplacken (Passhöhe zwischen Oberursel und Schmitten)
**Länge:** 11 (5) km; 13 bei Verlängerung bis Herzberg
**Einkehr:** Am Sandplacken • Gaststätte auf dem Herzberg (Mo. Ruhetag)
**Merkmale:** Reine Waldwanderung ohne größere Steigungen • immer am Limes lang • beste Aussichten vom Herzbergturm
**Info:** Taunus Tourist Service, Bad Homburg, Tel. 0 61 72/9 99 80 02; Internet: www.taunus-info.de

Wer durch den Taunus wandert, wird immer wieder auf Spuren der römischen Vergangenheit stoßen: Wachtürme, Kleinkastelle und insbesondere den über weite Strecken als deutliche Verwerfungen im Gelände sichtbaren den einstigen Limesverlauf. Er lässt noch nachempfinden, wie der Wall seit dem Ausbau im zweiten nachchristlichen Jahrhundert das Gelände durchzog. Natürlich war er höher als das heute noch Sichtbare; hinzudenken muss man sich eine Palisade angespitzter Eichenpfähle, und auch der davor verlaufende Spitzgraben ist vielfach eingeebnet. Zur Signalübermittlung standen 900 Wachtürme an der 550 Kilometer langen Grenze vom Rhein bei Bad Hönningen bis nach Regensburg an der Donau. Gut 30 000 Mann, untergebracht in limesnahen Kastellen und Garnisonsstädten wie Mainz, überwachten das Bollwerk. Ein unüberwindliches Hindernis war der Limes allerdings nicht. Heute glaubt man, er habe rein defensiven Charakter gehabt und markierte eher eine unübersehbare Zivilisationsgrenze. Die Steinbauten waren alle hellweiß getüncht. Für Händler, Hilfstruppen oder Siedlungswillige war der Limes immer durchlässig. Der Bedeutung des nach der Chinesischen Mauer zweitlängsten Flächendenkmals der Welt wurde mit dem Antrag auf Anerkennung als UNESCO-Weltkulturerbe Rechnung getragen.

Zweifellos gelten die Limesreste im Hochtaunus als die am besten erhaltenen. Sie schützte immer Wald. Pflug und Unverstand konnten hier, wie auf weiten Strecken in der Ebene, keinen Schaden anrichten. Über viele Kilometer lässt sich noch die einstige Grenze durch „Germanien" westlich und östlich der Passhöhe Sandplacken verfolgen. Dort wenden wir uns nach rechts und biegen hinter dem Restaurant „Tannenheim" mit den drei Zeichen schwarzer und grüner Strich sowie roter Punkt links unter hohen Fichten auf einen Pfad, der nach einem kleinen Schlenker zur Straße auf festen Weg trifft (später Saalburgschneise genannt). Ihm folgen wir rechts mit dem weißen Strich. Es geht ständig am Hochwaldhang entlang. Einmal öffnet sich die Baumdecke zur Aussicht in den Hintertaunus und weiter über den Gebirgskamm zur „Betonnadel" auf dem Steinkopf am Ostrand des Gebirges. Sobald man den schwarzen Punkt kreuzt, gibt es Gelegenheit, mit diesem Zeichen rechts aufwärts die Wanderung um etwa die Hälfte abzukürzen.

Die Route des weißen Striches setzt sich geradeaus fort. Wir behalten diese Markierung bei und genießen mehrmals Ausblicke, bis wir rechts steil aufwärts zur kreuzenden schwarzen Strichmarkierung wechseln. Vom nächsthöheren Hangweg, auf dem wir nun kurz weiterziehen, wird die Aussicht noch umfassender. Nach einem Rechtsabzweig trifft der schwarze Strich auf den mit stilisiertem Wachturm gekennzeichneten Limesweg, dem wir uns rechts anschließen. Ebenso sind später der europäische Fernwanderweg (blaues X) und der Taunushöhenweg (schwarzes T) mit von der Partie. Wer einen Abstecher für die Einkehr auf dem Herzberg unternehmen möchte, folgt dem schwarzen Strich weiter bis zur Markierung grüne Tanne. Mit dieser nach rechts das gewünschte Ziel ansteuern, und mit ihr auch wieder den Anschluss an den Hauptweg herstellen.

Regulär geht es mit dem Limesturmzeichen im Anstieg auf den 615 Meter hohen Hollerkopf, dabei passiert man den Standort eines Limes-Wachturms. Gekennzeichnet ist er mit Wp 3/62, was nach Zählung der Reichslimeskommission Wachtposten Nr. 62 auf der Taunusteilstrecke 3 bedeutet. Sowohl der nördliche Teil des Limes, der obergermanische, als auch der südliche, raetische wurden bei der systematischen Erfassung um 1900 in 15 Strecken unterteilt und sämtliche Türme nummeriert. Wir treffen noch einige auf diesem Abschnitt. Begleitet vom brusthohen Limeswall, kommen wir vom Hollerkopf gemächlich über Kieshübel und Roßkopf zum Kastell Heidenstock. Rund 100

*Der Herzbergturm*

dieser kleineren Legionslager standen am gesamten Limes. Über steinigen Weg erreicht man mit kurzem Links-rechts-Knick den höchsten Punkt dieser Wanderung, den 683 Meter hohen Klingenkopf. Eine Waldstraße nimmt uns auf, jetzt sind es nur noch wenige Meter abwärts zum Sandplacken.

# Im Grenzbereich von Römern und Germanen

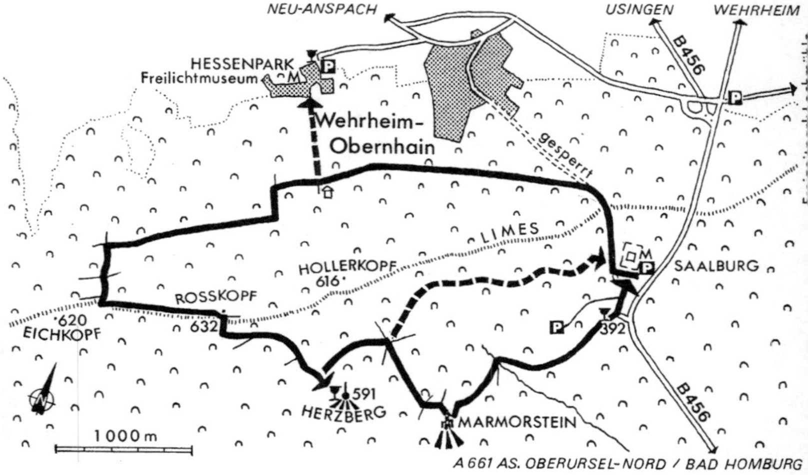


**Beginn:** Saalburg (an der B 456 zwischen Bad Homburg und Wehrheim)
**Länge:** 10 (9) km; jeweils ohne Hessenpark
**Einkehr:** An und in der Saalburg • Gaststätte auf dem Herzberg (Mo. Ruhetag) • Wirtshaus „Zum Adler" am Hessenpark (frei zugänglich)
**Merkmale:** Von der Saalburg den Römern gefolgt • durch dichte Wälder zu aussichtsreichem Herzberg und Naturdenkmal Marmorstein • Besuch im Freilichtmuseum Hessenpark
**Öffnungszeiten:** Saalburg, tägl. 9–18; Nov. bis Febr. 9–16 Uhr • Hessenpark, 1. März bis 31. Okt., tägl. a. Mo. 9–18 Uhr; im Winter nur So.
**Info:** Saalburg, Tel. 0 61 75/9 37 40; Internet: www.saalburgmuseum.de • Hessenpark, Tel. 0 60 81/58 80; Internet: www.hessenpark.de
**Sehenswert:** Saalburg, Römerkastell, das einzige in Deutschland wieder aufgebaute (1898–1907); anstelle eines Erdkastells unter Kaiser Hadrian ab 130 n. Chr. als großes Kohortenkastell angelegt und mit ca. 500 Mann besetzt, seit Ende des Limes 260 n. Chr. verfallen; in den Museumsräumen über 30 000 Funde aus dem Limesbereich; im Vorfeld Fundamente eines Vicus (Dorfes) mit Badeanlagen und Mithras-Tempel; Replik der Mainzer

Jupiter-Gigantensäule; ein Archäologischer Park im Aufbau • Freilichtmuseum Hessenpark, seit 1974 werden historische, vom Abbruch bedrohte Gebäude aus ganz Hessen hierher umgesetzt; handwerkliche und landwirtschaftliche Demonstrationen; Storchenaufzucht-Station; frei zugänglich eine Fachwerkgruppe mit Restaurant vor dem Eingang

Es war eine erlauchte Festgesellschaft, die sich am 11. Oktober 1900 auf dem Taunuspass zwischen Bad Homburg und Wehrheim eingefunden hatte. Allen voran Kaiser Wilhelm II., der es sich nicht nehmen ließ, mit drei Hammerschlägen symbolisch den Wiederaufbau des römischen Kohortenkastells „Saalburg" einzuleiten. Örtliche Honoratioren, gekleidet in römischer Tunika oder germanischen Gewändern, riefen begeistert „Ave Caesar" – Beginn einer Erfolgsgeschichte, wie sie wahrscheinlich nicht einmal der antikenbegeisterte Kaiser erwartet hatte, sollten auch weitere sieben Jahre ins Land gehen, ehe endlich die Saalburg ihre Tore dem erwartungsvollen Publikum öffnen konnte.

Rund zehn Millionen Menschen haben seit 1907 das einzige am gesamten Limes wieder aufgebaute Kastell besichtigt, mit Abstand auch das meistbesuchte Museum Hessens. Schließlich sind ja nicht allein ein zinnenbekränztes Mauerrechteck, Stabsgebäude, Fahnenheiligtum, Vorratsräume sowie Reste des vorgelagerten Vicus zu besichtigen. Vor allem ist es die große Fülle der Originalfunde an authentischem Ort, die der Saalburg ihren einzigartigen Rang verleiht. Immer wieder verblüffen selbst einfachste Alltagsgegenstände in ihrer Genialität und Zeitlosigkeit der einmal gefundenen Form: Damensandalen, Holzhobel oder Zahnarzt-Zange sind kaum von heutigen Modellen zu unterscheiden. Wer nach den Grundlagen der modernen Welt fragt, braucht nur auf die Saalburg zu fahren. Mit dem Ausbau zu einem „Archäologischen Park" wird das Gelände weiter aufgewertet. Es entstehen zusätzliche Gebäude, und der Limes wird streckenweise rekonstruiert. Ziehen wir also hinaus in das Gebiet, das einst zwei Welten voneinander trennte: hier die hoch stehende römische Kultur, dort das „barbarische“ Germanien.

Nach Besichtigung von Saalburg und den Vicus-Fundamenten gehen wir links am Kastell vorbei und auf dem asphaltierten Weg in Richtung Obernhain abwärts. Erstmals kreuzt man dabei den einstigen Limes, der hier noch deutlich an seinen wallartigen Aufschüttungen erkennbar ist. Kurz darauf biegen wir links in einen Forstweg, die Führung übernimmt das Zeichen einer stilisierten Waldlandschaft, das Symbol für den 135 Kilometer langen Rundweg um den Naturpark Hochtaunus. Leicht bergan bewegt man sich jetzt unentwegt geradeaus, dicht umschlossen von Lärchen, Buchen und Fichten. Zu römischer Zeit sah es da ganz anders aus. Vermutlich wurden die nordwestlichen Taunushänge von Bäumen freigehalten, um die unruhigen Chatten besser im Blick zu haben. Wie deren spätere Nachfahren lebten, kann man nach einem kurzen Abstecher – Zeichen schwarzer Strich – hinunter zum Freilichtmuseum Hessenpark kennen lernen. Zahlreiche Fachwerkgehöfte, Werkstätten und weitere historische Bauten wie ein Kirchlein oder ein Schulhaus, zusammengetragen aus ganz Hessen, vermitteln anschaulich die vorindustrielle Welt.

Bald nach dieser Kreuzung achten wir auf den Abzweig des Naturpark-Zeichens links aufwärts, gefolgt von einem Rechtsknick. Weiter geradeaus, bis wir auf den schwarzen Punkt stoßen, der links hinauf zum Limes weist. Dort führen die Zeichen blaues X und schwarzes T auf oder an dem Flächendenkmal entlang. Gut sichtbar ist hier der Graben, der einst dem Palisadenzaun vorgelagert war. Nach einer Passage über Geröll, wo man in noch dichteren Wald vordringt, übersteigt man rechts abzweigend den einstigen Grenzwall, unterhalb wird es wieder aufgelockerter, zwischen Birkenspitzen ist gar ein Blick in die Rhein-Main-Ebene zu erhaschen.

Wir kommen an der Zufahrt zum Herzberg heraus. Wer dort einkehren und den 25 Meter hohen Aussichtsturm besteigen möchte, läuft kurz hinan. Dieser wurde vor dem Hintergrund des Wiederaufbaus der Saalburg um 1900 einem Limes-Wachturm nachempfunden. Beim großartigen Rundumblick über Altkönig und Feldberg, Bad Homburg und Oberursel bis tief in die Rhein-Main-Ebene ist gut vorstellbar, wie sich einst die römischen Streckenposten mit Fackel- oder Flaggensignalen von der Wetterau bis zum Taunusvorland über viele Türme hinweg verständigten.

*Im Hessenpark*

Ohne Herzberg-Abstecher geht es links auf breitem Forstweg abwärts. An der nächsten Kreuzung haben wir die Wahl, mit dem Zeichen schwarzes Dreieck direkt zur Saalburg zurückzukehren, oder rechts ab mit dem T und schwarzen Strich über den Marmorstein. Nach kräftigem Bergab eröffnet sich von der Quarzitrippe ein großartiger Blick über Bad Homburg und Frankfurt bis zum Odenwald. Unterhalb des Felsens schwenken wir scharf links ab, laufen etwas am Hang entlang, ehe wir auf das rote Kreuz stoßen. Auf angenehm zu gehendem Weg übernimmt es den Schlusspart und berührt kurz vor Erreichen der Saalburg eine Replik der berühmten Jupiter-Gigantensäule aus Mainz.

# Eine unbekanntere Seite des Taunus

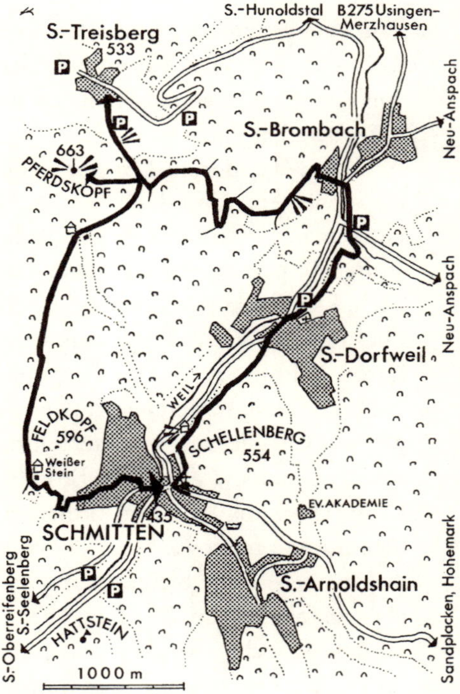


**Beginn:** Schmitten, Bushaltestelle Kirche
**Länge:** 12 km
**Einkehr:** In Brombach • in Treisberg
**Merkmale:** Fast nur durch schattige Laubwälder leichtes Bergauf • zwei kurze Steilstücke • Aussicht, besonders vom Turm auf dem Pferdskopf • für jede Jahreszeit geeignet
**Info:** Tourismusverein Schmitten, Tel. 0 60 84/46 23; Internet: www.schmitten.de
**Sehenswert:** Pfarrkirche St. Karl Borromäus, neugotisch, ortsbeherrschend auf steilem Fels gelegen • Ortsteil Arnoldshain, ev. Pfarrkirche, spätgotisch, Grabsteine der Herren von Hattstein; von deren Burg südlich v. Schmitten nach mehrfacher Zerstörung und Verfall seit dem 17. Jh. nur Teile der Schildmauer erhalten sind • Oberreifenberg, siehe S. 83

Die Großgemeinde Schmitten, gebildet aus neun Ortsteilen, ist in ihrer landschaftlichen Vielgestaltigkeit ein Dorado für Wanderer. Auf einer Fläche von 3550 Hektar am Nordhang des Großen Feldbergs gelegen, wechseln weite Hochflächen mit ausgedehnten Waldungen, gegliedert vom Oberlauf der Weil und ihren Nebenflüsschen. Landwirtschaftlich unrentabel geworden, gilt das Bestreben der Gemeinde jetzt vorrangig der Pflege und dem Erhalt dieser Erholungslandschaft. Hierzu gehört nicht zuletzt der Unterhalt von Aussichtstürmen, etwa auf dem 663 Meter hohen Pferdskopf. Wie eine gigantische Holzleiter überragt er weithin sichtbar das Land. Sein Blickfeld umfasst den gesamten Hintertaunus von den Aufbauten am Feldberg bis zum nördlich liegenden Dünsberg bei Gießen.

Unsere Wanderung beginnt an der zentralen Bushaltestelle in Schmitten. Unterhalb der auf hohem Fels thronenden katholischen Pfarrkirche geht es vorbei und gleich dort die vielstufige Treppe hinauf, dem Wanderzeichen schwarzer Zeiger nach. Der Weg am Waldrand des Schellenbergs bietet Aussicht über den an Wiesenhängen und im Tal ausgebreiteten Luftkurort Schmitten. Erst in Dorfweil kommen wir wieder ins Tal hinunter, ignorieren jetzt den schwarzen Zeiger und zweigen am Ortsausgang von der Durchgangsstraße halb rechts zum Friedhof ab (Wegweiser Brombach). Der Parkplatz voraus kann alternativ zu den beengten Platzverhältnissen von Schmitten benutzt werden. Auf dem oberen der beiden hier abzweigenden Wege bleiben wir – zunächst ohne einem Zeichen zu folgen – am Waldrand über dem Weiltal. In einer Wegschlinge erreichen wir den weißen Zeiger, der uns bis Treisberg führt. Am Ortseingang von Brombach wird die Weil überquert, die auf ihrem munteren Lauf bis zur Mündung in die Lahn einer Reihe von Orten Namensgeberin geworden ist: Alt- und Neuweilnau, Weilrod, Weilmünster oder Weilburg. Jetzt werden unsere Aufstiegsqualitäten gefordert. Der Zeiger weist kurz den Treisberger Weg hinan und weiter geradeaus die steile Straße im Neubaugebiet zum aussichtsreichen Waldrand. Eingebettet im hohen Forst lugt bald das Naturfreundehaus Brombach herüber. Nach einem Linksknick laufen wir von hier zwischen hohen Buchen, weiterhin leicht ansteigend, und erreichen einen markanten Schnittpunkt mehrerer Wanderwege. Richtungsweiser helfen, die nächsten Ziele anzusteuern: Nach links zum Aussichtsturm auf dem Pferdskopf sind es 500 Meter bei knapp 100 Höhenmetern, geführt vom schwarzen X; dazu gilt es weitere 174 Stufen erklimmen, um in den Genuss der begeisternden Ringsumsicht zu kommen. Die 34 Meter hohe Dreieckskonstruktion wurde 1987 anstelle eines verrotteten Vorgängerturms errichtet.

Der zweite Wegweiser zeigt abwärts zum nahen, markant auf einem Hochplateau gelegenen Treisberg. Es ist das kleinste der neun einst selbstständigen Dörfer unter dem kommunalen Dach Schmittens. Hier lässt es sich gut einkehren. Vom Uhrtürmchen auf dem früheren Schulhaus schlägt die Stunde wie eh und je. Für den Weiterweg trifft man wieder am Wanderwegekreuz ein, nimmt den schwarzen Ring auf weißem Grund und folgt ihm durch abwechslungsreichen Buchenwald bis zur Schutzhütte am Weißen Stein. Der Richtungsgeber zeigt noch 0,5 Kilometer bis Schmitten an; hierfür folgen wir dem schwarzen Punkt. Das neue Zeichen weist sogleich links auf einen Grasweg und hält später mehrere Kapriolen bereit. Durch die Straße Zum Weißen Stein im Schmittener Neubauviertel werden wir hinunter zur Seelenberger Straße und zum Ausgangspunkt in der Ortsmitte zurückgeleitet.

*Das ehemalige Schulhaus in Schmitten-Treisberg*

# Landschaftlicher Reichtum, wo man einst arm gewesen

**Beginn:** Schmitten, Bushaltestelle Kirche
**Länge:** 12 km
**Einkehr:** In Oberreifenberg
**Merkmale:**
Längerer Anfangsanstieg zum hoch auf dem Berge liegenden Oberreifenberg • dort mit St.-Gertrudis-Kapelle und der Burgruine beeindruckende Bauwerke kennen lernen • begeisternde Aussicht
**Info:** Tourismusverein Schmitten, Tel. 0 60 84/46 23, Internet: www.schmitten.de
**Sehenswert:** Schmitten, siehe S. 77 • Oberreifenberg, siehe S. 84

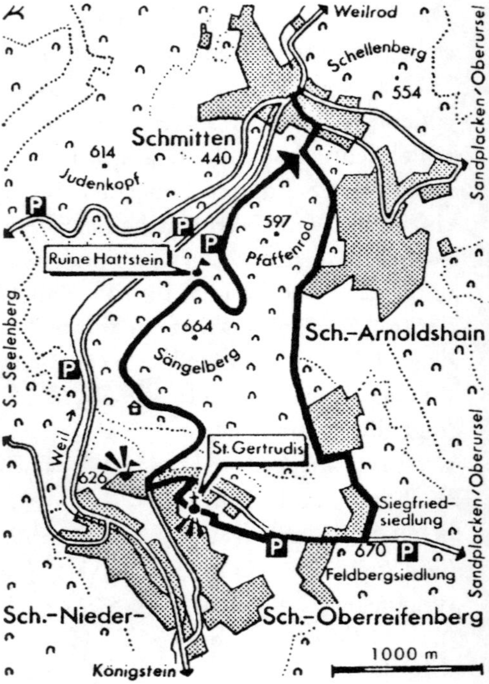


Fährt man durch die aufgeräumten, von Neubauvierteln geprägten Ortsteile Schmittens, ist kaum mehr vorstellbar, welch große Armut hier einst herrschte. Landwirtschaft gab kaum das Nötigste her, Handel und Handwerk waren weit unterentwickelt, mehr schlecht als recht ernährte man sich bis ins beginnende 20. Jahrhundert vom Nägelschmieden. Fast in jedem Haus ging man damals der beschwerlichen, aber gering bezahlten Arbeit nach. Zehnköpfige Familien lebten in windschiefen Katen, besaßen vielleicht eine Ziege und ein Gärtchen für die Selbstversorgung. Im Winter waren die Dörfer mitunter wochenlang von der Außenwelt abgeschnitten. Die beschwerlichen Lebensumstände vergangener Tage lassen sich auf weite Teile im Hintertaunus übertragen. Nicht zufällig findet man hier kaum bedeutsame Bauwerke. Dome und Schlösser wurden andernorts gebaut.

Die Tradition der Eisenverarbeitung reicht bis ins Mittelalter zurück, als die auf einer nahen Burg ansässigen Herren von Hattstein eine Waldschmiede begründeten. Daraus hat sich ein 1349 erstmals genanntes Dörfchen entwickelt; im Namen Schmitten klingt der Ursprung nach. Als berüchtigtes Raubritternest – bei den Untertanen war ja kaum etwas zu holen – wurde die Burg zwischen 1379 und 1467 mehrfach zerstört und ebenso oft wieder aufgebaut. Erst seit 1656 erfolgte der endgültige Verfall. Heute liegt das Gemäuer halb vergessen im Wald; Reste der Schildmauer sind noch erhalten. Dorthin, unter Einschluss der Burg der Reifenberger Ritter – Intimfeinde der Hattsteiner –, wollen wir ab Schmitten unsere Schritte lenken.

Von der zentralen Bushaltestelle geht man gegenüber in die Schillerstraße, gleich links mit dem roten Strich in die Straße Zum Feldberg und nach 500 Metern rechts ab über einen steilen Treppenanstieg hinauf zum Wald. Dort wendet man sich bald nach links und bleibt für eine ganze Weile auf fast ebenem Weg oberhalb der Bebauung. An der folgenden Gabelung ist der linke Strang der richtige, wie das erst später auftauchende Zeichen zeigt. Man wird zur Zufahrtsstraße einer Wochenendsiedlung eingewiesen, auf ihr leicht steigend mit dem roten Strich um einige Ecken zur Straße nach Oberreifenberg: Der rote Strich hat seinen Dienst erfüllt. Ohne Markierung laufen wir rechts bis zum großen Parkplatz, an dessen Ende links in die Feldbergstraße und nach 50 Metern jetzt mit dem schwarzen X in Richtung Wohnanlage

Brunhildensteg geradeaus über eine Wiesenhochfläche zu der frei auf einer Anhöhe thronenden St.-Gertrudis-Kapelle.

Der Name ist jüngeren Datums. Er hat sich eingebürgert, nachdem ein Frankfurter Arzt und Kunstmäzen das völlig heruntergekommene Gebäude, bekannt als Bassenheimer Grabkapelle, zu Ehren seiner 1924 verstorbenen Mutter von bedeutenden Frankfurter Künstlern restaurieren ließ. Erbaut worden war die Kapelle 1711 von Graf Casimir Ferdinand von Bassenheim, einer Linie der Reifenberger, als Grabstätte für den 1686 eines tragischen Todes verstorbenen Letzten des Rittergeschlechts derer von Reifenberg. Die dominierende Lage vor dem Hintergrund von Großem und Kleinem Feldberg entspricht der Bedeutung einer langen Reihe vornehmer Vertreter dieses Hauses. Unser Zeichen X führt in den Ort hinein und nach scharfem Rechtsknick gegenüber der Pfarrkirche durch die Arnoldshainer Straße wieder hinaus, nicht ohne einen kurzen Abstecher zur mächtigen Burgruine gemacht zu haben (siehe S. 85). Es geht zu einem Wiesengrund hinab, wo man sich links ansteigend in den Wald wendet, dabei die Reste der Ruine Hattstein tangierend. Mit einer lang gezogenen Linkskehre wird abermals ein Wiesengrund umrundet, der Weg gewinnt zum guten Schluss wieder an Höhe. Die allerletzte Passage ist bereits vom Hinweg bekannt, so der Treppenabgang und der Gang durch Schmitten.

# Im „Zauberwald“ um die Reifenberger Burg

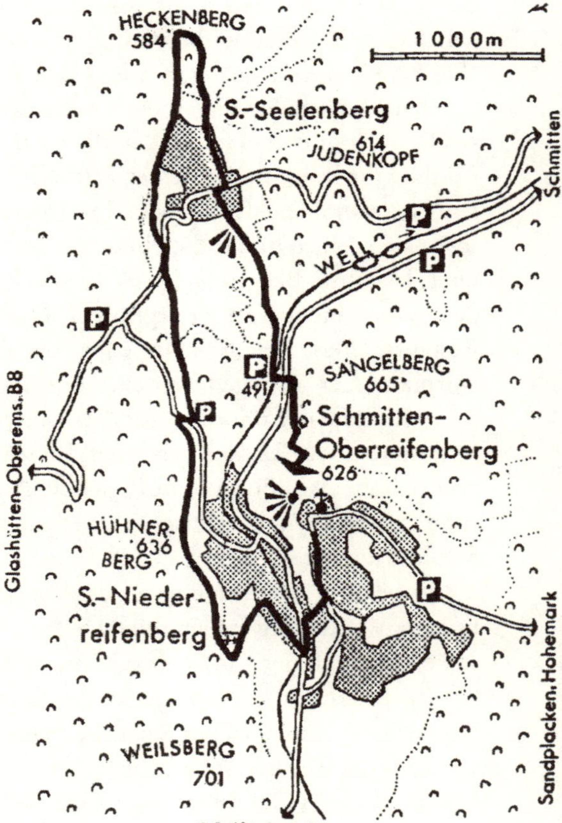


**Beginn:** Oberreifenberg, Bushaltestelle Kirche
**Länge:** 10 km
**Einkehr:** In Seelenberg
**Merkmale:** Viel Wald, wegen der Laubfärbung im Herbst am schönsten • ein langes Bergauf • zum Schluss kurzes Steilstück • Aussicht, besonders vom Bergfried der Burgruine
**Info:** Tourismusverein Schmitten, Tel. 0 60 84/46 23; Internet: www.schmitten.de
**Sehenswert:** Kath. Pfarrkirche St. Georg, als romanisierender Saalbau mit eingestelltem Portalturm um 1855 erbaut • Burgruine (12./13. Jh.) der Herren v. Reifenberg, 1689 geschleift, erhalten und restauriert: zwei mächtige, 25 m hohe Türme, davon der sechsgeschossige Wohnturm besteigbar; 43 m lange u. 4 m dicke Schildmauer • Bassenheimer Barockpalais, um 1770 • St.-Gertrudis-Ka-

pelle (18. Jh.), frei auf Anhöhe liegend, Grabkapelle der Herren von Reifenberg und Bassenheim

Von einem „Indian Summer", dem expressiven Farbspiel der nordamerikanischen Wälder im Herbst, hat in Deutschland noch niemand gesprochen. Dafür dominieren zu stark die Nadelgehölze, und dafür lässt die häufig vorherrschende nebelartige Bewölkung die Blätter zu wenig „leuchten". Wo aber Laubbäume in ausreichender Höhenlage stehen, werden durchaus Reminiszensen an das amerikanische Naturwunder wach. So lohnt im Herbst der Blick „hinter" den Großen Feldberg im Taunus. Auf seiner Rückseite rund um Oberreifenberg erstrahlen die Eichen, Linden und Birken in den schönsten gelben und rötlich braunen Tönen. Die beste Sicht über das bunte Blätterkleid eröffnet das Rundpanorama von der Oberreifenberger Burgruine. Nach umfangreichen Restaurierungsarbeiten kann einer der beiden mächtigen Türme wieder bestiegen werden. Eng winden sich 83 Stufen im rechteckigen Wohnturm zur Aussichtsplattform. Diese ist jetzt mit einem Glasdach geschützt. Im nächsten Sanierungsschritt hofft der „Burgverein Reifenberg" auch den zweiten, runden Bergfried begehbar zu machen und die mächtige Schildmauer zu sichern.

Ob wir die Besichtigung an den Anfang oder das Ende unserer Wanderung stellen, bleibt gleich. Von der Bushaltestelle unterhalb der Kirche sind es nur wenige Schritte hinüber zur Ruine. Ansonsten geht es die Treppe gegenüber eine Straße höher und dort, am Rathaus, rechts. Schon bald sehen wir auch das Zeichen schwarzer Punkt. Der Weg führt leicht bergab nach Niederreifenberg. Kurz folgt man links der Hauptdurchgangsstraße, um dann am Gefallenen-Denkmal rechts und gleich weiter in die Haidgesstraße halb links abzuzweigen. Über die Dächer wandert das Auge zur anderen Hangseite mit der romanisierenden Pfarrkirche vor dem ungleichen Turmpaar der Reifenberger Burg. Bei Linksschwenk zum Waldrand lassen wir die Szenerie hinter uns. Am dortigen Friedhof knickt man rechts ab und folgt fortan der Markierung schwarzer Winkel. Auf breitem Forstweg geht es zunächst voran. Zu beachten ist dessen Übergang nach wenigen hundert Metern leicht links in einen unscheinbaren Tritt sowie, nach der Straßenüberquerung an einem Parkstreifen, das Linksabbiegen auf einen etwas verstruppten Pfad. Der Weg weitet sich bald wieder und gibt den Blick frei über ein Wiesental hinauf nach Seelenberg. Den kleinen Ort umlaufen wir zunächst. Nach erneutem Kreuzen der Straße passieren wir die Häuser am oberen Rand und stoßen nochmals in den Wald vor.

*Reifenberg mit Burgruine*

Bereits einige hundert Meter später biegt man scharf rechts mit dem neuen Zeichen ab, einem liegenden U. Es geleitet geradewegs nach Seelenberg. An der Hauptdurchgangsstraße hält man sich kurz rechts und biegt dann links in den Müllerweg. Hier wechselt zum letzten Mal die Markierung. Bis zum Ausgangspunkt übernimmt das schwarze Rechteck die Führung durch den schönsten Abschnitt. Vom herrlichen Blick über die Türme der Reifenberger Burgruine zum Großen Feldberg werden wir auf das Finale furioso eingestimmt. Das mittelalterliche Duo scheint 300 Meter höher eine moderne Entsprechung gefunden zu haben – der Aussicht und

*Oberreifenberg, St.-Gertrudis-Kapelle*

Beobachtung dienen schließlich auch die Türme auf Frankfurts Hausberg. Eingerahmt sind die Aufbauten vom leuchtenden Gelb und Rot der Baumkronen ringsum. Nach kurzem Geradeaus durch Felder treten wir selbst ein in den herbstlichen „Zauberwald". Zunächst hinab – Vorsicht: 200 Meter hinter dem Waldbeginn führt das Zeichen nach rechts – ins Weiltal, dann, nach Queren der Straße und Passieren eines kleinen Weilers, wieder hinauf nach Oberreifenberg. Links kommt man durch die Schlossgasse zur Burgruine oder gleich weiter bis zur ortsbeherrschenden Pfarrkirche.

# Ein ganz besonderer Baum

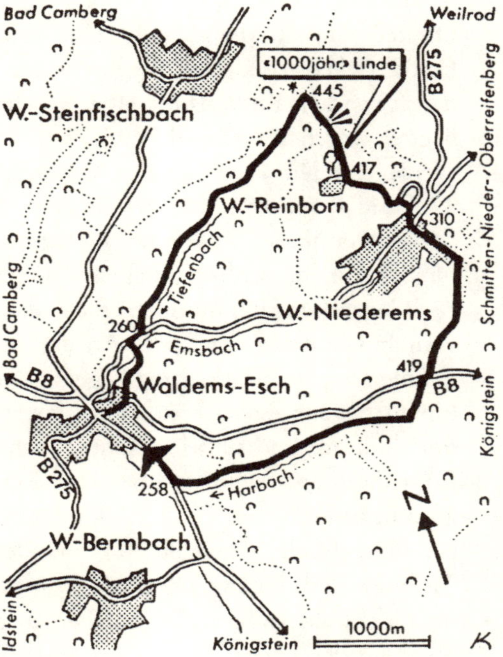


**Beginn:** Waldems-Esch, Bushaltestelle **Länge:** 12 km **Einkehr:** In Niederems **Merkmale:** Durch idyllische Bachtäler in abwechslungsreicher Landschaft unterwegs • zum ungewöhnlichsten Baum im Taunus **Info:** Gemeindeverwaltung Waldems, Tel. 0 61 26/59 20; Internet: www.waldems.de **Sehenswert:** Esch, ev. Pfarrkirche, Saalbau v. 1786 • Fachwerk-Rathaus mit Schnitzereien v. 1686 • Reinborn, ev. Kapelle, einfacher barocker Saalbau mit tonnenartigem Holzgewölbe • Naturdenkmal „Tausendjährige Linde“

Linden standen von altersher unter besonderem Schutz der Menschen. Kein Blitzstrahl, so glaubte man, würde sie je treffen, da sie Freyja, der Gemahlin Wodans, geweiht. Über Jahrhunderte waren die Bäume mit ihren weit ausladenden Ästen Mittelpunkt dörflichen Lebens bei Spiel und Tanz in freier Natur, aber auch Versammlungs- und Gerichtsstätte. Im Volkslied lebt noch heute die Verehrung für die Linde fort, die schon Walther von der Vogelweide in seinen Minneliedern beschwor. Manche der Bäume haben allen Stürmen getrotzt und die Zeiten überdauert. Sie gelten als Naturdenkmale und erfahren entsprechende Pflege. Auch in Reinborn, Ortsteil von Waldems, steht eine solche „Tausendjährige Linde“, wie diese Ehrfurcht gebietenden Veteranen gerne genannt werden. Ihr genaues Alter ist selten feststellbar, meist liegt es zwischen 500 und 700 Jahren.

Von Waldems-Esch an der Kreuzung der Bundesstraßen 275 und 8 machen wir uns auf den Weg zur Reinborner Linde. Der Name Waldems, unter dem sich sieben Ortschaften zusammengeschlossen haben, deutet es an – eine waldreiche Gegend, mitten hindurch fließt die Ems auf ihrem Weg vom Hochtaunus zur Lahn. An der Bushaltestelle in Esch nehmen wir die Markierung liegendes U auf, laufen die B 8 hinauf bis zur Revierförsterei an der großen Kurve, biegen dort links ab und sind im Fichtenhochwald. Ein Saumpfad führt dann am Steilhang über dem Emsbach entlang. Man kommt hinunter zur B 275, folgt der Straße nach rechts bis zur Notrufsäule, schwenkt dort mit dem U nach links ins Tiefenbachtal, anfänglich ein Wiesenstreifen, der sich bald im Hochwald verliert. Es geht bergan auf bequemem Weg oberhalb des Bachs. Beim Zusammentreffen mit dem Zeichen schwarzer Keil auf lichter Höhe verweist eine Informationstafel auf das als „Goldkessel“ bezeichnete Hünengräberfeld in diesem Raum.

Mit dem Keil biegen wir rechts in die schmale asphaltierte Waldstraße, kommen hinaus ins freie Feld, das Hochtaunus-Panorama mit Großem Feldberg vor Augen. Rechts schaut der kleine Barockturm der Reinborner Kirche über den Ackerrand, unser Zeichen hält darauf zu und damit auf die „Tausendjährige Linde“ – ein beeindruckendes Gewächs, von dem man glauben könnte, es seien drei dicht beieinander stehende Bäume. Erst beim Blick in den hohlen „Innenraum“ wird deutlich, dass es Teile eines einzigen Patriarchen von etwa 15 Metern Umfang sind. Durch die äußeren Schalen fließt noch genug Saft, die etwa 20 Meter hohe Krone zu versorgen. Von einem Stahlrohr ausgehende Drahtseile sollen ein Auseinanderbrechen verhindern. Das tatsächliche Alter der Linde ist unbekannt. Sicherlich stand sie bereits im Mittelalter. Möglichweise hatten die Grafen von Nassau, deren walramische Linie seit 1255 in Idstein ansässig war, auf der Reinborner Höhe ihren Gerichtsplatz.

*Die „tausendjährige" Linde bei Reinborn*

Am Gefallenen-Ehrenmal unterhalb der Linde vorbei, weist der schwarze Keil die kurvenreiche Zufahrtsstraße nach Niederems abwärts. Die letzte Kehre kann über einen Wiesenpfad, nach rechts auf das rote Haus zuhaltend, abgekürzt werden. Im Dorf werden Emsbach und B 275 gequert, am Gasthof Linde geht es geradeaus ins Diersbachtal. Wir sind wieder im Wald, schwenken halb rechts ins Wiesental ab und erreichen leicht steigend die B 8. Hier geben wir den Keil auf, schräg rechts gegenüber wartet die Markierung grüne Tanne, der wir uns kurz anschließen. Am tiefsten Punkt des festen Weges biegt man rechts ohne Zeichen in ein Waldtal; im oberen Teil sieht man den Hinweis „Amphibienschutzgebiet", das einen idyllischen Platz am kleinen Weiher einbezieht. Im weiteren Verlauf streifen wir mehrere Waldwiesen, folgen weiter dem Harbach aus dem Wald ins Feld und kommen nach Rechtsabzweig mit der Straße nach Esch zurück.

# Glasbläser in den Wäldern

**Beginn:** Glashütten
**Länge:** 10 km
**Einkehr:** In Oberems
**Merkmale:** Reine Waldwanderung • Ziel eine mittelalterliche Glashütte • Herrliche Aussicht von der Felsgruppe „Zacken“
**Info:** Gemeindeverwaltung Glashütten, Tel. 0 61 74/29 20; Internet: www.glashuetten.de
**Sehenswert:** Kath. Heiliggeistkapelle (18. Jh.), davor Mariensäule v. 1762 • Historische Glashütte im Wald

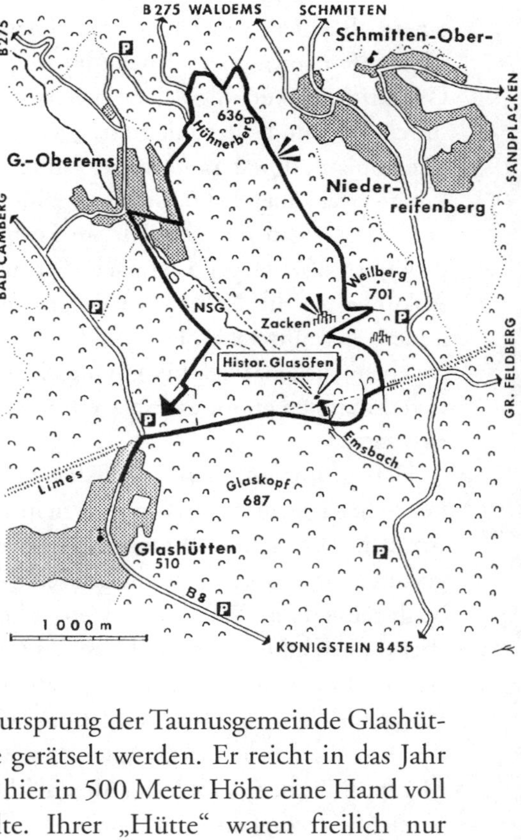


Über den Namensursprung der Taunusgemeinde Glashütten muss nicht lange gerätselt werden. Er reicht in das Jahr 1675 zurück, als sich hier in 500 Meter Höhe eine Hand voll Glasmacher ansiedelte. Ihrer „Hütte“ waren freilich nur wenige Jahre beschieden. Dennoch hielten nachfolgende Zuzügler an der Bezeichnung Glashütten fest. Erfolgreicher war man bei der Glasherstellung gut zwei Jahrhunderte zuvor. Für das 15. Jahrhundert ließen sich mehrere Produktionsstätten in der Umgebung Glashüttens nachweisen. Mit den umfangreichen Grabungen der vergangenen Jahre rückte der in dieser Hinsicht bislang kaum in Erscheinung getretene

Taunus zu einer der spätmittelalterlichen Glaszentren Deutschlands auf. Am besten für die Öffentlichkeit aufbereitet ist die Fundstelle „An der Emsbachschlucht“. Hier an einem Bächlein unterhalb des Glaskopfes konnten ein Hauptofen sowie vier Nebenöfen freigelegt werden. In den Grundzügen sind diese jetzt wieder aufgemauert und gut durch Bild und Text erläutert. Deutlich wird so der Fertigungsablauf: Quarzsand wurde unter großer Hitzeeinwirkung – weit über 1000 Grad – verflüssigt und anschließend von Glasbläsern mit „Pfeifen“ in Form gebracht. Das Endprodukt, überwiegend einfache Trinkhumpen, kam zum Abkühlen in die Nebenöfen. Wann und warum diese und andere spätmittelalterliche Glashütten im Hochtaunus aufgegeben wurden, blieb bislang ungeklärt. Vielleicht haben sie sich durch den enormen Holzverbrauch selbst die Grundlage entzogen.

Heute umfängt den Wanderer im Glashüttener Raum herrlicher Laubwald. Kaum dass man von der Bushaltestelle Am Brünnchen zum Ortausgang in Richtung Bad Camberg gelaufen ist – dort auch ein großer Parkplatz –, steht man buchstäblich im Wald. Noch ein Blick auf die hölzernen Richtungsschilder „Histor. Glasöfen/Großer Feldberg“, und es kann losgehen. Zusätzliche Hilfestellung geben zahlreiche Wanderzeichen, etwa ein X oder das Wachtürmchen für den Limesweg. Zu beachten ist anfangs nur, nicht nach etwa 300 Metern links den Schildern „Alte Glashütte“ zu folgen; diese bezeichnen lediglich einen Forstweg. Wir verbleiben geradeaus auf der Höhe und sehen etwa 20 Minuten später linker Hand in einer Senke die hellen Umfassungsmauern der rekonstruierten Glasöfen. Ein kurzer Abstecher führt hinunter. Auch nach 550 Jahren blieben Schlackenreste und durch die enorme Hitze „verglaste“ Steine sichtbar. Rund 4000 Einzelfunde – überwiegend Scherben – sind hier geborgen worden.

Wieder zurück zum Hauptweg, achten wir auf den Rechtsabzweig der Markierungen. Erstmals heißt es kräftiger steigen. Weiter oben erkennt man wellenartige Vertiefungen im Unterholz. Selbst die ungünstige Topographie durch das tief eingeschnittene Emsbachstal ließ die Römer beim Limesbau nicht von der geraden Linie abweichen. Mit dem Auftauchen der Markierung schwarzer Ring queren wir die einstige Grenzlinie nach links und folgen dem Zeichen in offeneren Laubwald. Herrliche Buchen beschirmen die große Felsgruppe „Zacken". Zunächst noch vereinzelt am Hang verstreut, verdichtet sich das Gestein am Westrand zu einem gewaltigen Felszug. Unvermutet öffnet sich hier der Wald für einen weiten Blick in den Hintertaunus. Die Phyllit-Rippe ist weitaus mächtiger und höher als die allgemein bekannten Eschbacher Klippen bei Usingen.

Wir setzen das Bergauf mit dem schwarzen Ring fort und zweigen bald links in einen breiten Höhenweg. Nur einmal reißt der Baumvorhang für einen Blick hinüber zur Burgruine von Oberreifenberg auf. Nach längerem Geradeaus stoßen wir zum schwarzen Strich; mit ihm durch eine dichte Waldpartie links hinab, bald rechts und nach wenigen Minuten unvermittelt scharf links. Das ständige Bergab endet erst kurz vor einem Sträßchen, dort links und auf einem Pfad oberhalb von ihm entlang, ab der Haarnadelkurve weiter in den Wald. Nochmals ist auf einen Links- und kurz darauf Rechtsabzweig zu achten. Geradeaus erreicht man Oberems. Es geht ein Stück an der waldnahen Häuserzeile entlang, dann rechts in den Ort. Problemlos leitet der Strich hinein und nach Linkswendung wieder hinaus. Man passiert einen Sportplatz, sieht dahinter ein sumpfartiges Naturschutzgebiet und schwenkt dann rechts in den Wald. Ein längerer, aber nicht zu steiler Anstieg durch dunklen Nadelwald führt zurück nach Glashütten.

# Vordertaunus

## Im Zeichen der Burg

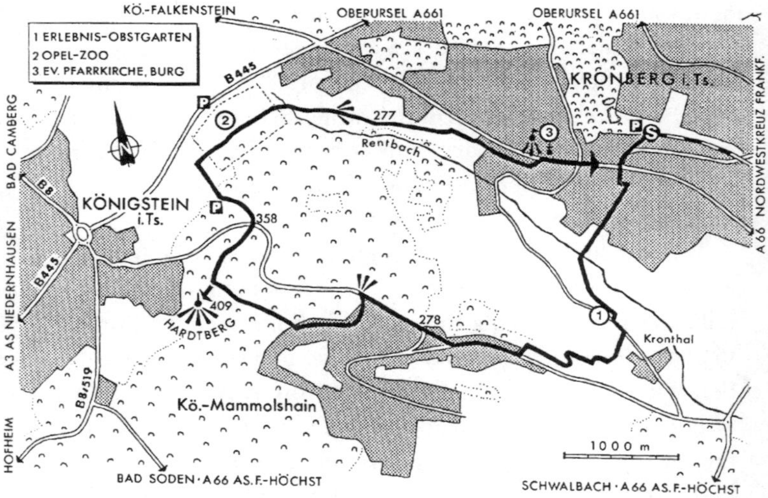


**Beginn:** Kronberg im Taunus, S-Bahnhof
**Länge:** 8 km
**Einkehr:** In Mammolshain • in und am Opel-Zoo
**Merkmale:** Am schönsten zur Obstbaumblüte oder im Herbst, wenn die Edelkastanien reif sind • munteres Auf und Ab • herrlicher Rundblick vom Hardtbergturm • Besuch im Opel-Zoo und der Burg Kronberg
**Öffnungszeiten:** Burg Kronberg sowie das vorgelagerte Stadtmuseum, Sa. 13–17, So. 11.30–17 Uhr • Museum Malerkolonie, Streitkirche, Mi. 15–18, Sa./So. 11–18 Uhr • Opel-Zoo tägl. 8.30–18 Uhr; Hauptweg durch das Gelände frei benutzbar
**Info:** Verkehrs- u. Kulturamt Kronberg i. T., Tel. 0 61 73/70 32 20;
Internet: www.kronberg.de

**Sehenswert:** Burg (13. Jh.), Stammsitz der 1707 ausgestorbenen Ritter v. Cronberg, im 15. Jh. verfallen, 1891 v. Kaiser Wilhelm II. seiner Mutter, Kaiserin Viktoria, geschenkt; Oberburg mit 46 m hohem Bergfried (13. Jh.), Mittelburg im 15. u. 16. Jh. zum Adelssitz ausgebaut; Burgtor (um 1692), Kapelle (1342) mit alten Grabsteinen • Malerische Altstadt am Fuß der Burg • ev. Pfarrkirche (um 1440), Deckengemälde (1485), alte Grabsteine • Streitkirche, 1737 als kath. Kirche erbaut, unvollendet geblieben (jetzt Museum Malerkolonie) • Eichentor, letzter Torturm der Stadtbefestigung (1330) • großer Park mit Schloss Friedrichshof (Ende 19. Jh.), Witwensitz von Kaiserin Viktoria, genannt Friedrich (heute Hotel)

Viel hat sich in den vergangenen Jahren in Kronberg getan. Die alles überragende Burg wurde nach Jahrzehnten des Verfalls aus ihrem Dornröschenschlaf geweckt und ist dank aufwändiger Restaurierungsarbeiten in Teilen wieder zugänglich: Der Turm mit seiner grandiosen Aussicht über das Rhein-Main-Gebiet kann bestiegen, eine kleine Ausstellung im Torgebäude zur Stadtgeschichte besichtigt werden. Bis allerdings die gesamte Burg saniert ist, werden noch viele Millionen (Spenden-)Euros benötigt. Der so idyllisch über der Stadt thronende Stammsitz der Kronberger Ritter war nicht zuletzt eines der Lieblingssujets der Kronberger Malerkolonie. Auch einige Werke dieser Künstlervereinigung aus der zweiten Hälfte des 19. Jahrhunderts haben nun adäquate Räumlichkeiten gefunden. Gleich neben der evangelischen Johanniskirche, im ersten Stock der so genannten Streitkirche, können Arbeiten von Fritz Wucherer, Philipp Franck, Carl Morgenstern oder Ferdinand Brütt besichtigt werden, darunter eines der berühmtesten Bilder jener Zeit: „Aufbahrung der Kaiserin Friedrich in der Johanniskirche“. Schließlich ist da noch eine altbekannte, freilich thematisch und baulich neu ausgerichtete Einrichtung – der Opel-Zoo. Unter dem Stichwort „ZooVision“ wird das 25 Hektar große Gelände mit seinen über tausend Tieren etappenweise nach geographischen Zonen gruppiert. Am weitesten ist man im Bereich

„Afrika" fortgeschritten. In Nachbarschaft der bereits vorhandenen Gehege von Giraffen, Flusspferden und Zebras entstand eine an die Savanne angelehnte Landschaft für Hyänen, Mähnenspringer, Stachel- und Warzenschweine.

Die auf wenigen Kilometern so abwechslungsreiche Wanderung um Kronberg beginnt an der Endstation der S-Bahn-Linie 4 am Fuße der Altstadt (dort gibt es auch ein großes Parkdeck). Vor dem Bahnhof hält man sich mit den Markierungen schwarzer Ring und Punkt rechts und biegt vor dem Stadtpark links in die Bleichstraße. Mit Blick zur mächtigen Zeder auf dem weiträumigen Berliner Platz heißt es halb links über die Freifläche, kurz links in die Heinrich-Winter-Straße und dann rechts den Kronthaler Weg hinab. Unten quert man den Rentbach und folgt ihm weiter links am Waldrand entlang zu einem neu angelegten „Erlebnis-Obstgarten". Rund 40 alte sowie frisch angepflanzte Obstbäume geben Einblick in verschiedene Apfel-, Birnen- und Zwetschgensorten, wie sie noch vor wenigen Jahrzehnten im Verein mit Esskastanien weiträumig die sonnigen Hänge bei Kronberg bestanden.

Es geht um das im Frühjahr herrlich blühende Areal mit Rechts-links-Abzweigen herum und dann rechts abführend ins quellenreiche Kronthal. Auch hier an dem bereits 1568 genannten „Sauerbrunnen" gibt es Veränderungen. Der im 19. Jahrhundert vom Kaufmann Johann Osterrieth nach eigenen Plänen angelegte Kurpark im Stile eines englischen Landschaftsgartens wurde wiederhergestellt. Vor der Kronthal-Quelle biegen wir mit dem nun solo maßgeblichen schwarzen Punkt rechts ab. Zwischen Buchen schlängelt sich ein Pfad bis unterhalb von Mammolshain, dort links und weiter rechts die steile Hauptstraße hinauf. Halb rechts führt die Straße Am Steinbruch ab, weiter oben stoßen wir auf die Straße in Richtung Königstein, der wir auf einem Bürgersteig folgen, ehe wir scharf links einbiegen (Am Wacholderberg).

Aus der gehobenen Wohnsiedlung zweigt rechts ein unscheinbarer Pfad in den Wald, der bald in einen Forstweg übergeht. An der nachfolgenden Kreuzung können wir einen kurzen Abstecher zum Aussichtsturm auf dem Hardtberg einlegen. Großartig ist der Blick von dort über Türme der Vergangenheit, die Burgen von Kronberg und Falkenstein, zu Türmen der Moderne, den Hochhäusern Frankfurts tief unten.

Zurück an der Ausgangskreuzung, laufen wir bergab Richtung Opel-Zoo, kreuzen die Straße und den lang gestreckten Ausweich-Parkplatz des Tierparks und laufen dann geradeaus – ohne Markierung – über die Wiese zum oberen Zugang. Dort nimmt man das Zeichen gelber Strich auf, das mit dem öffentlichen Philosophenweg quer durch die Gehege verläuft (der Kernbereich und die Themen-Areale sind eintrittspflichtig). Am unteren Ende verlässt der gelbe Strich den Zoo und geleitet durch aufgelassene Kleingärten hinüber nach Kronberg und dessen verwinkelte Gassen. Unmittelbar an der gotischen Johanniskirche kommt man heraus – auch sie eine Augenweide. Unter einem farbigen Tonnengewölbe aus dem frühen 17. Jahrhundert sind herrliche Ausmalungen zu bewundern und stehen prachtvolle Grabmäler der Ritter von Cronberg. Links der Kirche weisen enge Gassen zur Burg, rechts davon die barocke Streitkirche.

# Langes Rätselraten um den Altkönig

**Beginn:** Kronberg im Taunus, S-Bahnhof
**Länge:** 12 km (15 bei Abstecher zum Fuchstanz)
**Einkehr:** Am Fuchstanz (eine der beiden Gaststätten hat immer geöffnet)
**Merkmale:** Anspruchsvoller Anstieg zum 800 m hohen Altkönig • zur Belohnung gibt es einen keltischen Ringwall, zudem großartige Fernsicht in die Rhein-Main-Ebene
**Info:** Verkehrs- und Kulturamt Kronberg i. T., Tel. 06173/703220; Internet: www.kronberg.de
**Sehenswert:** Doppelter Ringwall – 980 und 1390 m lang mit Annexwall – auf dem Altkönig, um 450 v. Chr. • Kronberg, siehe S. 94

Die Mitte der neunziger Jahre gemachten sensationellen Grabfunde am Glauberg in der Wetterau haben einmal mehr die Aufmerksamkeit auf das prähistorische Volk der Kelten gelenkt. In ihrer Bedeutung sind die Beigaben – goldener Schmuck, Schnabelkanne, Waffen, Steinplastiken – umso höher zu bewerten, als man bislang wenig von derartigen kulturellen Leistungen im hessischen Raum der nur lose miteinander verbundenen keltischen Stämme wusste. Die Nachwelt kannte sie hier zu Lande vor allem als Erbauer gewaltiger Sicherungsanlagen auf höchsten Bergeshöhen. Dabei bedurfte es gut organisierter Völker, um mit kilometerlangen Steinwällen die Gipfellagen zu umwehren. So hatten sie es auch auf dem knapp 800 Meter hohen Altkönig meisterlich verstanden, das vorhandene Material – sehr harten Taunusquarzit – mit der Geländetopografie zu verbinden. Im so genannten Pfostenschlitzverfahren, aufgetürmt zu fünf bis zehn Meter hohen und sechs Meter breiten, nach vorn senkrecht abfallenden Mauern, umzogen zwei 980 und 1390 Meter lange Wälle den Altkönig. Nach Verwitterung der stützenden Balkenkonstruktion sind diese zwar in sich zusammengesunken, aber auch als ausgedehnte Geröllfelder in ihrem Verlauf noch beeindruckend vorhanden. Wie überlegt der Standort der vermutlich als Fliehburg genutzten Anlage gewählt war, spürt man schon bald nach dem Wanderstart in Kronberg: Die Flanken des Altkönigs sind weitaus steiler als die des 100 Meter höheren Großen Feldbergs; außerdem verstellt nichts die Sicht in die Rhein-Main-Ebene.

Aus dem großen Angebot an Wanderzeichen am Endpunkt der S-Bahn wählen wir den schwarzen Strich. Er bleibt unser zuverlässiger Bergführer bis auf den Gipfel. Beim Gang um den Stadtpark und den zum Schlosshotel gehörenden Golfplatz lässt es sich zunächst moderat an. Aber kaum ist nach dem Unterqueren der B 455 der Waldrand erreicht, ahnt man mit dem dortigen Hinweis „Direkter Weg", dass die nachfolgenden 580 Höhenmeter kein Schongang werden. Verschnaufen kann man freilich immer mal wieder auf ebeneren Abschnitten zwischen gewaltigen, 400 Millionen Jahre alten Quarzitblöcken oder an einigen Aussichtspunkten wie am Viktoriatempel. Benannt wurde dieser nach der Gattin Kaiser

Friedrichs, dem unglückseligen, 1888 verstorbenen „99-Tage-Herrscher“. Bis zu ihrem Tod 1901 lebte Viktoria in Kronberg; ihr Witwensitz wurde später in das luxuriöse Schlosshotel umgewandelt.

*Eingang zur Kronberger Burg*

Buchstäblich über Stock und Stein, zwischen großen und kleinen Gesteinsbrocken windet sich der Weg weiter nach oben. Noch ein letzter Blick von einer aussichtsreichen Felsnase, und für den Rest des Weges schließt sich der Wald hinter uns. Je höher wir steigen, desto stärker dominiert die Fichte – ein sicheres Zeichen, dass der Altkönig, wie der gesamte Hochtaunus, früher ohne Baumbestand war. Noch weit bis ins 19. Jahrhundert sahen die Bewohner in der Rhein-Main-Ebene die beiden vollständig geschlossenen Steinwälle der Kelten in der Sonne glänzen. Deren Herkunft und Bedeutung konnte sich früher niemand erklären, wild schossen Spekulationen ins Kraut. Lange glaubte man mit dem in Oberursel lehrenden Humanisten Erasmus Alberus, ein vom römischen Kaiser Trajan vertriebener „Teutscher König“ habe sich auf den Berg zurückgezogen. Oder es sollen die Römer selbst gewesen sein, die hier oben Schanzen gegen die Germanen aufgeworfen hätten, verbreitete noch eine Landschaftsbeschreibung 1802. Erst nachdem sich der verdiente Limesforscher Carl August von Cohausen der Steinringe angenommen hatte, wurde das Rätsel gelöst. Seine Grabungen in den achtziger Jahren des 19. Jahrhunderts klärten zweifelsfrei den keltischen Ursprung der Anlage aus dem fünften vorchristlichen Jahrhundert. Außerdem konnte der keltische Namensstamm entschlüsselt werden: „altkin“ bedeutet große Höhe.

Trotz der Bewaldung bieten sich uns nach beiden Seiten großartige Fernsichten – gen Süden, vom äußeren Ringwall, über das Rhein-Main-Gebiet, und nach Nordwesten, vom Gipfelpunkt in 798 Meter Höhe, zu den Aufbauten des Großen Feldbergs. Im Sattel der beiden Berge liegt die beliebte Einkehr „Fuchstanz“. Zur Rast kann man mit dem schwarzen Strich, assistiert vom weißen X, über einen steilen Pfad absteigen. Ob mit oder ohne Abstecher zu den beiden Gaststätten, wir laufen, wie gekommen, für den Rückweg bis zum untersten Rand des äußeren Ringwalls. Dort nimmt man nach links den bereits hinzugetretenen grünen Strich auf. Er führt zunächst fast parallel am Fuß des Gipfelplateaus entlang, um dann scharf nach rechts abzuknicken. Noch zweimal ändert die Wegeführung abrupt die Richtung, schließlich geht es fast nur noch geradeaus durch dichten Forst immer bergab nach Kronberg. An den ersten Häusern treffen grüner und schwarzer Strich zusammen und geleiten gemeinsam durch das bekannte Anfangsstück zur S-Bahn-Station.

# Von der Höhe beste Aussichten

**Beginn:** Königstein-Falkenstein
**Länge:** 9 km
**Einkehr:** Am Fuchstanz (eine der beiden Gaststätten hat immer geöffnet)
**Merkmale:** Waldwanderung mit offener Partie im naturgeschützten Reichenbachtal • längerer An- und steiler Abstieg • großartige Aussichten vom Lips-Tempel und der Burgruine Falkenstein
**Öffnungszeiten:** Die Burgruine Falkenstein ist frei zugänglich

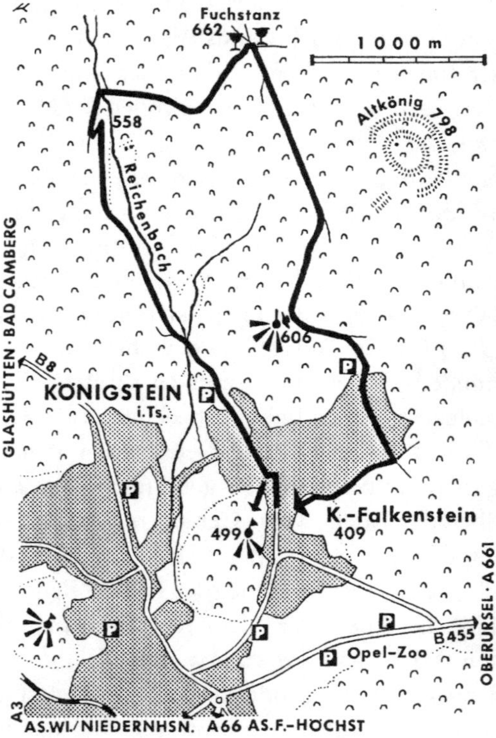


**Info:** Kur- und Stadtinfo Königstein, Tel. 06174/202251 u. 19433; Internet: www.koenigstein.de
**Sehenswert:** Burgruine Falkenstein, Ende 13. Jh. anstelle einer Turmburg v. Herren von Bolanden erbaut, nach Verfall im 19. Jh. restauriert, Bergfried, Reste v. Wohnbauten, mächtige Umfassungsmauern • Fachwerk-Rathaus (Ende 17. Jh.) • Königstein, siehe S. 107

Noch bis weit ins 19. Jahrhundert hieß der Taunus, genauer die Bergkette zwischen Hofheim und Butzbach, schlicht „die Höhe“ – entsprechende Namenszusätze wie „vor der Höhe“ bei Bad Homburg oder Rosbach erinnern noch daran. Erst als man glaubte, den vom römischen Geschichtsschreiber Tacitus überlieferten „mons taunus“ hier zu Lande lokalisieren zu können, bürgerte sich die Bezeichnung Taunus für den Gesamtraum zwischen Mittelrhein, Main und Lahn ein. „Höhe“ klang vielen zu banal, als man spätestens mit Gründung des Taunusklubs 1868 daran ging, das Gebirge systematisch für den Erholungsuchenden zu erschließen. Dabei traf der alte Name sehr gut die Topographie: Aus Sicht der Rhein-Main-Ebene steigt die Bergkette beiderseits des 880 Meter hohen Großen Feldbergs fast übergangslos auf, eine markante Geländestufe, Wetter- und vor allem Grenzscheide seit den Tagen des römischen Limes. Und frei liegende Höhen bedeuten natürlich freies Blickfeld. An vielen Stellen eröffnet der Bergsaum grandiose Aussichten über die Städte im Tal bis zu den Kammlinien von Spessart und Odenwald. Zwei dieser Punkte wollen wir in diesen Ausflug mit einbeziehen, den so genannten Lips-Tempel und die Burgruine Falkenstein. Ob wir zu Beginn oder am Ende der Wanderung zu ihr hinaufgehen, bleibt unbenommen, so oder so werden wir einen kurzen Abstecher einlegen müssen, wenn wir die Ortsmitte von Falkenstein, das Ehrenmal, zum Ausgangs- und Zielpunkt nehmen.

Der Reichenbachweg sowie die Markierungen gelber Punkt und schwarzer Ring führen geradeaus zum Ort hinaus (an den letzten Häusern finden Autofahrer einen langen Parkstreifen). Dahinter teilen sich Zeichen und Weg, wir halten uns mit dem schwarzen Ring links hinab ins Reichenbachtal. Bald nach Durchschreiten der Talsohle – dabei wird ein kleiner Weiher passiert – und dem Einschwenken auf die linke Bachseite löst der schwarze Zeiger den Ring ab. Dieser geleitet dann bis hinauf zum Fuchstanz. Unterwegs können wir uns an der Artenvielfalt des Reichenbachtales erfreuen. Im unteren Bereich gedeiht ein kleiner Auenwald aus Eschen, Erlen und Weiden, weiter oben sind sogar Ansätze zu einem Niedermoor zu beobachten mit seiner typischen Vegetation aus Borstgras-Rasen, Schilf, Mädesüß, Wiesen-Knöterich, der Sumpf-Schafgarbe und weiteren bestandsgefährdeten Pflanzen, die hier dank strenger Schutzauflagen ein Rückzugsgebiet finden.

Auch der Wald zeigt sich abwechslungsreich, Tannen, Fichten und immer wieder prachtvolle Buchen bringen Kurzweil in den lang gezogenen Anstieg. Unterwegs ist lediglich einmal ein abrupter Linksrechts-Schlenker zu beachten und weiter oben der Rechtsabzweig in Richtung Fuchstanz. Der sich jetzt verdichtende Wandererstrom kündigt das Näherkommen der beliebten Einkehrmöglichkeiten auf der 662 Meter hohen Passhöhe zwischen Großem Feldberg und Altkönig an. Welche der dortigen Gaststätten man aufsucht, macht fast keinen Unterschied. Beide sind mit – durchaus umfangreicher – Karte, Interieur und der Möglichkeit zur Selbstbedienung ganz auf Ausflügler zu Fuß oder per Mountainbike eingestellt.

*Burgruine, Falkenstein*

Zum Weitergehen wählen wir die Markierung gelber Strich; mit ihr zwischen den beiden Gasthäusern rechts. Mehrfach wird auf Holzwegweisern auch „Falkenstein“ angezeigt, denen man aber nicht an der bald auftauchenden Wegegabelung rechts abwärts folgt. Wir verbleiben noch eine Weile „auf der Höhe“, wobei wir an dem fast rampenartig ansteigenden Sockel des Altkönigs vorbeikommen. Von hier aus betrachtet wird verständlich, warum vor 2500 Jahren Kelten diesen Berg für eine ihrer großen Festungen mit einem doppelten Ringwall umgaben. Andererseits erscheint es angesichts der Steilheit fast unmöglich, dort oben großflächig zu bauen.

Eine Ahnung vom Sichtfeld erhält man dann mit Erreichen des Lips-Tempels. Unterhalb breiten sich die burgengekrönten Städtchen Falkenstein, Kronberg und Königstein aus, dahinter das zu einem riesigen Häusermeer zusammengewachsene Frankfurt und seine Umlandgemeinden, das Ganze gerahmt von Vogelsberg, Spessart und Odenwald. Nach dieser Aussichtsbastion kommt man regelrecht ins Laufen, steil führt der breite Weg hinab nach Falkenstein, kurz zuvor halb rechts einschwenkend. Durch ein großzügiges Villenviertel erreicht man wieder den Ortsmittelpunkt. In kaum fünf Minuten ist man zur Burgruine hinaufmarschiert. Wie vom Lips-Tempel eröffnet sich hier ein großartiger Blick in die Rhein-Main-Ebene. Die Herren von Falkenstein-Bolanden wussten schon, warum sie sich ausgangs des 13. Jahrhunderts dort eine Burg erbauten. Dabei ersetzte diese einen turmartigen Vorgängerbau. Dessen Fundamente wurden vor einigen Jahren freigelegt und können hinter der oberen Spitze eingesehen werden.

# „Des Taunus schönste Blume“

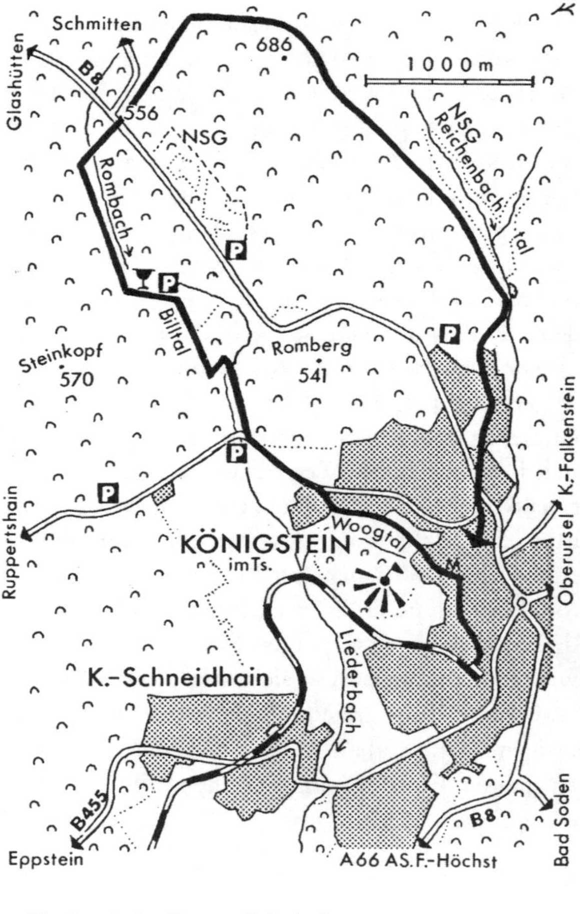


**Beginn:** Königstein im Taunus, Bahnhof
**Länge:** 11 km
**Einkehr:** Naturfreundehaus Königstein (Mo. Ruhetag)
**Merkmale:** Königstein, eine erste Adresse zum Wohnen – und zum Wandern • von der größten Taunusfestung hinauf in die Taunusberge • dabei fast nur durch abwechslungsreichen Wald

**Öffnungszeiten:** Burgruine Königstein, April bis Sept. 9–19 Uhr, Okt. u. März 9.30–16 Uhr, Nov. bis Febr. 9.30–15 Uhr, Sa./So. 9.30–16 Uhr • Stadtmuseum, Sa. 15–18, So. 10–12 u. 15–18 Uhr
**Info:** Kur- und Stadtinformation Königstein i. Ts., Tel. 0 61 74/20 22 51; Internet: www.koenigstein.de
**Sehenswert:** Burgruine, mächtigste im Taunus (vor 1200), durch die Herren von Münzenberg errichtet, im 16. Jh. und nach 1664 zur stärksten Taunusfestung mit Bastionen und Kasematten ausgebaut, 1796 teilweise gesprengt, erhalten: in der Kernburg Kasematten, Gebäude um den Hof, darunter Palas und 34 m hoher Bergfried sowie mächtige Rondelle der Vorburg • kath. Pfarrkirche St. Marien (18. Jh.), Turm (1689); prachtvoller Rokoko-Hochaltar • Altes Rathaus, Fachwerkgeschoss (1673) auf gotischem Burgtor, darin Stadtmuseum

Viele Attribute verbinden sich mit Königstein im Taunus, allen voran seine herrliche Lage erhöht über der Rhein-Main-Ebene, der die Stadt ihre Stellung als einer der gesuchtesten Wohnplätze im hiesigen Raum verdankt. Repräsentative Bürgerhäuser prägen das Ortsbild, unter denen die burgartige Architektur der 1891 erbauten Villa Andreae unübersehbar herausragt. Die Entwicklung von einem bettelarmen Gebirgsnest mit gerade 1400 Einwohnern zu einer ersten Adresse wurde nicht zuletzt durch das Bade- und Kurwesen gefördert. Mag man auch nie einen mondänen Ruf wie die Nachbarn Bad Homburg oder Wiesbaden erlangt haben, die legendäre, vom Medizinalrat Dr. Georg Pingler 1851 eingeführte Kaltwasserkur hat das ihre dazu beigetragen, Königstein bekannt zu machen. Zu den namhaften Klienten Pinglers gehörte der Frankfurter Mundartdichter Friedrich Stoltze. Mit rustikalen Methoden, etwa Marathonwanderungen oder therapeutischem Holzhacken, befreite ihn Pingler von seinen Schlafstörungen und einem „Nervenleiden“. Dankbar kam Stoltze jahrzehntelang zur Kur nach Königstein. Die Summe seiner Aufenthalte schlug sich in den überschwänglichsten Versen nieder, die je auf den Taunusort gemünzt wurden: „Und neu zu deinem Ruhme / Soll es gesungen sein. / Des Taunus schönste Blume. / O du, mein Königstein! / In deinen Felsenräumen / mit Burgen auf den Höh'n. / In deinen Wäldersäumen. / Wie bist du doch so schön!"

Burgen? Auch das ist Königstein. Neben der den Stadtteil Falkenstein überragenden Burgruine besitzt der Ort die größte Festung im Taunus. Ungeachtet der Sprengungen zum Ende des 18. Jahrhunderts erhebt sich das Gemäuer machtvoll über den Häusern: Mauern, die wie aus dem Fels gewachsen scheinen, mächtige Geschützbastionen mit nur noch selten zu sehenden Treppenschießscharten, Gewölbe, Keller, Höfe und, als herausragende Attraktion, frei zugängliche Kasematten; grandios natürlich auch der Blick vom Bergfried über die gesamte Rhein-Main-Ebene.

Einem von Friedrich Stoltzes Lieblingswegen durch das Billtal wollen wir zum Auftakt dieser Wanderung ein Stück folgen. Vom Bahnhof laufen wir kurz durch die gleichnamige Straße zur Wiesbadener Straße, weiter mit dieser hinauf ins Zentrum und dann links ab in die Hauptstraße. Diese zielt, vorbei am Busparkplatz, direkt auf das Alte Rathaus, ein Fachwerkaufbau über gotischer Tordurchfahrt (jetzt Heimatmuseum). Wer die mächtige Festungsruine über Königstein besichtigen möchte, geht erst einmal links den Burgberg hinauf; ansonsten schließen wir uns ab Altem Rathaus der Markierung schwarzer Zeiger an. Rasch wird man hinunter ins Woogtal gewiesen, ein beliebtes Terrain für Spaziergänger. Wie Stoltze wollen wir aber tiefer in die Taunusberge eindringen. Auf der anderen Talseite wird man auf schmalem Pfad ein Stück am Hang entlanggeführt, durch Romberg- und Breulsweg kommt man schließlich ins anmutige Billtal. Daraus entfernt sich das Wanderzeichen etwas überraschend nach links; das Bächlein auf einem Steg querend, zwei scharfe Serpentinen, und wir stehen weit oberhalb. Ein breiter Forstweg bringt dann zum Naturfreundehaus Königstein (mit einfacher Einkehr) auf der Vorderseite eines Festcamperplatzes.

Das etwas in die Jahre gekommene Areal verlassen wir ab einer großen Wegekreuzung mit der Markierung grüner Punkt. Halb rechts abzweigend, geht es geradeaus weiter und nach Rechtsknick zur B 8. Ist die Bundesstraße gequert, heißt es in Richtung Kleiner Feldberg kräftig steigen.

Ganz auf den Gipfel zieht es uns nicht. Nach etwa zwanzigminütigem Bergauf wechseln wir rechts zum schwarzen Punkt und damit auf einen breiten Forstweg. Auch mit diesem heißt es noch etwas hinan. Am Scheitelpunkt, nun schon über 650 Meter hoch, biegen wir rechts mit dem schwarzen Ring ab. Angezeigt ist eine Rodelbahn. Tatsächlich könnte man von hier in einem Rutsch fast bis Königstein hinuntersausen, entsprechend leichtfüßig trägt das Gefälle auch den Wanderer abwärts. Nach schöner Partie durch hohe Buchenbestände beachte man, schon fast im Tal, dass der Ring den Hauptweg halb links durch etwas aufgeweichtes Gelände verlässt, Vorbote des wasserreichen Naturschutzgebietes Reichenbachtal. Dort hält man sich rechts, und die ersten Häuser von Königstein sind nicht mehr fern. Durch Altkönig-, Limburger und Kirchstraße kommt man ins Zentrum.

# Die Welt von oben

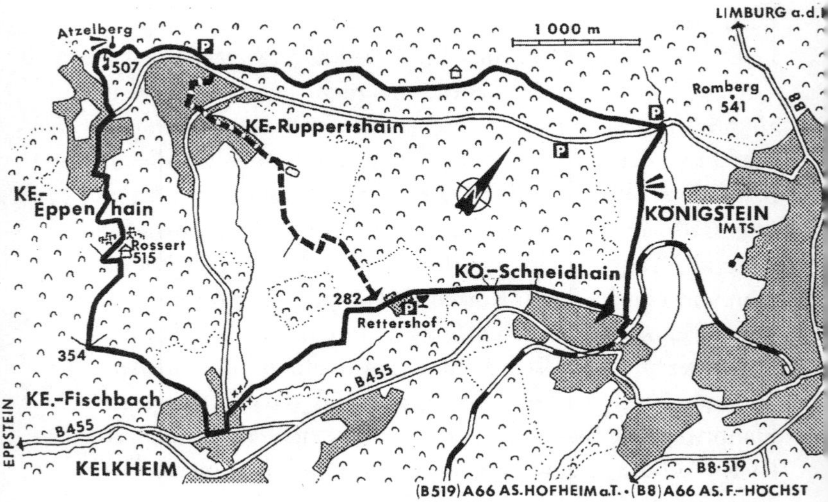


**Beginn:** Königstein-Schneidhain, Bahnhof
**Länge:** 15 (11) km
**Einkehr:** Rettershof, Café-Restaurant „Zum fröhlichen Landmann“ (Mo. Ruhetag) • in Fischbach
**Merkmale:** Beste Aussichten auf und vom Atzelberg • Hin- und Rückweg durch angenehm zu gehende Wälder • kurzer Steilanstieg nur auf den Atzelberg
**Info:** Kur- und Stadtinformation Königstein i. Ts., Tel. 0 61 74/20 22 51; Internet: www.koenigstein.de

Ende 19., Anfang 20. Jahrhundert schossen auf den Höhen der Mittelgebirge so zahlreich Aussichtstürme empor, dass man schon von einer Turmbauwut sprach. Als einer der ersten entstand bereits 1880 der Ludwigsturm auf dem Hahnenkamm im Spessart. Ihm folgten, um nur einige bekannte im Taunus zu nennen, neun Jahre später der Wilhelm-von-Opel-Turm auf dem Kellerskopf über Wiesbaden, 1902 der

Aufbau am Großen Feldberg und 1911 der Herzbergturm. Initiatoren waren meist die wenige Jahre zuvor gegründeten Wandervereine, die sich unter anderem zum Ziel gesetzt hatten, mit einem Netz markierter Wege den Städtern die Natur zu erschließen, sie aus ihren grauen Mauern herauszulocken. Aussichtstürme erscheinen als Manifestation dieses Gedankens. Kaum umfassender lässt sich der Reiz einer Landschaft genießen, als aus luftiger Höhe den Blick über Täler und Berge in die Ferne schweifen zu lassen: Wer die Welt von oben sieht, sieht sie mit anderen Augen, weiß sie als Ganzes zu schätzen und im Idealfall auch zu schützen. Der Turm auf dem Atzelberg bei Kelkheim bietet vielleicht die umfassendste Rundumsicht, die im Rhein-Main-Gebiet zu erleben ist – eine Drehung, und man sieht beides: die noch weitgehend unberührte Natur des Taunus und auf der anderen Seite gewissermaßen des Menschen Werk, das unendliche Häusermeer des Rhein-Main-Gebietes, aus dem die Frankfurter Wolkenkratzer herausragen.

In die kontrastreiche Wanderung, angereichert zudem mit imponierenden Felsgruppen wie dem Rossert, wollen wir am kleinen Bahnhof von Königstein-Schneidhain einsteigen. Kurz die Brunnenstraße hoch, dann rechts in die Wallstraße, schon sind wir in freiem Gelände. Bei ungewohntem Blick auf die „Rückseite“ von Burg und Bebauung Königsteins, gewinnen wir mit befestigtem Weg bis zu der am Waldrand verlaufenden Landstraße etwas an Höhe. Auf der anderen Fahrbahnseite liegt ein Wanderparkplatz, dort links und mit der Markierung gelber Strich geradeaus in den Fichtenwald. Angezeigt ist der Forstweg als „Viktoriaweg“. Auch hierher war also die Gemahlin Kaiser Friedrichs III. von ihrem Witwensitz in Kronberg ausgeschwärmt. Vielleicht war Viktoria auch auf den Atzelberg gekommen, zu ihrer Zeit stand allerdings noch kein Aussichtsturm auf der 507 Meter hohen Erhebung. Ein erster hölzerner wurde 1914, also erst 13 Jahre nach ihrem Tod erbaut. Bevor wir zum Schlussanstieg auf den Atzelberg ansetzen, ergibt sich nach Erreichen eines neuerlichen Wanderparkplatzes die Möglichkeit zum Abkürzen. Ab der Straße kann mit der Markierung schwarzes Rechteck auf weißem Grund quer durch Ruppertshain hinabgelaufen werden. Am unteren Ortsausgang, vor einem Sportzentrum, wechselt man zum grünen Strich und kommt über offenes Feld zum Rettershof.

*Rettershof bei Kelkheim*

Regulär folgt man ab besagter Straße dem grünen Punkt zum angezeigten Atzelberg (der gelbe Strich kann fortan vernachlässigt werden). Ein Stück geht es auf einem Pfad parallel zur Fahrbahn im Wald weiter, ehe nach rechts und bald darauf links für den steilen Schlussanstieg abgebogen wird. Nochmals tief Luft geholt für die 150 Stufen auf den 30 Meter hohen Aussichtsturm, und die Welt liegt dem Betrachter zu Füßen. An klaren Tagen kann vom Spessart bis zum Kellerskopf bei Wiesbaden ein 100-Kilometer-Radius erfasst werden. Warum das Rhein-Main-Gebiet klimatisch so begünstigt ist, wird hier deutlich. Die Ebene ist förmlich in einen Kranz von Bergen gebettet. Selbst Atzelberg und Rossert wirken als kleine Wetterscheide. Während Ruppertshain buchstäblich in ihrem Windschatten liegt, sind die Häuser von Eppenhain auf der anderen, der Westseite dick verschindelt. Wir sehen es beim Weitergehen.

Zunächst biegt man zwischen Aussichts- und Fernsehturm rechts ab und erreicht durch Hochwald leicht abwärts Eppenhain. Wir werden quer durch den frei am Hang liegenden Ort geführt und, nach Links-rechts-Abzweigen, oben wieder hinaus. Zusätzlich assistiert von schwarzem T und blauem X, künden die ersten Felsbrocken im Wald vom Näherkommen des Rosserts, benannt nach einer mundartlichen Kurzform von Steingeröllwald. Nach Schlenker über den Aussichtspunkt „Eppoblick" ist die gewaltige Felsformation bald erreicht. Wie eine Gemse kraxelt man die letzten Meter den Glimmerschiefer hinauf. Durch die hoch gewachsenen Bäume ist das Sichtfeld hier nicht ganz so spektakulär wie vom Atzelberg, aber für einen Blick zu dem von dieser Seite überraschend ausladend wirkenden Altkönig reicht es allemal. Inmitten einer großen Weidefläche erkennt man die Gebäudegruppe des Rettershofes, unser nächstes Ziel.

Für den Abstieg sind nur noch T und X verantwortlich. In weitem Links-rechts-Bogen, dann immer geradeaus, verlassen wir erst kurz vor Fischbach den Wald. Rasch sind wir in der Eppsteiner Straße, dort mit dem fortan gültigen Zeichen blauer Strich kurz links und gleich nochmals links in die Ruppertshainer Straße; von dieser nach wenigen Schritten rechts ab, vorbei am Friedhof hinaus in freies Feld. Aus einer Senke taucht dann der Rettershof auf. Das Zeichen geleitet geradeaus, zwischen Schloss-Hotel und Stallungen hindurch.

Man kann aber auch rechts zum vorderen Hof des Gestüts gehen. Am Tor sind handgemalte Szenen aus der Geschichte des 1146 ursprünglich als Prämonstratenserinnen-Kloster gegründeten Gutes angebracht. Nach wechselvoller Geschichte hat sich 1980 die Gemeinde Kelkheim des Anwesens mit 110 Hektar Land angenommen, es wieder hergerichtet und verpachtet. Unabhängig von dem Hotel findet sich auch ein Gasthof, „Zum fröhlichen Landmann", etwas versteckt oberhalb der Reitställe nahe dem Parkplatz.

Mit wenigen Schritten von dort hinab hat man den blauen Strich wieder gefunden. Der kennt jetzt nur noch eine Richtung – immer geradeaus. Erst noch durch Pferdekoppeln, dann im Wald, dabei später eine Häuserzeile rechter Hand. Wenn dann erneut die Königsteiner Burg frei vor einem liegt, heißt es rechts ab das bekannte Anfangsstück zur Bahnstation Schneidhain zurück.

# Den kecken Melibocus im Blick

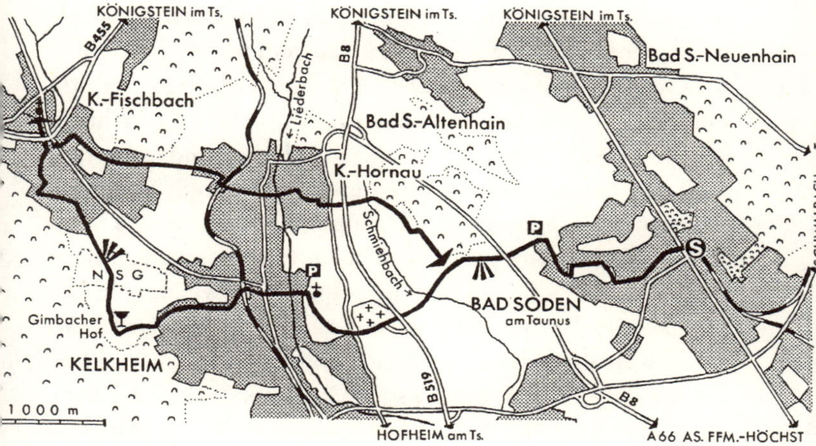


**Beginn:** Bad Soden, S-Bahnhof
**Länge:** 15 km (12 ab Ortsrand Bad Soden)
**Einkehr:** Gimbacher Hof (Mi. Ruhetag)
**Merkmale:** Kontrastreiches Wandern, hier Bad Soden, dort Kelkheim • Felder und Wälder im Wechsel • schöne Ausblicke ins Rhein-Main-Gebiet
**Öffnungszeiten:** Bad Sodener Stadtmuseum, Königsteiner Straße 86, Mi., Sa./So. 15 – 18 Uhr
**Info:** Stadtverwaltung Bad Soden, Tel. 0 61 96/20 80; Internet: www.bad-soden.de • Stadtverwaltung Kelkheim, Tel. 0 61 95/80 30; Internet: www.kelkheim.de
**Sehenswert:** Bad Soden, Kurhaus v. 1849; Kurpark mit exotischen Gehölzen • Paulinenschlösschen v. 1840 (Sommersitz der Herzogin Pauline v. Nassau) • Hundertwasserhaus, fantasievolles Gebäude des Architekten und Malers Friedensreich Hundertwasser.
Kelkheim, Ortsteil Hornau, kath. Kapelle St. Martin (1752) • Gebäude des Hofgutes der Freiherrn von Gagern (jetzt Pfarrhaus), davor 12 Granitfindlinge als Symbol für die vielköpfige Familie; Grabmäler der Gagerns auf dem Friedhof • Ortsteil Fischbach, kath. ehem. Wallfahrtskirche (1781), in der Seitenkapelle der Roteldisstein (7. Jh.) • Altes Rathaus (18. Jh.) u. klassizistisches v. 1842 • Hofgut, aus einem 1146 gegründeten Kloster der Augustiner, 1559 aufgehoben

Sie liegen nur wenige Kilometer voneinander entfernt und könnten doch nach Entwicklung und Ortsbild kaum unterschiedlicher sein: Bad Soden und Kelkheim. Dem einen Ort, Soden, hat bereits früh die Gunst von Solequellen zu Wohlstand verholfen, seit Mitte des 19. Jahrhunderts wurden diese zur Grundlage des Kurwesens. Parks mit Gehölzen aus aller Welt prägen seitdem das Zentrum. Dagegen herrscht in Kelkheim die Geschäftigkeit einer Einkaufs- und Gewerbestadt vor, deren Fundament seit etwa 1860 durch Hunderte von Schreinereien und Möbelfabriken gelegt wurde. Der berühmte „Frankfurter Schrank“ kam (und kommt) zumeist aus Kelkheim. Für Aufschwung sorgten hier wie dort insbesondere die Bürger des nahen Frankfurts. Aus Kelkheim bezogen sie ihre Möbel, und nach Soden fuhr man am Ende der anstrengenden Wintersaison der „Kränzchen und Bälle“, wie Frankfurts Lokaldichter Friedrich Stoltze nicht ohne Ironie anmerkte, zur Erholung und um dort natürlich wieder seinesgleichen zu treffen. Die großen (Bade-)Zeiten sind freilich vorüber, als es zum guten Ton gehörte, Entspannung und gesellschaftliche Reputation in angemessener Atmosphäre zu suchen – sinnfällig nicht zuletzt durch den Umzug des Stadtmuseums 1998 in das einstige, bedeutungslos gewordene Badehaus im Kurpark. Heute wissen Naherholungsuchende die aussichtsreiche Vortaunuslandschaft um die beiden Städte zu schätzen. Mit den schützenden Bergen im Rücken, lässt sich auf gut ausgebauten Rad- und Wanderwegen das Terrain durchstreifen. Dabei stößt man immer wieder auf Ausflugslokale, die mehr bieten als Apfelwein und belegte Brote, so den bekannten Rettershof, die Rote Mühle oder auch den Gimbacher Hof, den wir in die Route einbeziehen wollen.

Start ist an der S-Bahn-Station von Bad Soden. Vor dem Gebäude sichtet man eine Wanderwegetafel, aus deren Zeichen wir den schwarzen Punkt wählen. Mit weiteren Markierungen kreuzen wir die Königsteiner Straße zum Wiesenweg. Dieser schlängelt sich durch die Bebauung, geht kurz in den Lutherweg über, dann rechts in die Talstraße vorbei am Wilhelmspark – im Hintergrund erkennt man die verspielten Aufbauten des „Hundertwasser-Hauses" –, weiter durch eine Anlage, bis man den Kelkheimer Weg erreicht, der schließlich mit Linksschwenk aus Bad Soden herausführt. Ein kurzer „Stich" bringt uns hinauf zu einer Felderebene. Der befestigte Weg weist nach Unterqueren der B 8 hinüber nach Kelkheim, dabei ein weites Sichtfeld zum Odenwald mit dem keck vorspringenden Melibocus eröffnend. Immer noch in Obhut des schwarzen Punktes, kommt man zum Friedhof vor Kelkheim. Nach Queren der anschließenden Straßenkreuzung verlassen wir die Markierung und biegen rechts auf den Trampelpfad. In einem Halbbogen werden wir durch eine Streuobstwiese auf das ehemalige Franziskanerkloster zugeführt – den neuromanischen Kirchturm vor Augen. Das Gotteshaus der vor einigen Jahren aufgelösten Abtei dient jetzt der katholischen Gemeinde als Pfarrkirche.

Über ein gepflastertes Sträßchen kommt man hinab nach Kelkheim. An dessen Ende passieren wir einen Parkplatz und biegen rechts in die Mühlstraße, bald in die Bahnstraße mündend. Damit ist man im geschäftigen Zentrum von Kelkheim, rasch kommt man aber zu ruhigeren Wohngegenden, nachdem die Bahngleise gequert sind und man erst links in der Altkönigstraße und dann rechts im Gimbacher Weg weitergeht. Dessen Name deutet es an, der Gimbacher Hof kommt in Sicht. Reizvoll wird das landwirtschaftliche Gut mit angeschlossenem Gasthof von Pferdekoppeln umgeben. Als Mitglied der Kooperative „Hessen à la carte" versteht man sich auf regionale Speisen. Bereits im 18. Jahrhundert wurden hier Pilger versorgt. Von der benachbarten Wallfahrtskapelle steht seit 1830 allerdings nichts mehr. Das Gnadenbild und weitere Sakralzeugnisse wie der Roteldisstein aus dem

7. Jahrhundert kamen in die Kirche Zur Heiligen Dreifaltigkeit nach Fischbach. Zu diesem barocken Kleinod wollen wir als Nächstes unsere Schritte lenken.

*Bad Soden, der „Sudenia Brunnen"*

Ab dem Hof nehmen wir das Zeichen roter Strich auf. Es geleitet nach Fischbach und dort durch die Staufenstraße hinan, bis wir auf die Markierungen schwarzes T und blaues Kreuz stoßen. Durch die Bergstraße führen diese wieder hinab und damit zum Paradiesweg und dem blauen Punkt. Bevor es rechts weitergeht, unternimmt man bei Unterqueren der Straßenbrücke den kurzen Abstecher zum besagten Kirchlein. Wieder zurück beim blauen Punkt, bringt dieser durch die Sodener Straße nach Kelkheim-Hornau. Von der Lessingstraße zweigt man dort in die Mörikestraße, über die Gleise, weiter mit Rechts-links-Knicken erst in die Straße Auf der Herrnmauer, dann in die Rotlintallee, dank dem früheren Anwesen der Freiherren von Gagern die bekannteste Adresse Kelkheims. Hinter dem heute als Pfarrhaus genutzten Gutsgebäude biegen wir rechts in die Hornauer Straße, von der links ein Treppenweg aufwärts führt. Durch ein gehobeneres Wohnviertel kommen wir ins naturgeschützte Schmiehbachtal. Obstbäume und Hecken begleiten zum gegenüberliegenden Wald, der freilich nur kurz berührt wird. Ehe man sich versieht, hat man wieder Anschluss an das bekannte Anfangsstück durch Wiesen und Felder hinüber nach Bad Soden.

# Granit für die Gagerns

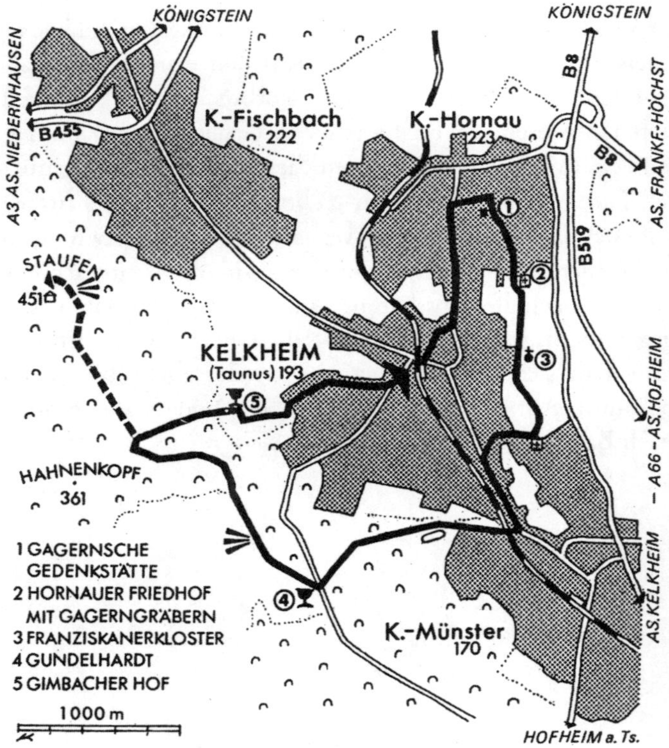


**Beginn:** Kelkheim, S-Bahnhof
**Länge:** 10 (13) km
**Einkehr:** Gaststätte Gundelhardt (Mo. Ruhetag) • Gimbacher Hof (Mi.)
**Merkmale:** Auf den Spuren der Gagerns durch und um Kelkheim • längerer Anstieg auf den symbolträchtigen Staufen • gemütliche Einkehrmöglichkeiten
**Info:** Stadtverwaltung Kelkheim, Tel. 0 61 95/80 30;
Internet: www.kelkheim.de

Zum Gedenken an die Ereignisse von 1848/49 hat die Stadt Kelkheim im großen Jubiläumsjahr 1998 ein besonderes Zeichen gesetzt. Über den Tag hinaus erinnerte man mit zwölf Granitfindlingen an die Familie Gagern – den Vater Hans Christoph Freiherr von Gagern, der 1818 ein Hofgut im heutigen Stadtteil Hornau erworben hatte, seine Gattin und ihre zehn Kinder. Dass einige der Steine größer als die übrigen sind, soll die herausragende Bedeutung von drei der Sprösslinge bekräftigen: Neben Maximilian, dem Diplomaten in österreichischen Diensten, und Friedrich – als General im April 1848 gegen die Hecker-Aufständischen gefallen – ist dies vor allem Heinrich, der als erster Präsident der frei gewählten Nationalversammlung den Namen Gagern zu einem Symbol für felsenfesten Glauben an Freiheit und staatliche Einheit machte.

Aufrichtigkeit symbolisiert auch der für die Gedenkstätte verwendete Granit, während die dichte Steinanordnung als Ausdruck des Zusammenhalts der Familie interpretiert werden kann. Tatsächlich war das Hofgut der Gagern'sche Lebensmittelpunkt und Kraftquell. Hier führte Vater Hans Christoph, der „Weise von Hornau", nach dem Ausscheiden aus nassauischen Diensten ein großes Haus, publizierte ohne Unterlass und begleitete seine „politischen" Söhne mit Rat und Tat. Baulich ist von dem Gut nach dem Verkauf des damals noch frei in Obstwiesen liegenden Anwesens durch Maximilian von Gagern 1866 wenig geblieben. Einzig der frühere Gesindetrakt steht noch und dient heute als Pfarrhaus der Gemeinde St. Martin.

Vom Kelkheimer Bahnhof sind es nur wenige Gehminuten hinüber zu dem früheren Gut. Man läuft die Pestalozzistraße bis zum Gagernring, hält sich dort kurz rechts, um dann mit Linksabzweig durch die Hornauer Straße bis zur Rotlintallee geführt zu werden. In unmittelbarer Nachbarschaft sind dort die Granitsteine, die St. Martinskirche und das Pfarrhaus zu finden. Das Büffelgehörn über dessen Eingang hat Friedrich von einer militärischen Expedition auf Sumatra mitgebracht. Nach dem Gemeindehaus stoßen wir auf den oberen, gepflasterten Teil der Hornauer Straße. Sie endet an jenem Friedhof, wo die Eltern, Friedrich sowie weitere Kinder und Enkel aus dem reichsfreiherrlichen Geschlecht derer von Gagern in eher bescheidenen Gräbern

*Ehemaliges Hofgut der Gagerns*

bestattet liegen. Einzig der antikisierende Helm auf der Ruhestätte von Friedrich ragt heraus. Vor dem Friedhof knicken wir links in das Sträßchen Mainblick. An seinem Ende geht es weiter geradeaus auf schmalem Pfad entlang eines Wiesentals, nur kurz unterbrochen von der neuromanischen Kirche eines früheren Franziskanerklosters. Schließlich stößt man auf eine breite Fahrstraße namens Nach dem Busch. Mit der hier aufzunehmenden Markierung schwarzer Punkt folgen wir ihrer geschwungenen Rechtskurve und weiter über eine Straßenkreuzung, ehe es links in eine verkehrsberuhigte Zone (Frankenallee) geht. Über die Frankfurter und Lorsbacher Straße erreicht man allmählich den Ortsrand an einem Sportzentrum mit Hallenbad. Dieses lassen wir links liegen und laufen nach leichtem Linksknick geradeaus durch aufgelockerten Wald hinauf zum Ausflugslokal Gundelhardt.

Frisch gestärkt, heißt es nun dem gelben Strich in Richtung Staufen folgen, dabei die Kuppel des Baha'i-Tempels von Hofheim-Langenhain vor Augen. Nach neuerlichem Waldeintritt haben wir bald die Wahl, mit dem schwarzen Strich gen Kelkheim zurückzukehren oder mit dem Anstieg auf den 450 Meter hohen Staufen einmal mehr die Gagernschen Spuren aufzunehmen. Vielleicht war es die (damals) überwältigende Sicht über den Taunus bis weit in die Rhein-Main-Ebene, von der sich Heinrich, Maximilian und Friedrich bei einer Besteigung im Herbst 1838 inspirieren ließen: Feierlich beschworen sie hier oben ihren Zusammenhalt sowohl privatim wie als Kämpfer für die Einheit des Vaterlandes. Eine kleine Steinpyramide erinnert an den brüderlichen Eid.

Selbst von den höchsten Gipfeln muss man wieder absteigen. Wie gekommen läuft man mit dem gelben Strich zurück bis zur Wegekreuzung, wo der schwarze Strich links in einen dunklen Tann schlüpft (aus Sicht der kürzer Tretenden rechts ab). Vorsicht ist geboten beim Abstieg über den tief gefurchten Boden. Zum guten Schluss lockt mit dem Gimbacher Hof erneut eine gemütliche Einkehr. Weiter mit dem schwarzen Strich läuft sich der letzte Kilometer durch Neubauviertel leicht abwärts fast von alleine.

# Zu Stein gewordener Behauptungswillen

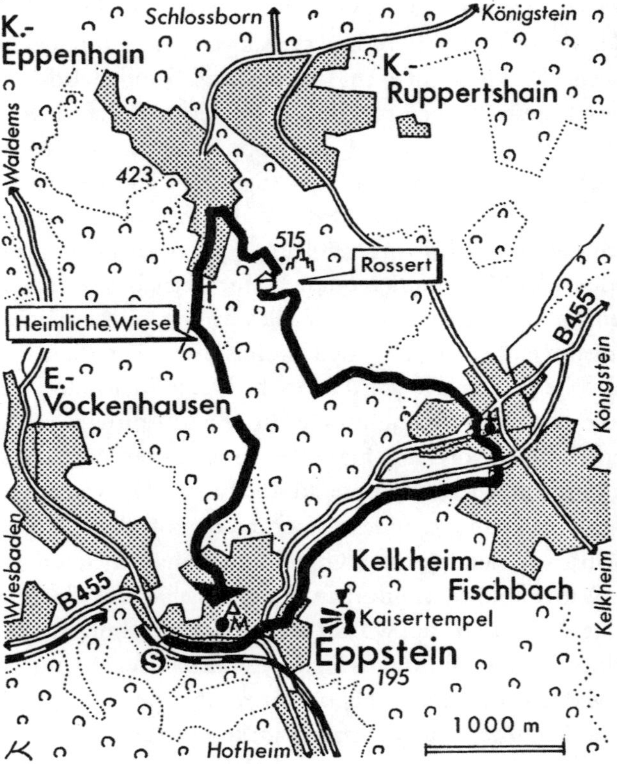


**Beginn:** Eppstein, S-Bahnhof
**Länge:** 10 km
**Einkehr:** In Fischbach
**Merkmale:** Eine Burg, wie dem Fels entwachsen, Felsen wie eine Burg: großartige Eindrücke in und um Eppstein • kräftiger Anstieg auf den Rossert, gefällige Waldpartie zum Ausklang
**Öffnungszeiten:** Burgruine Eppstein, April bis Okt. 10–12 u. 13–17

Uhr, Nov. bis März 11–12 u. 13–15 Uhr, Di. geschl. • Heimatmuseum in der Burgkapelle, April bis Okt. Sa. 14–17, So. 11–12 u. 13–15 Uhr
**Info:** Stadtverwaltung Eppstein, Tel. 0 61 98/30 50;
Internet: www.eppstein.de
**Sehenswert:** Burg (um 1100), Stammsitz der Herren v. Eppstein, im 18. Jh. verfallen und seit 1803 Teile auf Abbruch verkauft; nach umfassenden Restaurierungen erhalten: 26 m hoher Bergfried (14. Jh.), dreistöckiger Palas, Küchenbau, nördlicher Teil des „Mainzer Schlosses", gotischer Zwinger mit Flankentürmen u. Rundturm • ev. Talkirche (1498) mit Bildnisgrabsteinen der Herren v. Eppstein

Auf einem Bergsporn, am Schnittpunkt der beiden engen Täler von Schwarzbach und Fischbach, steht wuchtig Burg Eppstein. Vermutlich von den salischen Kaisern um 1100 angelegt, kam sie 1186 in die Hände der Herren von Eppstein. Der Aufstieg dieses Geschlechts – aus ihm gingen im 13. Jahrhundert vier Erzbischöfe hervor – bestimmte den Ausbau der Burg als Wehr-, Wohn- und Verwaltungszentrum. Dank ihrer Abgeschiedenheit ist die Burg nie durch Kriegseinflüsse zerstört worden; der Niedergang begann mit dem Aussterben der Eppsteiner 1535. Ein Teil ging 50 Jahre später an Kurmainz und damit auch in die Verantwortungslosigkeit nach der Säkularisation 1803. Der neue Besitzer, das Fürstentum Nassau-Usingen, hatte kein Interesse an dem Gemäuer und verkaufte eine Hälfte auf Abbruch. Als auch die andere, östliche 1823 abgerissen werden sollte, schritten verantwortungsbewusste Käufer ein. Aber erst als 1929 die Burgruine in die Obhut von Eppsteiner Bürgern kam, ist ihr Bestand gesichert. Durch ein seit Mitte der neunziger Jahre laufendes, mindestens auf 20 Jahre angelegtes Restaurierungsprogramm wird die Festung endgültig wieder zu dem, was sie einst gewesen – der Stein gewordene Behauptungswillen eines starken Regionalgeschlechts. Von den Baumaßnahmen sind übrigens das kleine Burgmuseum und die beliebten Burgfestspiele im Sommer nicht berührt.

Vom Bahnhof Eppstein, der etwas außerhalb im Schwarzbachtal liegt, blickt man zunächst zu der beeindruckend auf einem Felssporn stehenden Ruine. Vor dem Stationsgebäude geht man rechts vom Bach zum großen Straßendreieck, biegt in die Staufenstraße und kommt durch die Gimbacher Straße zum Alten Fischbacher Weg. Von jetzt an braucht man nur Ausschau nach dem Zeichen blauer Strich halten, das sich auf einem leicht abschüssigen Hangpfad über dem Fischbachtal entlangwindet, bis es neben der Straße nach Fischbach hineinzieht. An der Kirche übergibt der Strich die Führung an das schwarze T. Voraus erhebt sich der zu ersteigende, 515 Meter hohe Rossert, links davon setzt sich der um sechzig Meter niedrigere Staufen ab. Der Wanderer wird nicht geschont auf dieser Strecke. Ging es seit Fischbach bereits bergauf, nimmt die Steigung nach einer großen Wegespinne weiter zu, um mit einem letzten „Stich" vor dem Gipfelsturm fast alpinen Charakter anzunehmen. Rasten kann man in einer Schutzhütte etwas unterhalb vom höchsten Rossertfels. Frisch gestärkt, lässt sich dann die Schlusspartie auf dessen gewaltige Quarzitfelskrone in Angriff nehmen.

Der Marsch wird jenseits der Steinblöcke mit den Zeichen grüner Punkt und schwarzes T halb rechts abwärts fortgesetzt. (Das Schild Eppstein-Fischbach nicht beachten!) Kurz nach Erreichen der ersten Häuser von Eppenhain folgt man der Fahrstraße links. Vor einem Rechtsknick, am Nickelskreuz, stößt man auf die Markierung gelber Strich. Gemeinsam geht es damit und mit dem sich später hinzugesellenden grünen Punkt weiter, ehe sich die Wanderlotsen auf Höhe der „Heimlichen Wiese" trennen. Ab sofort ist nur noch der Punkt maßgebend, Tendenz: abwärts. Über den Panoramaweg erreicht man die ersten Häuser von Eppstein und gelangt durch die Kurmainzer Straße schließlich zum Wahrzeichen der kleinsten Stadt im Main-Taunus-Kreis, der Burg. Es ist ein Erlebnis für sich, in dem engen Gemäuer herumzusteigen und den Bergfried zu erklimmen. Der Blick von oben macht vor allem deutlich, wie widrig hier im Lorsbachtal die Bedingungen für eine Burg sind: eng das Tal, schmal der Bauplatz, gering die Fernsicht. Wichtigste Aufgabe dürfte die Überwachung einer Straße in den Hintertaunus gewesen sein. Vielleicht bezogen die Eppsteiner Herren daraus ihre Einnahmen. Ohne entsprechende finanzielle Ausstattung wären sie kaum im 13. Jahrhundert Mainzer Erzbischöfe und damit auch Erzkanzler des Reiches geworden. Eine Hälfte ihrer Burg gehörte dem Reich, was den Weg nach Mainz sicherlich mit ebnen half. Die vier Eppsteiner Erzbischöfe waren zeitweilig mächtiger als die Kaiser und trugen, namentlich Siegfried III., erheblich zum Ende der Staufer bei. Bedeutung und Selbstverständnis drückt sehr plastisch seine Grabplatte im Mainzer Dom aus. Der 1249 verstorbene Kirchenfürst hält darauf den beiden Gegenkönigen Heinrich Raspe und Wilhelm von Holland die Krone über das Haupt. Nur sind sie bedeutend kleiner dargestellt als Siegfried.

*Burgruine Eppstein*

# Felsen und Wälder in der Nassauischen Schweiz

**Beginn:** Hofheim-Lorsbach, S-Bahnhof
**Länge:** 11 km
**Einkehr:** Restaurant Kaisertempel • Gaststätte Gundelhard (beide Mo. Ruhetag)
**Merkmale:** Durch Buchenwald, vorbei an aussichtsreichen Felsen • mit Kaisertempel und Staufen-Steinpyramide zwei sehr unterschiedliche Symbole für die deutsche Einheit aufsuchen

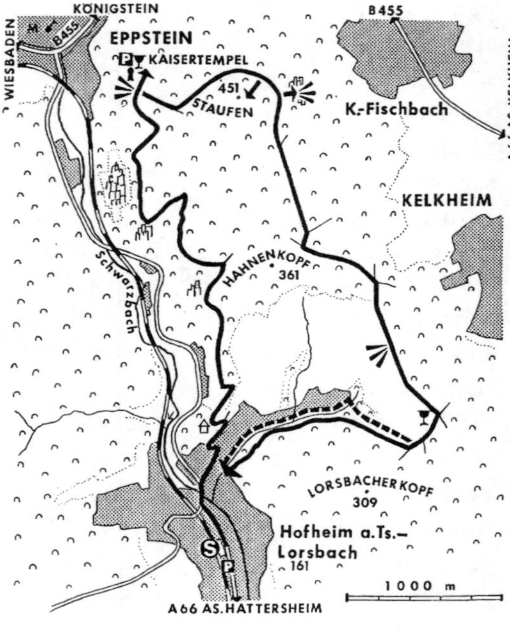


**Info:** Stadtverwaltung Eppstein, Tel. 0 61 98/30 50;
Internet: www.eppstein.de
**Sehenswert:** Kaisertempel, 1894 hoch über Eppstein als Portikus in griechisch-antikisierendem Stil errichtet, erinnernd an die Reichseinheit von 1871

Bis weit ins 19. Jahrhundert war Eppstein am Taunusrand ein verarmter, fast weltabgeschiedener Ort. Die großen Zeiten unter den Herren von Eppstein waren schon lange vorbei. Nur die halb verfallene Burg erinnerte noch daran, dass dieses Geschlecht im Mittelalter viermal den Mainzer Erzbischof stellte. Trotz seiner Nähe zu Frankfurt oder Wiesbaden ging der allgemeine Aufschwung nach 1800 an Eppstein vorbei, da der eng in drei Täler gedrückte Ort kaum Entwicklungsmöglichkeiten bot. Erst betuchte Ausflügler der umliegenden Badeorte wiesen einen Ausweg: Fremdenverkehr. Sie fanden Gefallen an dem pittoresken Ort mit der Burgruine vor einer beeindruckenden Berg- und Felskulisse. Hotels und Restaurants entstanden, und mit „Nassauischer Schweiz" war bald auch ein griffiger Name für das neu entdeckte Naherholungsgebiet gefunden.

So werden es nicht nur patriotische Gründe gewesen sein, warum 1894 der noch heute bestehende „Verschönerungsverein Eppstein" an aussichtsreicher Stelle einen „Kaisertempel" in griechisch-antikisierendem Stil errichtete. Mit den Büsten der Kaiser Wilhelm I. und Friedrich III. sowie den Medaillons von Reichskanzler Bismarck und Generalfeldmarschall Moltke sollte an die „Sieger über Frankreich und Vollender der Reichseinheit von 1871" erinnert werden. Wie erhofft, stellten sich weitere Besucher ein, sodass gleich neben dem Tempel ein Hotel-Restaurant eröffnet werden konnte. Nur wird man damals nicht, wie jetzt, karibisch-kreolische Küche gepflegt haben. Einbeziehen wollen wir in unseren Ausflug durch die Nassauische Schweiz auch den Berg Staufen.

Start ist am S-Bahnhof von Hofheim-Lorsbach. Wir folgen der Hofheimer Straße in Fahrtrichtung. Dabei nehmen wir das Zeichen schwarzer Strich auf, biegen mit diesem rechts in die Münsterer Straße, von dort gleich links kräftig aufwärts, noch zunehmend, wenn die Markierung Am Hasenberg links abdreht. Fast auf der Höhe vor den letzten Häusern ist ein weiterer Linksknick leicht zu übersehen. Etwas irritierend scheint der Weg wieder nach Lorsbach zurückzuführen, kriegt aber 300 Meter weiter vor einer Schutzhütte die Rechtskurve und weist dann als Hangpfad gen Norden. In leichtem Auf und Ab schlängelt der schmale Weg oberhalb des Schwarzbachtales entlang, zunächst durch eine obstbaumbesetzte Wiese, dann in lockerem Laubwald.

Erste Felsen geben einen Vorgeschmack auf den naturgeschützten Walterstein, dessen Spitze wir umrunden. Das Gestein aus so genanntem Vortaunus-Phyllit ist derart blättrig, dass sich selbst ein unscheinbares Gewässer wie der Schwarzbach tief in das Gestein sägen konnte. Nach einer windungsreichen Passage reißt der Wald plötzlich auf. Weit unten drängt sich Eppstein um seine Burgruine, dahinter steigen die Taunusberge bis zum Kellerskopf bei Wiesbaden an. Zum Kaisertempel und dem gleichnamigen Restaurant gehen wir noch einige Schritte weiter. Nach der umfassenden Sanierung zur 100-Jahr-Feier 1994 sind die weißen Säulen des „dorischen" – eigentlich nur aus einem Portikus bestehenden – Tempels schöner denn je. Damals wurden die zugehörigen Namen an den Büsten und Medaillons angebracht. Im Kaiserreich wusste man auch ohne Benennung, welche Köpfe da zu sehen sind.

Zu Aussichtspunkt und Kaisertempel sind wir einige Meter vom Hauptweg abgewichen. Wir gehen wieder zurück und setzen nun nach links zusätzlich mit dem gelben Strich (und weiteren Zeichen) die Wanderung fort. Bevor man auf einem Forstweg richtig ins Laufen kommt, beachte man den Linksabzweig der Markierungen. Dort beginnt der Anstieg auf den 450 Meter hohen Staufen. Etwas unterhalb umgehen die Wanderzeichen die Spitze in weitem Rechtsbogen. Mit wenigen Schritten kommt man aber hinauf. Eine kleine Steinpyramide erinnert an den „Staufen-Eid" der Gebrüder Friedrich, Max und Heinrich von Gagern. Feierlich beschworen sie hier oben im Herbst 1838 den familiären Zusammenhalt und den gemeinsamen Kampf für die deutsche Einheit unter demokratischen Vorzeichen (siehe S. 122).

Der Staufen bietet keine Aussicht, dafür der Mannstein, den man mit kurzem Abstecher nach links vom Hauptweg erreicht. Weiter geht es abwärts auf breitem Weg durch den Wald. Nach und nach verabschieden sich die übrigen Wanderzeichen, wir verbleiben allein in Obhut des gelben Strichs, der später mit Blick auf den Waldausgang halb rechts abzweigt. Zwischen Bäumen und Wiesen heißt es hinüberlaufen zur beliebten Einkehr „Gundelhard“. Dahinter halten wir uns rechts, nun mit dem schwarzen Punkt. Er weist dann am Waldeintritt unter die Bäume und führt links eines Bächleins hinab nach Lorsbach. Bei feuchter Witterung empfiehlt sich der befestigte Weg rechts davon. Unten treffen beide Wege wieder an der Münsterer Straße zusammen, und nach links kommt man über das bekannte Anfangsstück zum Bahnhof.

# Die Rhein-Main-Ebene zu Füßen

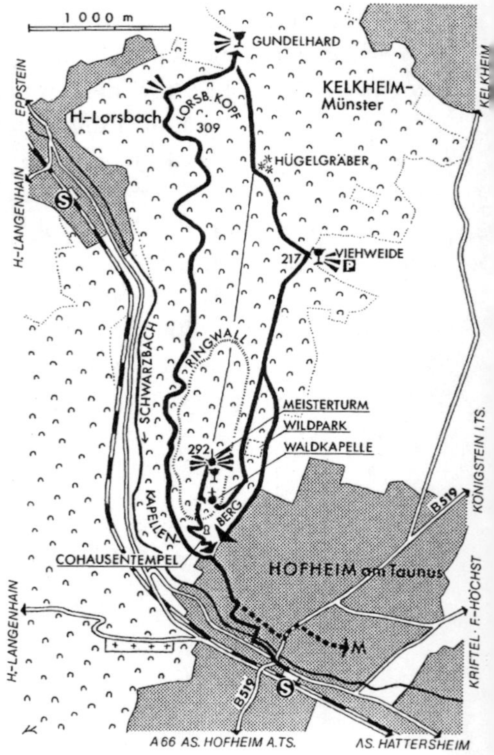


**Beginn:**
Hofheim am Taunus, S-Bahnhof
**Länge:**
12 (11) km
**Einkehr:** Restaurant am Meisterturm (Di. Ruhetag) • Waldgasthof Gundelhard • Gasthof Zur Viehweide (beide Mo. Ruhetag)
**Merkmale:** Herrliche Aussichten vom Kapellenberg • bis auf den Stadtbereich nur im schattigen Laubwald • anfangs allmählicher Anstieg • gegen Ende kurzes Steilstück
**Öffnungszeiten:**
Stadtmuseum Hofheim, Burgstraße 10, Di. 10–13 u. 14–20, Mi. bis Fr. 14–17, Sa. 14–18, So. 11–18 Uhr (Mo. geschl., im Winterhalbjahr Mo. u. Di.)
**Info:** Amt für Presse- u. Öffentlichkeitsarbeit Hofheim a. T., Tel. 06192/7202221; Internet: www.hofheim.de
**Sehenswert:** Kath. Pfarrkirche St. Peter u. Paul mit spätgotischem Turm u. Chor, Hochaltar um 1750 • Rathaus (1529) mit Fachwerkfassade (1890), davor Brunnen • Hexenturm u. Reste der Stadtbefestigung (nach 1352) • Kellereigebäude (1720) • Fachwerkhäuser • kath. Marienkapelle (1672) auf dem Kapellenberg, 1795 zerstört, seit 1851 restauriert

Wer hat die besten Aussichten im Rhein-Main-Gebiet? Für die Hofheimer ist das keine Frage: Ein besserer Standort für die Gesamtschau über den Ballungsraum zwischen Taunus und Spessart als ihr Hausberg, der knapp 300 Meter hohe Kapellenberg, lässt sich kaum vorstellen. Gekrönt wird der lang gezogene Bergrücken vom 30 Meter hohen Meisterturm – 173 Stufen erklommen, und das in die Ebene gegossene Häusermeer Frankfurts und seiner Vorstädte liegt dem Betrachter zu Füßen. Die überwältigende Fernsicht hat schon früh die Menschen angezogen. Besiedlungsspuren lassen sich bis ins Jungneolithikum, die so genannte Michelsberger Kultur vor 4500 Jahren, zurückverfolgen, während die an einigen Stellen gut sichtbaren Hügelgräber etwa 2000 Jahre jünger sind. Nachgewiesen wurden weiterhin eine römische Rundschanze sowie ein ausgedehntes Ringwallsystem. Allerdings stammt das 1,3 Kilometer lange Oval, das ein 46 Hektar großes Areal umschloss, nicht von Kelten, wie man lange glaubte: Neuere Forschungen schreiben die Befestigung dem Frühmittelalter zu. Ein „Historischer Rundweg" um das Hochplateau erleichtert die Identifizierung der geschichtlichen Topografie.

Abschnittsweise folgen wir auf dieser Wanderung dem Lehrpfad. Zuerst einmal gilt es, aus Hofheim herauszufinden. Am S-Bahnhof halten wir uns links, umrunden eine Verkehrsinsel und biegen an der Apotheke in die Straße mit dem Namen In der Witz. Bis zur Brücke begleitet uns nun der Schwarzbach. Man wechselt auf die andere Seite, weiter links entlang an Kleingärten. In Höhe eines grünen Tores geht es rechts hinauf durch einen Heckenschlupf zur Kurhausstraße, die schließlich in den Wald mündet. Die bereits zuvor mehrfach gesichtete Markierung schwarzer Strich führt uns jetzt am westlichen Abhang des Kapellenberges kurvenreich leicht bergan. Der aufgelockerte Laubwald gibt immer mal den Blick frei ins Lorsbachtal, der Weg wendet sich dann aber halb rechts mit der Möglichkeit für einen kurzen Abstecher zur beliebten Einkehr „Gundelhard“. Von dort eröffnet sich ein ungewohnter Blick auf den bekannten Baha'i-Tempel bei Hofheim-Langenhain. Wie von einem anderen Stern gelandet, erhebt sich auf der gegenüberliegenden Talseite der markante, von 27 Rippen und Hunderten von Waben gegliederte Kuppelbau der aus Iran stammenden Baha'i-Religion (siehe S. 136).

*Hofheim am Taunus, Altes Rathaus*

Zurück von der Einkehr, wechselt man zu dem roten Strich und läuft geradeaus die Langschneise hinauf. Nach dem Linksabzweig in den Gimbacher Weg, wo deutlich Hügelgräber erkennbar sind, geht es schon wieder bergab mit der Gelegenheit, in der Gaststätte „Viehweide“ einzukehren. Nach einer schönen Partie durch den Buchenwald hat man die Wahl, auf bequemem Weg dem roten Strich, vorbei an einem kleinen Wildpark, zurück nach Hofheim zu folgen. Oder man läuft – ohne Markierung – zunächst weiter geradeaus und biegt am oberen Tierparkrand rechts ab in den Kreuzweg. Der Name deutet es an, begleitet von einigen Kreuzwegstationen wird man hinaufgeführt zur Waldkapelle, die weithin sichtbar am vorderen Rand des Kapellenbergs nach einem Pestgelübde 1666 errichtet wurde; das heutige Gebäude stammt aus dem Jahr 1857. Noch einige Meter weiter, und man steht vor dem Meisterturm, einer eleganten Stahlkonstruktion, die 1928 den hölzernen Vorgängerbau von 1895 ablöste. Zu Füßen des Turmes hat man Gelegenheit zur Einkehr. – Zurück, vertraut man sich dem gelben Strich an. Mit ihm geht es in Zickzacklinie durch den Rest der frühmittelalterlichen Ringwallanlage wieder gen Tal, nicht ohne den kleinen Schlenker zum Cohausentempel eingelegt zu haben. Erbaut wurde er zu Ehren August von Cohausens, der sich Ende des 19. Jahrhunderts bei der archäologischen Erforschung des Kapellenbergs verdient gemacht hatte. Wer unterhalb mit dem roten Strich gelaufen ist, stößt nun hinzu. Gemeinsam wird man durch das bekannte Anfangsstück zurück zum Bahnhof geführt.

Empfohlen sei ein Abstecher durch die von Fachwerk gesäumten Gassen zum Hofheimer Stadtmuseum (von der Kurhaus-, zur Haupt- und Burgstraße). Das in vier Abteilungen gegliederte Haus – Römerzeit, allgemeine Stadtgeschichte, moderne Kunst sowie Industrialisierung am Beispiel der örtlichen Lederindustrie – besticht vor allem durch seine gelungene didaktische Präsentation. Im Wortsinn ist alles auf Begreifen und Nacherleben ausgerichtet. Allenthalben kann etwas berührt, ertastet, gedreht, gewendet und hautnah betrachtet werden.

# Ein Tempel überragt das Hofheimer Land

**Beginn:** Hofheim-Lorsbach, S-Bahnhof
**Länge:** 10 km
**Einkehr:** In Hofheim-Langenhain (mit Abstecher)
**Merkmale:** Fast nur Waldschatten • aus engem, felsigem Taleinschnitt hinauf in luftige Höh' • eindrucksvolle Besichtigung des Baha'i-Tempels
**Info:** Amt für Presse- u. Öffentlichkeitsarbeit Hofheim a. T., Tel. 0 61 92/20 22 21; Internet: www.hofheim.de
**Sehenswert:**
Baha'i-Tempel (1957–64), der erste in Europa (vom Frankfurter Architekten T. Rocholl); 48 m Durchmesser, Kuppel 28 m hoch

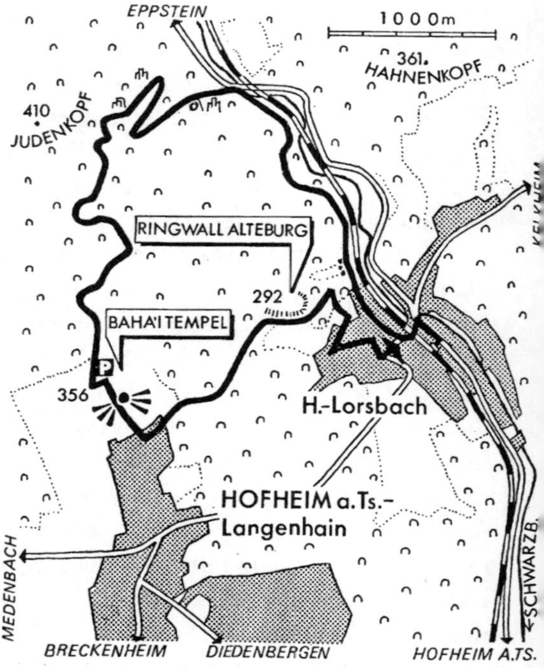


Die merkwürdige Kuppel nahe dem Hofheimer Ortsteil Langenhain dürfte schon zu Rätselraten Anlass gegeben haben. Etwas an einen überdimensionierten Bienenkorb erinnernd, erschließt sich nicht auf Anhieb, dass es sich hier um einen Tempelbau handelt. So ungewöhnlich wie der vom Frankfurter Architekten Teuto Rocholl ausgeführte Bau ist auch die Glaubensgemeinschaft, die ihn errichten ließ: Baha'i. Sie nennt sich nach ihrem in Persien (Iran) geborenen Stifter Baha'u'llah (1817 bis 1892). Er suchte in seiner Lehre die Grundwahrheiten der neun großen Religionen zu vereinen. Und das heißt vor allem Frieden mit Gott und der Welt. So versteht sich der Baha'i-Tempel auch als offenes Haus. Jeder darf ihn betreten und stille Andacht halten. Nach eigenen Angaben bekennen sich weltweit etwa sechs Millionen Menschen zu der Glaubensrichtung.

Beginn ist am S-Bahnhof Lorsbach. Wir gehen zur Hofheimer Straße hinüber, diese nach links, wenden uns vor der Schwarzbachbrücke abermals links und nehmen hier den weißen Querstrich auf. Das Zeichen führt über die Gleise, weiter rechts zum Zimmerplatz mit Schillerlinde und an der evangelischen Kirche vorbei hinaus ins Freie. Über uns türmt sich ein teils felsiger Steilhang, unter uns quirlt der Schwarzbach. Anfangs verläuft der Weg eben, dann geht es stramm bergauf und nach einem Wieseneinschnitt im Laubwald wieder bergab. Wir kommen zur Straße, dort achten wir auf den Parkstreifen in der Kurve. Jetzt wendet man sich vom weißen Strich ab und nach links, dem asphaltierten, anfänglich unmarkierten Fahrradweg zu und steigt mit ihm kräftig aufwärts. Steile Schieferfelsen beherrschen den engen Taleinschnitt, der Weg führt in Haarnadelkurven hinan. Schon fast oben stellt sich die Markierung schwarzes Wildschwein ein, zu der sich nach einer kurzen S-Kurve noch das liegende Y gesellt. Der Wald endet, Auge und Geist brauchen etwas Zeit, sich auf den ungewöhnlichen Anblick voraus einzustellen. Wie aus dem Nichts überragt die 28 Meter hohe Kuppel des Baha'i-Tempels die Hochfläche. Es ist der einzige seiner Art in Europa. Sechs weitere „Häuser der Andacht“, wie sie genannt werden, sind über alle Kontinente verteilt.

Wir halten auf den Bau zu und laufen nach Besichtigung des Besucherzentrums über die Wiese hinunter zum Ortsrand von Langenhain, die Neubaustraße (Am Domherrenwald) links, die sich als Weg am Waldrand entlang abwärts fortsetzt. Mit der ersten Abzweigung in den Wald treffen wir auf den schwarzen Punkt, der von links oberhalb des Tempels herunterkommt. Mit ihm nach rechts auf naturbelassenem Pfad, treffen wir auf einen festen Weg, diesen links ohne Markierung bis zu einem freien Platz. Dort finden wir das schwarz umrandete Quadrat, das uns zur Alteburg lotst, einer vorgeschichtlichen oder frühmittelalterlichen Ringwallanlage, wie auf der Informationstafel des Taunusklubs zu lesen steht. Der Innenwall ist sechs Meter hoch und umschließt eine Fläche von etwa 250 mal 150 Metern.

*Baha'i-Tempel bei Langenhain*

Von der Informationstafel geht es am Zaun der Kleingärten vorbei weiter bergab. Wenn das inzwischen hinzugekommene Naturpark-Wanderzeichen Eichhörnchen nach links schwenkt, wenden wir uns rechts am Obstbaumhang entlang und erreichen das Neubauviertel von Lorsbach, den Alteburgweg (Name erst später) hinunter. Nach einem scharfen Linksknick kommen wir aus dem neuen in das alte Lorsbach mit schönen Fachwerkhäusern und schließlich über die Hofheimer Straße zurück zum S-Bahnhof.

# Wald, ein großer Reichtum

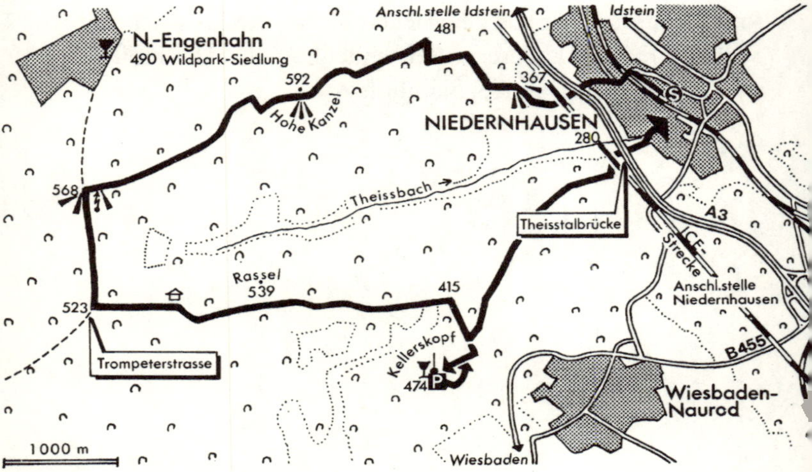


**Beginn:** Niedernhausen, S-Bahnhof
**Länge:** 15 (14) km
**Einkehr:** Gaststätte Kellerskopf (Mo. Ruhetag, werktags ab 15 Uhr geöffnet)
**Merkmale:** Endlose Laubwälder, in die mit längerem Bergauf eingestiegen wird • herrliche Aussichtspunkte, gekrönt vom Turm auf dem Kellerskopf
**Info:** Stadtverwaltung Niedernhausen, Tel. 0 61 27/90 30;
Internet: www.niedernhausen.com

Niedernhausen gehört nicht unbedingt zu den Orten, die man wegen historischer Sehenswürdigkeiten aufsucht. Kunstführer verzeichnen nicht ein nennenswertes Objekt. Aus einem unbedeutenden Dörfchen hat sich die Gemeinde in den vergangenen Jahrzehnten zu einem funktionalen Wirtschafts- und Wohnort mit S-Bahn-Anschluss gewandelt. Einen guten Grund gibt es freilich für den Ausflügler, nach Niedernhausen aufzubrechen – dessen endlose Wälder. Mehr als die Hälfte der Gemarkungsfläche wird von Mischwaldungen bedeckt. Bis auf aussichtsreiche Höhen in rund 600 Metern ziehen sie hinauf. Von keinem Punkt im Zentrum benötigt man länger als zehn Minuten Laufens, um unter dem grünen Blätterdach zu stehen.

Nach unserem Start am S-Bahnhof werden wir aber erst einmal in den Ort geführt. Mit der Markierung liegendes Y (schwarz auf weißem Grund) geht es geradeaus hinein, bis man in Höhe der Brücke über den Aubach links in das parkartig geweitete Flusstälchen kommt. Man stößt auf ein großes Sportzentrum – hier finden Autofahrer ausreichend Parkraum –, dort links noch ein Stückchen durch die Anlage, überleitend in den Kern des ehemals selbstständigen Ortsteils Königshofen. Zusätzlich assistiert vom Zeichen schwarzer Strich, beginnt noch in der Gemeinde eine längere Phase des Steigens, auch nicht unterbrochen beim Unterqueren von Autobahn und ICE-Trasse. Dahinter heißt es kurz durch Streuobstwiesen, dann umschließt uns der Wald. Hier wie im weiteren Verlauf ist auf die häufigen Richtungsänderungen der Markierungen zu achten. Auch der Weg hat seine Tücken: Immer wieder muss Altholz umgangen oder überklettert werden. Um einem besonders versperrten Hohlweg auszuweichen – dort biegen die Zeichen rechts ein – kann man kurz geradeaus laufen, auf einem Forstweg wenige Schritte rechts und gleich wieder rechts zum Anschluss an die Markierungen. Wenn diese bald darauf links abknicken, gibt es keine Probleme mehr. Zielsicher wird man unter großen Eichen und Buchen zur Hohen Kanzel geleitet.

Vor der 592 Meter hohen Erhebung ist nach Süden eine Sichtschneise freigehalten. Über die Burg von Wiesbaden-Sonnenberg wandert der Blick ins Untermaingebiet und weiter zur steil aufragenden Odenwaldflanke. Fürs Erste ist nun das Bergan beendet. Auf fast ebenen Forstwegen geht es weiterhin durch die dichten Wälder voran, dabei verbleibt man – wenn das Y gen Engenhahn abschwenkt – geradeaus beim schwarzen Strich. Mit Linksabzweig treffen wir schließlich auf die Trompeterstraße. Das ist glücklicherweise kein Asphaltband, sondern ein breiter Forstweg, in dessen Namen die Erinnerung an die alte Postverbindung zwischen Wiesbaden und Idstein nachklingt.

Auf eine der beliebtesten „Straßen" von Fernwanderern, den Rheinhöhenweg, stoßen wir nach kaum einer Viertelstunde. Links abbiegend, schließen wir uns dem weißen R dieser rund 250 Kilometer langen Strecke zwischen Wiesbaden und Bonn an. Wir begnügen uns mit der Etappe bis zum Kellerskopf, in puncto Schönheit des Waldes sicherlich einer der attraktivsten Abschnitte am Mittelrhein. Besonders auffällige Eichenveteranen wie auf der Erhebung Rassel stehen gar unter Naturschutz. Vielfach hat man nach dem Absterben solcher Patriarchen den Stumpf belassen, ideale Bedingungen für Moose, Flechten und faustgroße Baumpilze.

Wir kommen an einer großen Wegekreuzung heraus. Nach links, mit dem gelben Strich, kann man den direkten Rückweg antreten – oder einen Schlenker für Einkehr und Aussicht auf den Kellerskopf anhängen. Hierfür läuft man noch wenige Meter mit dem R weiter und schwenkt dann rechts hinauf mit dem blauen X und anderen Zeichen. Oben, in dem Gasthaus mit Terrasse, werden gutbürgerliche Gerichte serviert, und die fantastische Rundumsicht über das Rhein-Main-Gebiet gibt es gratis dazu.

Wir steigen ab wie gekommen und reihen uns in die Spur des gelben Striches ein. Der schlägt erst noch einen etwas unmotiviert anmutenden Haken, kennt dann aber fast nur noch eine Richtung: geradeaus und dabei immer bergab. Nach erneutem Unterqueren von ICE- und Autobahnbrücke kommt man problemlos in den Ort; gleich hinter der Gleisunterführung links zum S-Bahnhof.

# Rheintaunus

## Platte und Eiserne Hand

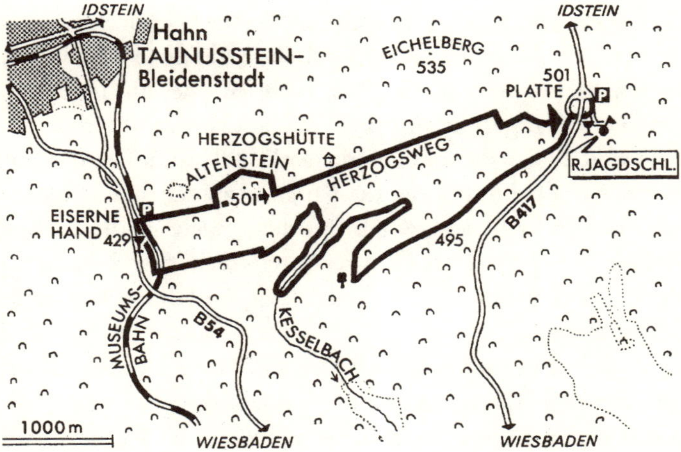


**Beginn:** Platte an der B 417, Bushaltestelle
**Länge:** 13 (14) km
**Einkehr:** Restaurant Jagdschloss Platte • Eiserne Hand
**Merkmale:** Auf herzoglichen Spuren durch herrliche Buchenwälder • bequem zu gehende Wege • Abstecher zum Altenstein
**Info:** Tourist-Information Wiesbaden, Tel. 0611/1729780; Internet: www.wiesbaden.de
**Sehenswert:** Jagdschloss Platte, 1822–24 durch Herzog Wilhelm v. Nassau erbaut, klassizistischer Kubus mit Pilastern, 1945 bis auf die dreistöckigen Außenmauern zerstört (Grundsubstanz nach Restaurierung mit einem Glasdach gesichert); im früheren Wirtschaftsgebäude jetzt Restaurant.
**Anmerkung:** Wer die Wanderung an der „Eisernen Hand" beginnt, kann die Museumsbahn ab Wiesbaden-Dotzheim (Richtung Hohenstein)

benutzen, die an Ostern und dann vom 1. Mai bis 3. Oktober sonn- und feiertags verkehrt; Fahrplanauskunft unter Tel. 06 11/1 84 33 30 oder Internet: www.aartalbahn.de

Wiesbaden besitzt in seiner unmittelbaren Nachbarschaft der angrenzenden Taunuswälder viele attraktive Ausflugsziele. Meist sind es Plätze, die in Zusammenhang stehen mit der Geschichte der Stadt als Sitz der Fürsten und nachmaligen Herzöge von Nassau (seit 1806) und dem damit beförderten Aufstieg zu einer mondänen Kurstadt. Man denke nur an den Neroberg und seine Russisch-Orthodoxe Kapelle, an die Fasanerie, Schloss und Park Biebrich oder an die Platte, wo die Herzöge ein prunkvolles Jagdschloss unterhielten. Selbst die Eiserne Hand, ein kleiner Waldbahnhof an der früheren Aartalbahn, mit der die Kurgäste zwischen Wiesbaden und Bad Schwalbach reisten, erinnert noch an die großen Zeiten. Inzwischen steht die gesamte Strecke bis Hohenstein unter Denkmalschutz, befahren einzig und allein von einer Museumsbahn.

Von der Eisernen Hand wie von der Platte lässt es sich auf den von den Nassauern großzügig angelegten Reitwegen bequem in das einstige Jagdrevier ausschwärmen. Wir beginnen unsere Wanderung der besseren Verkehrsanbindung wegen an der Platte, wobei man nach einer nostalgischen Bahnfahrt auch an der Eisernen Hand starten kann. Von der Bushaltestelle Platte geht man den Fußweg in Fahrtrichtung abwärts durch die Straßenunterführung und kommt, wenn man sich rechts hält und ein Stück leicht aufwärts läuft, zu Wiesbadens höchster Erhebung, der Platte (501 Meter). Mit Blick über eine Sichtschneise hinab nach Wiesbaden ließ hier Herzog Wilhelm von Nassau 1824 durch Hofbaumeister Friedrich Ludwig Schrumpf ein Jagdschlösschen erbauen, das 1945 weitgehend zerstört wurde. Über Jahre hat man es bis 2005 restauriert; nur die hoch und breit aufragende Glasdach-Konstruktion dürfte nicht den Beifall aller finden. Es gibt viel Platz für Veranstaltungen unter freiem Himmel, und im ehemaligen Gutshof hat sich ein gehobenes Café-Restaurant etabliert.

Wir werfen einen Blick auf die große Wandertafel im Innenhof und schlagen mit den Zeichen schwarzes T, blaues X und gelber Strich die Richtung Eiserne Hand ein, das heißt, man läuft wieder zur Straßenunterführung, kurz parallel zur B 417 und steht dann im Hochwald. Sobald T und X nach rechts führen, lassen wir uns nur noch vom Strich lotsen, also weiter geradeaus durch herrliche Laubbäume, darunter das Prachtexemplar der Jakob-Schwendler-Buche an einer lichten Kreuzung. Diese ist uns Merkmal für eine Rechtskehre kurz davor. Das Zeichen nimmt in großen Serpentinen Kurs auf das reizvolle Kesselbachtal, erst hinauf, dann wieder hinunter. An der Wende zum letzten Strang übergibt der gelbe Strich die Führung an den roten Strich. Das neue Zeichen führt uns rechts, später links über ein naturbelassenes Verbindungsstück zum nächsthöheren „Reitweg der Nassauer". Sobald das Zeichen zwei Wege anzeigt, ist für uns der Hinweis Eiserne Hand rechts-links der richtige. Dort stellen sich auch schwarzes T und blaues X wieder ein, die demselben Ziel zustreben. Am Haus Hubertus vorbei, kommt man zum Gleis der Aartalbahn. Rechts geht es zum Bahnhof und zur Eisernen Hand. An einer riesigen Uhr scheint das kleine Gebäude zu hängen.

Der weitere Weg führt am Schienenstrang entlang, über den großen Parkplatz, wo das R des Rheinhöhenweges sichtbar wird. Es leitet in den Wald, dort rechts über die Gleise, und schon ist man unter hohen Buchen auf dem Herzogsweg, der schnurgerade über fünf Kilometer zur Platte zieht, das R voran. Eine kleine Trimm-Tour lässt sich an der Abzweigung Altenstein einlegen. Dazu folgt man links hinauf der Spur des roten Rehkopfes zu dem mächtigen Quarzitfelsen, vermutlich eine germanische Versammlungs- und

Opferstätte. Auf der anderen Seite weist der Rehkopf wieder abwärts zum Herzogsweg. An der Herzogshütte heißt es: 45 Minuten zur Platte. Kurz vor Erreichen lassen wir das R geradeaus seines Weges ziehen und kommen nach links an der Platte an. – Zur Bushaltestelle Richtung Wiesbaden geht es nach der Straßenunterführung hinauf zur B 417.

# Auf Wiesbadens Hausberg

**Beginn:** Wiesbaden, Chausseehaus, Bushaltestelle
**Länge:** 9 km
**Einkehr:** Café-Restaurant Chausseehaus (Mo./Di. Ruhetage; Febr. nur am Wochenende geöffnet) • Restaurant Schläferskopf (Di. Ruhetag)
**Merkmale:** Reine schattige Waldwanderung, dennoch abwechslungsreich • mehrmals moderates Auf und Ab • für jede Jahreszeit geeignet
**Info:** Tourist-Information Wiesbaden, Tel. 0611/172 90; Internet: www.wiesbaden.de

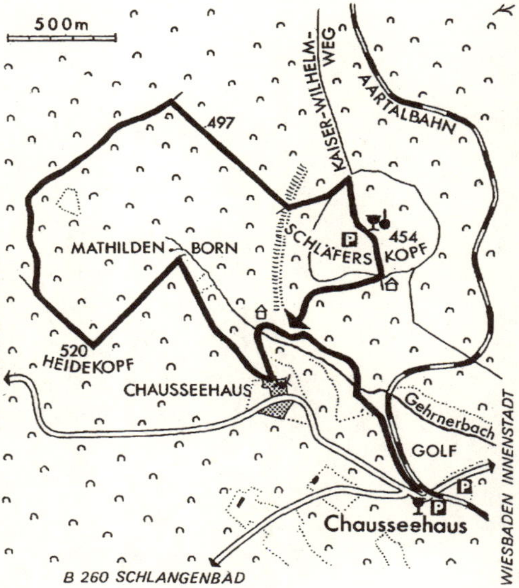


Was dem Frankfurter die Hohemark als Ausgangspunkt für Taunusausflüge, ist dem Wiesbadener das Chausseehaus. Als Pendant zu Feldberg oder Altkönig bieten sich in diesem Fall Hohe Wurzel und Schläferskopf zum Erwandern an. Das Chausseehaus war Waldstation an der für die Kurgäste 1883 in Betrieb genommenen Aartalbahn von Wiesbaden nach Bad Schwalbach, heute eine regelmäßig verkehrende Museumsbahn. Natürlich heißt auch das Waldrestaurant an dieser Stelle Chausseehaus. Der Name stammt aus der Zeit, als es das wirkliche Chausseehaus noch gab, wo die Reisenden an der 1764 ausgebauten Bäderstraße zur Lahn Wegegeld bezahlen mussten und unter den Nassauern obendrein Zoll. Dieses Gebäude stand einige hundert Meter oberhalb, heute nimmt das gleichnamige Forsthaus seinen Platz ein. Der

*Kaiser-Wilhelm-Turm auf dem Schläferskopf*

Wanderer findet am Chausseehaus eine ganze Palette farbiger Wanderzeichen des Taunusklubs vor. Für unsere Route in einem ausholenden Bogen zum Schläferskopf (454 Meter) gilt das Augenmerk hier einzig und allein dem blauen Punkt, unter dessen Führung wir uns direkt ab der Bushaltestelle in Bewegung setzen. Anfänglich parallel zum Schienenstrang am Waldrand, geht es dann hinaus in den Gehrner Talgrund, durch den sich ein Golfplatz zieht. Am Ende der Anlage beginnt der Hochwald. Der Bach wird gequert, die blaue Punktmarkierung weist links aufwärts, wir kommen zum „echten" Chausseehaus, dem Forsthaus inmitten eines kleinen Weilers. Gleich eingangs, an der alten Unverzagteiche, ein Rechtsschwenk, und hoher Wald schließt uns wieder ein.

Es beginnt steil zu werden, bis zum Mathildenborn noch über breit angelegte Hangwege, doch dann rechts ab auf einem Pfad den Heidekopf (520 Meter) hinan und darüber hinaus, bis man den mit blauem Kreuz, schwarzem T und rotem Fuchs markierten Querweg erreicht. Wir reihen uns rechts ein, der blaue Punkt zieht weiter über die Hohe Wurzel. Ist man etwa zwei Kilometer fast ohne Steigung der Dreiermarkierung gefolgt, heißt es Ausschau halten nach den Jagenummern 50/52. Zwischen den beiden so forstamtlich gekennzeichneten Waldstücken zweigt eine neu angelegte Schneise rechts ab. Ohne Markierung folgt man ihr bis zum Ende und ordnet sich dort auf dem Querweg links ein. Er stellt die Verbindung zum roten Punkt her, jetzt unterhalb des Schläferskopfes. Parallel mit der Zufahrtsstraße geht es hinauf zur Höhe, die der Verschönerungsverein Wiesbaden im Jahre 1902 dazu ausersah, dort den bergfriedähnlichen, 30 Meter hohen Kaiser-Wilhelm-Aussichtsturm zu erbauen. Außerdem entstand eine Gaststätte. Mit Karte und Interieur haben sich die heutigen Pächter ganz auf Ausflügler eingestellt. In gediegenem Ambiente kann man unter Regional- und Wildspezialitäten wählen.

Auch nach der Vesper bleibt der rote Punkt unser Begleiter. Über den Parkplatz, rechts am Turmgebäudekomplex, schlüpft er auf einen Pfad und hangelt in weit ausholenden Serpentinen abwärts. Der schwarze Punkt kommt hinzu. Gemeinsam streben die beiden Zeichen ins Gehrnerbachtal, im letzten Abschnitt vereint mit dem blauen Punkt zurück zum Chausseehaus.

# Ein kleines Tierparadies

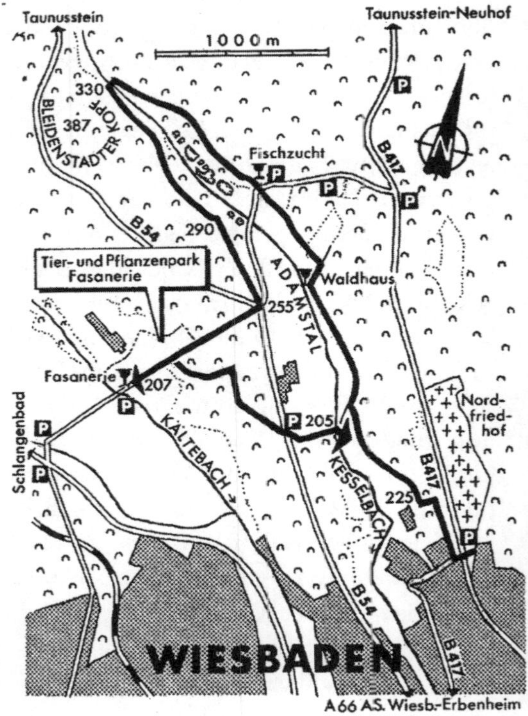


**Beginn:** Wiesbaden, Nordfriedhof
**Länge:** 9 km (ohne Tierpark)
**Einkehr:** Gaststätte Waldhaus (tägl. ab 12 Uhr geöffnet) • Gasthaus Fischzucht (Fr. bis So. geöffnet) • Gaststätte Fasanerie (Di. Ruhetag)
**Merkmale:** Durch das anmutige Kesselbachtal zur Fasanerie • ein schöner Park zum Entdecken von Flora und Fauna
**Öffnungszeiten:** Tierpark Fasanerie, tägl. 8 – 18 Uhr (im Winter bis 17 Uhr); Fütterungstouren tägl. a. Fr. 11 u. 15 Uhr (Eintritt frei)
**Info:** Tourist-Service Wiesbaden, Tel. 06 11/1 72 90;
Internet: www.wiesbaden.de; www.fasanerie.net
**Sehenswert:** Tierpark Fasanerie, im 18. Jh. angelegt, barockes Verwaltungsgebäude u. vier km lange Umfassungsmauer erhalten; 18 Hektar großes Areal mit exotischen Gehölzen, rund 50 Tierarten: Wisente, Wölfe, Bären, Luchse, Rot-, Dam- und Schwarzwild, zahlreiche Greifvögel und Fasane

Der Passion des Fürsten Karl von Nassau-Usingen, zur „Ergötzung und Jagd“ eine Fasanenzucht zu unterhalten, verdankt Wiesbaden einen der größten und schönsten Tierparks im Rhein-Main-Gebiet. Den ursprünglich zum Schloss Biebrich gehörenden Fasanengarten ließ Fürst Karl 1744 mit großem Aufwand in den Wald von Klarenthal verlegen. Eine „12 870 Fuß lange Mauer", mit gut vier Kilometern fast doppelt so lang wie die alte Wiesbadener Stadtbefestigung, wurde dafür errichtet. Ebenso eine aufwändige Unterkunft für den Fasanenmeister. Diese blieb (heute Gaststätte), wie das gesamte Areal und die Mauer erhalten, nachdem schon bald das Interesse von Hoheit an der kostspieligen Liebhaberei erlahmte; 1775 ließ er die zeitweise über 600 Tiere umfassende Zucht beenden. Erst knapp 200 Jahre später, 1954, kam der Gedanke auf, in der vormaligen Fasanerie einen Tiergarten anzulegen, zumal das Gelände unterdessen einen parkähnlichen Charakter angenommen hatte. Edle Gehölze, wie Mammut- oder Gingkobaum, hatten sich zu stattlichen Riesen entwickelt. Hinzu kommen viele einheimische Gewächse, so dass die Tiere in einem weitgehend natürlichen Umfeld gehalten werden können. Inzwischen ist deren Zahl auf 250 in rund 50 Arten angewachsen – ohne das vielköpfige Federvieh. In dem 18 Hektar großen Areal tummeln sich Wisente, Wildschweine, Wölfe, Luchse, Marder, Bären, Fischotter, Füchse, Rot-, Dam- und Schwarzwild, Greifvögel, Störche, Kolkraben oder Eulen. Fehlen dürfen auch nicht als Referenz an die Parkanfänge farbenprächtige Ohren-, Silber-, Gold- und Königsfasane.

Ausgangspunkt ist die Bushaltestelle am Wiesbadener Nordfriedhof. Man quert die B 417, folgt dem Zeichen gelber Strich und wird von ihm sogleich rechts auf einen Pfad in den Wald gewiesen. Über uns schließen sich prächtige Laubbäume, es geht leicht abwärts ins Kesselbachtal. Zunächst etwas entfernt vom Bächlein, dann wieder näher, lugt schon bald das verspielte Fachwerkgebäude Waldhaus zwischen den Bäumen hervor. Forsthaus, Dichterklause und jetzt Gaststätte sind seine Nutzungsstationen. Beim nächsten Ziel, der Fischzucht, ist die Namensgebung angesichts einer Kette von Forellenteichen eindeutig. Die hiesige Gaststätte wurde Mitte des 19. Jahrhunderts für Wiesbadener Kurgäste im Blockhausstil errichtet. Ehrensache, dass hier natürlich Forellen ganz oben auf der Speisenkarte stehen.

Weiter mit dem gelben Strich über die Straße zu einem Pfad, am umzäunten Areal entlang und dann wieder auf ausgebautem Weg zur Brücke über den Kesselbach. Hier knicken wir – nun ohne Markierung – scharf links ab. Ein breiter Forstweg bringt durch aufgelockerten Wald talwärts bis an die Bundesstraße. Gefahrlos kann sie an einer Ampel überschritten werden, allerdings ist danach eine wenig fußgängerfreundliche Durststrecke entlang der Fahrbahn bis zur Fasanerie in Kauf zu nehmen. In Gehegenähe wird das Bankett breiter. Leicht sind ein bis zwei Stunden in dem weitläufigen Park verbracht. Eine Show für sich sind die zweimal täglich stattfindenden „Fütterungstouren". Jeder darf mitgehen, wenn die Tierpfleger vormittags Großtiere wie Bären oder Wölfe und nachmittags Kleinraubtiere, etwa Füchse und Fischotter mit Fressbarem versorgen. Die Parkleitung sowie ein reger Förderkreis verwenden auch viel Zeit darauf, besonders Kinder in einer „Tierparkschule" an biologische und ökologische Zusammenhänge heranzuführen.

Für den Rückweg laufen wir etwa 200 Meter die Straße zurück und biegen dann rechts mit dem Zeichen schwarzer Punkt in den Hochwald. Die Bundesstraße und der Kesselbach werden nochmals überquert, dann trifft man auch wieder auf den gelben Strich. Rechts ab geleiten beide Markierungen das bekannte Anfangsstück zurück zum Ausgangspunkt.

# Hessens Hauptstadt in angenehmer Lage

**Beginn:** Wiesbaden, Talstation Neroberg
**Länge:** 12 (15) km
**Einkehr:** Auf dem Neroberg • Restaurant Jagdschloss Platte
**Merkmale:** Vom Wiesbadener Neroberg durch luftige Laubwälder auf die Platte • dabei „alle Herrlichkeit dieser Welt“ genießen, Ausblicke, von denen schon Goethe schwärmte
**Öffnungszeiten:** Landesmuseum Wiesbaden, Friedrich-Ebert-Allee 2 (Römerzeit, Nassauische Altertümer, Naturkunde, zeitgenössische Kunst, insbesondere Expressionismus mit Schwerpunkt Alexej von Jawlensky), tägl. a. Mo. 10–16 Uhr, Sa./So. bis 17, Di. bis 20 Uhr
Fahrzeiten Nerobergbahn: Ostern bis 1. Mai u. Sept./Okt. Mi., Sa./So. 10–19 Uhr;

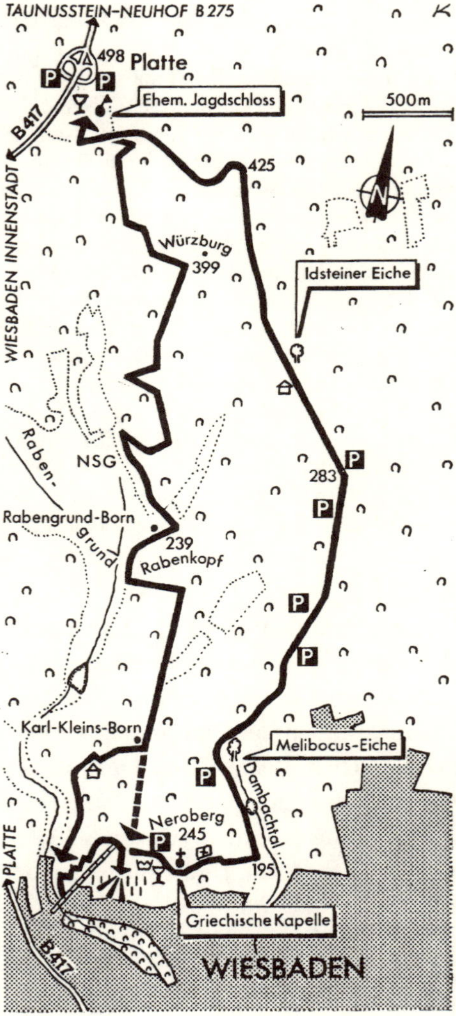

Mai bis Aug. tägl. 9.30 – 20 Uhr • Griechische Kapelle, tägl. 10 – 17 Uhr; Nov. bis März Sa./So. 10 – 16 Uhr
**Info:** Tourist-Service Wiesbaden, Tel. 06 11/1 72 90; Internet: www.wiesbaden.de
**Sehenswert:** Wohn- und Kurviertel geprägt von klassizistischer und Gründerzeit-Architektur; im Mittelpunkt der Schlossplatz: Neues Rathaus (1884 – 87); Stadtschloss, 1840 als Stadtpalais der Herzöge v. Nassau erbaut, seit 1946 Sitz des Hessischen Landtages; ev. Marktkirche (1852 – 62), neogotische dreischiffige Basilika, reiner Ziegelbau, Westturm 92 m hoch, Glockenspiel; Denkmal für Wilhelm von Nassau-Oranien (1533 – 84); Altes Rathaus (1610) • Kurviertel: Kurhaus, 1904 – 07 erbaut, ionischer Portikus, Arkadengänge, opulente Innenausstattung, Spielbank, Konzertsaal; benachbart das Hessische Staatstheater (1894), prunkvolles Foyer im Rokoko-Stil 1902 angefügt, zwei neobarocke Theatersäle; hinter der hufeisenförmigen Anlage das Bowling Green und Kurpark; nördlich davon der Kochbrunnen = 66 Grad heiße Natrium-Chlorid-Therme, im 19. Jh. aus 15 Quellen zusammengefasst; diese bereits von Römern genutzt, wie „Heidenmauer“ belegt, Reste einer Befestigung aus 4. Jh. n. Chr., daneben Römertor von 1902, überdachte Holzbrücke mit Freilichtmuseum für Kopien römischer Steintafeln.
Neroberg: Griechische Kapelle, 1847 – 55 als Grabkirche im russisch-byzantinischen Stil für Großfürstin Elisabeth geschaffen, fünf vergoldete Zwiebelkuppeln, Kirchenraum mit reicher Marmorverkleidung • Nerobergbahn (1888), technisches Kulturdenkmal, die von Wasserballast betriebene Drahtseilbahn überwindet auf 440 m eine Steigung von 25 Prozent

Unter den deutschen Landeshauptstädten besitzt Wiesbaden vielleicht die attraktivste Lage. Zur einen Seite erstreckt sich die hessische Kapitale über Kilometer entlang des Rheins, und zur anderen ist sie mit schützenden Taunusbergen umgeben, Berge, die zudem von herrlichen Laubwäldern bewachsen sind. Naturgemäß bieten sich von den Höhen herrliche Aussichten, etwa vom Schläferskopf oder der Platte mit dem früheren Jagdschlösschen der Nassauer Herzöge. Der beliebteste und berühmteste Berg Wiesbadens ist zweifellos der Neroberg, weil hier zur Aussicht noch weitere Anziehungspunkte kommen. Buchstäblich goldenen Glanz brachte Herzog Adolf von Nassau auf die stadtnahe Erhebung. Als Grabstätte seiner früh verstorbenen Gemahlin Elisabeth, einer russischen Großfürstin, ließ der Regent 1855 eine fünftürmige russisch-orthodoxe Kirche erbauen. Seitdem überstrahlen die goldenen Kuppeln Wiesbaden. Damals begann die Erschließung des Neroberges, dessen Name übrigens nichts mit dem römischen Kaiser zu tun hat, wenn auch nachweislich römische Legionäre die heißen Quellen Wiesbadens genutzt hatten. Die Bezeichnung leitet sich von Neresberg ab, was so viel wie hinterer Berg heißt.

Zugmittel für Ausflügler wurde seit ihrem Bau 1888 die Nerobergbahn. Bis heute verrichtet die Drahtseilbahn mit Wasserballast ihren Dienst. Das als Technikdenkmal ausgewiesene Gefährt erinnert an die großen Zeiten Wiesbadens im 19. und frühen 20. Jahrhundert, als der bis 1800 völlig unbedeutende Ort dank Spielbank und sonstiger Zerstreuungen zu einem der führenden Badeorte Europas aufgestiegen war. Dem Geburts- und Geldadel offerierte man mit der Nerobergbahn ein weiteres Amusement, schließlich sollten die hohen Gäste bequem zu dem Aussichtstempel auf der Spitze gelangen. Für eine Wanderung in Wiesbadens herrliche Umgebung ist eine Fahrt mit der Bergbahn der rechte Auftakt. Wer diese nicht benutzen möchte, findet ab Talstation einen Zickzackpfad neben den Gleisen. Ist die Aussicht über Wiesbaden und Mainz auf der anderen Rheinseite gebührend bewundert, kommen wir in Richtung „Opelbad – Griechische Kapelle“ in Tritt, fortgeführt von der Angabe „Dambachtal, Griechische Kapelle, Kurweg 2“ und damit abwärts zur Russischen Kapelle, für die sich irrtümlicherweise die Benennung „griechisch“ eingebürgert hat. Weiter vorbei am Russischen Friedhof – hier liegt auch der Maler Alexej von Jawlensky bestattet – erreicht man nach Überschreiten der Straße auf dem Tränkweg abwärts das Dambachtal. Noch diesseits des Dambachs treffen wir auf die Markierung schwarzer Punkt, mit der wir unser Ziel, die

Platte, anstreben. Es geht durch das Tal, vorbei an der mächtigen Melibocus-Eiche, dann den lang gezogenen Weg neben der Waldstraße aufwärts.

Allmählich an Höhe gewinnend, laufen wir nun über Kilometer durch hohe Buchen und Eichen, wie sie in dieser Geschlossenheit in den Mittelgebirgen mit ihren vorherrschenden Fichtenkulturen selten anzutreffen sind. Als Jagdgebiet der Nassauer Grafen und nachmaligen Herzöge blieben die Wälder um Wiesbaden glücklich von Säge und Aufforstungen durch Nadelbäume verschont. Außerdem hatte man bereits zur Mitte des 19. Jahrhunderts ein Konzept entwickelt, aus „dem Charakter der Landschaft um Wiesbaden in ihrer Abwechslung von Berg, Wald, Wiesenthal und Fruchtland eine zusammenhängende Anlage zu machen“. Städtisches Grün und Kurparks sollten nahtlos in die Laubwaldungen übergehen, so blieben auch Prachtexemplare wie die Idsteiner Eiche stehen. An der Schutzhütte nahe dieser Eiche halten wir uns rechts, nun heißt es etwas kräftiger steigen, bis wir auf einen Forstweg treffen. Diesem, Graf-Hülsen-Weg genannt, folgen wir von dort aus im Linksbogen aufwärts – wir halten uns an die Markierung rote Schnepfe – und kommen schließlich auf der Platte heraus. Der Name deutet es an,

*Griechische Kapelle auf dem Neroberg*

früher war der lang gestreckte Berg unbewaldet. Nicht zuletzt die großartige Aussicht hat Herzog Wilhelm 1822 bewogen, hier oben ein – kostbar ausgestattetes – Jagdschloss zu erbauen. Ungewöhnlich ist vor allem die Gestalt in Form eines würfelförmigen Kubus. Bei Zerstörungen 1945 blieb bis auf die Außenmauern nichts von der früheren Pracht; inzwischen ist es aber wieder restauriert (siehe S. 144).

Frisch gestärkt in dem stilvollen Restaurant auf der Platte, wendet man sich für den Rückweg dem roten Punkt zu, biegt in den bereits bekannten Graf-Hülsen-Weg ein und gleich rechts ab. Durch Buchenhochwald geht es stramm hinunter an den Rand des Rabengrundes, einem aus Magerrasen und Verbuschungszonen gebildeten Naturschutzgebiet. Auf Trampelpfaden darf das Gelände durchstreift werden. Unser Hauptweg umkurvt in weitem Halbrund den Rabenkopf, dabei links aufwärts. Danach zielen wir über schnurgeraden, fast ebenen Weg auf den Karl-Kleins-Born. Der rote Punkt schwenkt rechts ab und in Linksbogen hinunter zur Talstation der Nerobergbahn. Benutzt man ab der Quelle den Weg weiter geradeaus, kommt man zur Bergstation. Zum Abschluss darf man nochmals die großartige Aussicht in „alle Herrlichkeit dieser Welt“ genießen, von der schon Goethe bei seinen Aufenthalten in Wiesbaden 1814/15 schwärmte.

# Ein Park, so schön wie nie

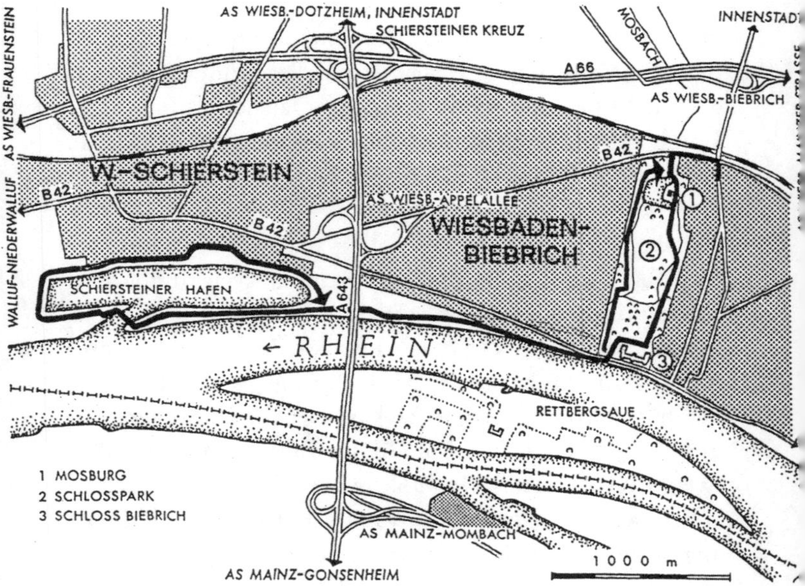


**Beginn:** Wiesbaden-Biebrich, Herzogsplatz oder nördlicher Parkzugang
**Länge:** 12 (13) km
**Einkehr:** Mehrfach am Rheinufer und im Schiersteiner Hafen
**Merkmale:** Vom Biebricher Schlosspark zum Schiersteiner Hafen • dabei unmittelbar am Rhein entlang • Besuch bei einer Storchenkolonie
**Öffnungszeiten:** Der Park von Schloss Biebrich ist frei zugänglich, nicht zu besichtigen die Anlage selbst
**Info:** Tourist-Service Wiesbaden, Tel. 0611/172 90;
Internet: www.wiesbaden.de
**Sehenswert:** Wi.-Biebrich, Residenz der Fürsten und Herzöge von Nassau (1744–1866), Barockbau mit Rotunde, 1700–50 am Rheinufer errichtet; Schlosspark, lang gezogenes Rechteck durch F. L. von Sckell 1811 im Landschaftsstil gestaltet, prachtvoller Baumbestand, künstliche Ruine Mosburg an kleinem See (1806)

Als Zeugen seiner vielen Fürstentümer und Grafschaften vergangener Tage besitzt das Land Hessen nicht zuletzt ein großes Erbe an Parks und Gärten. Sie werden von der in Bad Homburg ansässigen Verwaltung der Staatlichen Schlösser und Gärten unterhalten. Vom einzigartigen Bergpark in Kassel bis zu Kostbarkeiten wie dem Klostergarten in Seligenstadt reicht das blühende Reich. Dank des teilungsfreudigen Geschlechts der Nassauer kennt auch der Taunus einige gärtnerische Kleinodien, deren Größe, wie in Idstein oder Weilburg, sich allerdings in überschaubaren Grenzen hält. Der bedeutendste Park liegt denn auch nicht im, sondern am Taunus; gemeint ist das lang gestreckte Rechteck von Schloss Biebrich am Rhein. Wie die prachtvolle Residenz der Fürsten von Nassau-Usingen, den nachmaligen Nassauer Herzögen (seit 1806), nicht in einem Zug entstand – vielmehr über 130 Jahre, beginnend mit einem Gartenhaus um 1700 – so entwickelte sich auch der 35 Hektar große Park vom anfänglichen Ziergarten über die Barockanlage schließlich mit beginnendem 19. Jahrhundert zu einem Landschaftsgarten. Nach Auflösung des Herzogtums Nassau 1866 und der anschließenden Verwahrlosung war die „natürliche" Gestaltung durch Friedrich Ludwig von Sckell weitgehend verloren gegangen. Fast wäre der Park in den 1960er Jahren sogar überbaut worden. Das konnte verhindert werden, und seit Beginn der neunziger Jahre wird die grüne Lunge Biebrichs aufwändig erneuert. Der Wegeasphalt ist entfernt, die ursprüngliche Intention der baumbestandenen Hügel und „blickwährenden" Wiesen wieder spürbar, auch die Hauptachse, die Sckell aus barocker Zeit beließ („Dicke Allee"), erlaubt wie einst freie Sicht auf das Schloss. So schön wie jetzt war der Landschaftsgarten noch nie.

Einen Parkbummel wollen wir mit einem ausgedehnten Spaziergang entlang des Rheinufers zum Schiersteiner Hafen verbinden. Einstieg ist am oberen, nördlichen Zugang; wer mit dem Bus aus der Wiesbadener Innenstadt kommt, läuft ab der Haltestelle Herzogsplatz kurz zurück, biegt an der Kreuzung links ein und erreicht leicht abwärts den Nordeingang des Schlossparks. Als Erstes trifft man auf die Mosburg an einem kleinen See. Sie ließ Herzog Friedrich August 1806 als künstliche Ruine erbauen. Vermutlich sollte sie an eine mittelalterliche Burg der Nassauer Grafen erinnern. Kunstvoll geschwungene Wege, mal im lauschigen Dickicht, mal durch Freiflächen, führen zu dem repräsentativ am Rhein gelegenen Schloss mit seiner schönen Mittelrotunde. Wir verlassen an der westlichen Seite die Gesamtanlage und werden flussabwärts auf den Uferweg eingewiesen. Flankiert von Platanen, zieht die Flaniermeile an dem hier recht schmalen Strom entlang. Die ausgedehnte Rettbergsaue im Wasser engt die Fahrrinne ein, zum Greifen nah wirken die Frachtschiffe und Ausflugsdampfer. Die Häuser bleiben zurück, ein breiter Wiesenstreifen öffnet sich, belebt von allerlei Freizeitaktivitäten und Bootshäusern am Rande. Der Weg, nun ein Pfad, unterquert die Autobahn und schlängelt um zwei Schiffsverladeanlagen. An ihrem Ende breitet sich der dicht frequentierte Schiersteiner Yachthafen vor uns aus.

Am westlichen Ende kann man geradeaus noch einen Abstecher zu einer Storchenkolonie machen. Mehrere Paare der anmutigen Vögel sind dort in eigens für sie vorgesehenen Radnestern ganzjährig anzutreffen. Die Tiere haben sich so an Menschen gewöhnt, dass sie ungerührt neben den Wegen in den feuchten Wiesen stehen. Regulär geht es nach Queren der Straße vom Kopf der Mole linksseitig auf dem alten Damm weiter. Blitzt anfänglich noch der Rhein durch das Grün des Uferstreifens, verschwindet er bald hinter der dichter und dichter werdenden Naturkulisse. Der reinste Dschungelpfad! Er endet abrupt vor der brückenüberspannten Hafeneinfahrt. Mit der kühnen Konstruktion vollziehen wir den Bogen des Hafenbeckens nach. Drüben, am Rand der Schiersteiner Wohnsiedlung, herrscht reges Leben auf und an der Uferpromenade. Hier liegen die großen Yachten, hier lässt es sich einkehren. Seitdem der Rhein wieder sauberer wurde, stehen sogar Fische und Aale aus Deutschlands längstem Strom auf den Speisenkarten.

Für den Rückweg heißt es geradeaus, ein Häuserblock muss umrundet werden. Am Ende der Saarbrücker Straße, vor der Raiffeisenanlage, schlüpft man erneut auf einen Fußpfad, quert Schiene und Straße am Molenende und fädelt sich schließlich in den bekannten Herweg ein. Mit Erreichen des Biebricher Schlosses sollte man die Wege der nordwestlichen Parkseite wählen. Damit schließt sich nicht nur der Kreis um den historischen Garten, auf dieser Seite leben auch die heimlichen „Stars“ des Parks. Einige ursprünglich entflogene Sittiche haben sich so vermehrt, dass daraus eine große Kolonie geworden ist. Lautstark bevölkern sie die höchsten Baumwipfel.

# Auf Goethes Spuren zum Spitzen Stein

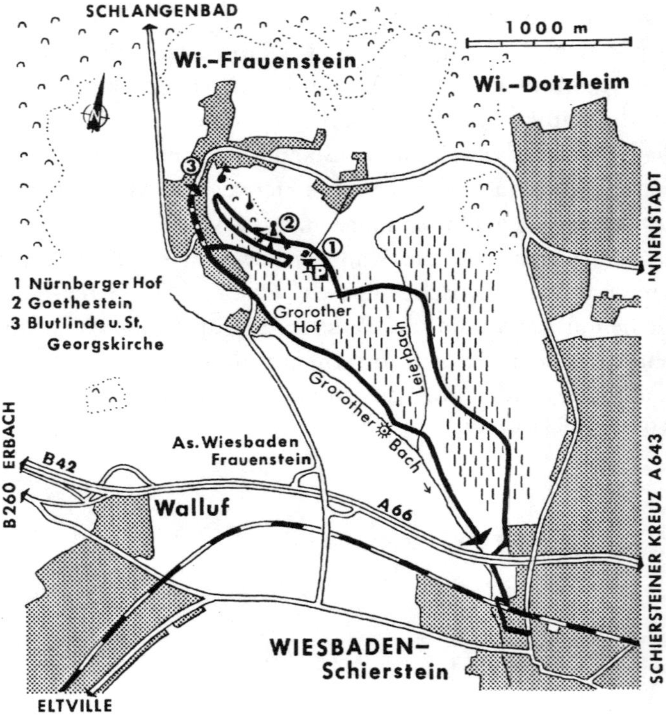


**Beginn:** Wiesbaden-Schierstein, Rathaus
**Länge:** 10 (8) km
**Einkehr:** Nürnberger Hof (Do. Ruhetag; Mitte Nov. bis Mitte Febr. geschlossen)
**Merkmale:** Durch sonnige Weinberge auf Goethes Spuren • Legenden um die „Blutlinde“ von Frauensten • unendliche Sicht über das Rheintal
**Info:** Tourist-Service Wiesbaden, Tel. 06 11/1 72 90;
Internet: www.wiesbaden.de
**Sehenswert:** Wi.-Schierstein, ev. Pfarrkirche (1754), Rokoko-Kanzelaltar • Wi.-Frauenstein, Ruine der um 1200 erbauten Burg, seit 18. Jh. verfallen,

Bergfried und Reste der Schildmauer erhalten • kath. Pfarrkirche St. Georg (1509) • Naturdenkmal „Blutlinde“, etwa 700 Jahre alt • Goethestein (1932), Obelisk in den Weinbergen zur Erinnerung an Goethes Aufenthalte 1814/15

Zweimal in seinem Leben weilte Goethe zur Kur in Wiesbaden, sieben Wochen 1814 und gar zweieinhalb Monate im folgenden Sommer suchte der von Gicht und Rheuma geplagte Mittsechziger Linderung von seinen Leiden. Ebenso wichtig wie die Kur war für die Schaffenskraft des Dichters das Wiedersehen mit der Heimat nach langer Abwesenheit. Seinen Wein(er)kenntnissen stand bei unbeschwerten Ausflügen in den Rheingau die „Leidenschaft zur Naturkunde“ mit geologischen Aktivitäten nicht nach. Dabei zog den Naturforscher in Goethe das hoch über dem heutigen Wiesbadener Stadtteil Frauenstein gelegene Quarzit-Riff Spitzer Stein besonders an. Nicht weniger aber auch der in Nachbarschaft stehende Nürnberger Hof inmitten von Weinbergen. Ihn gibt es noch immer als beliebte Einkehradresse, und den Spitzen Stein krönt ein dreiseitiger Obelisk an aussichtsreicher Stelle, dem Dichterfürsten 1932 zum hundertsten Todestag gesetzt. Der Goethestein ist mit der „Tausendjährigen Blutlinde“ und der Burgruine zum Wahrzeichen von Frauenstein geworden. Die dicht beieinander liegenden Sehenswürdigkeiten lassen sich gut in einer Wanderrunde zusammenführen.

Beginn ist in Wiesbaden-Schierstein an der Bushaltestelle Rathaus. Man biegt um die Ecke und geht die Freudenbergstraße hinauf. Ohne Ankündigung wird rechts in der Dachsbergstraße der kleine Bahnhof sichtbar. Hier können Autofahrer parken und sich gleichzeitig mit der Markierung schwarzer Punkt in die Route einfädeln. Über die Gleise kurz links, dann rechts, danach gesellen sich das rote Dreieck und der goldene Pokal des Rheingauer-Riesling-Pfades hinzu. Gemeinsam wird die Autobahn unterquert, danach schließen wir uns aber allein dem Weinlotsen Pokal nach rechts an, und der Anstieg kann beginnen. Zunächst zwischen naturbelassenen Schrebergärten und vereinzelten Häusern, tauchen wir dann in das Rebenmeer ein. Es liegt Stille über den gestaffelten Hängen, immer wieder aufgelockert durch Obstbaumreihen. Je höher man steigt, desto breiter fächert sich die Sicht über das Rheintal. Ein Zeichenwechsel wird notwendig. Sobald nach einem steinernen Weinbergshäuschen der Pokal links abdreht, wenden wir uns dem heraufkommenden schwarzen Punkt in Richtung Nürnberger Hof zu. Dessen Hilfestellung erübrigt sich fast, unübersehbar prangt das Anwesen über den Weinbergen. Seine Entstehungsgeschichte ist mit der Burg „Vrowenstein“ verbunden, die ein Ritter Siegfried auf dem Felsvorsprung des Spitzen Steins um 1200 erbauen ließ. Als durch Verkauf Burg und Ort in Besitz des Erzstiftes Mainz gelangten, sahen sich die Grafen von Nassau veranlasst, ihre benachbarten Gebiete durch die Anlage wehrhafter Höfe zu schützen. Der Nürnberger Hof gehörte dazu. Sein Name rührt vermutlich von einer Tochter des Burggrafen Friedrich von Nürnberg her, die 1330 Graf Adolph von Nassau-Wiesbaden heiratete. Sicher ist, dass der Berg, auf dem der Hof steht, in Geschichtsbüchern Nornberg hieß. Die Eigentümer und Pächter sind seit 1400 lückenlos bekannt.

Der Weiterweg bringt oberhalb der Gebäude direkt zur Höhe des obeliskartig gestalteten Spitzen Steines, von dessen Vorderseite ein gusseiserner Goethe über das Flusstal zur linken Rheinseite schaut. Über einige Treppenstufen nimmt man den Abgang für den Weiterweg, der nach rechts zwischen Wald- und Weinbergrand dann in großen Serpentinen hinunter nach Frauenstein bringt. Wer abkürzen möchte, kann am Waldrand statt links rechts gehen und nach wenigen Schritten gegenüber der Felsgruppe einen Pfad mit Steinstufen benutzen. Man kommt so direkt zu Burg, Kirche und Blutlinde. Die Weinberggänger müssen mit Erreichen der Kirschblütenstraße, der Durchgangsstraße, einen kleinen Abstecher rechts zur Tausendjährigen Linde unternehmen. Um den Baum rankt sich eine tragische Geschichte von Schuld und schicksalhafter Verstrickung. Danach hat der Herr auf Burg Frauenstein, der seine Nichte fälschlich von einem Ritter entführt wähnte, diesen hinrichten lassen. Die Frau entsagte darauf der Welt und ging in ein Kloster, nicht ohne zuvor am Ort der Bluttat eine Linde gepflanzt zu haben. Wird ein Zweig abgebrochen, besagt die Legende, tritt an dieser Stelle Blut aus. Der Baumveteran wird heute mit allem geschützt und gestützt, was moderne Baumchirurgie vermag.

*Blutlinde in Wiesbaden-Frauenstein*

Wir verlassen Frauenstein in entgegengesetzter Richtung, nehmen am Ortsende das rote Dreieck auf und biegen zum Grorother Hof ein, ebenfalls eine nassauische Befestigungsanlage. Mit Umfassungsmauern, Rundtürmen und Schießscharten trutzt er hier seit 1317. Durch das liebliche Grorother Tal kehren wir mit dem roten Dreieck nach Schierstein zurück.

# Stadt des Weines und der Rosen

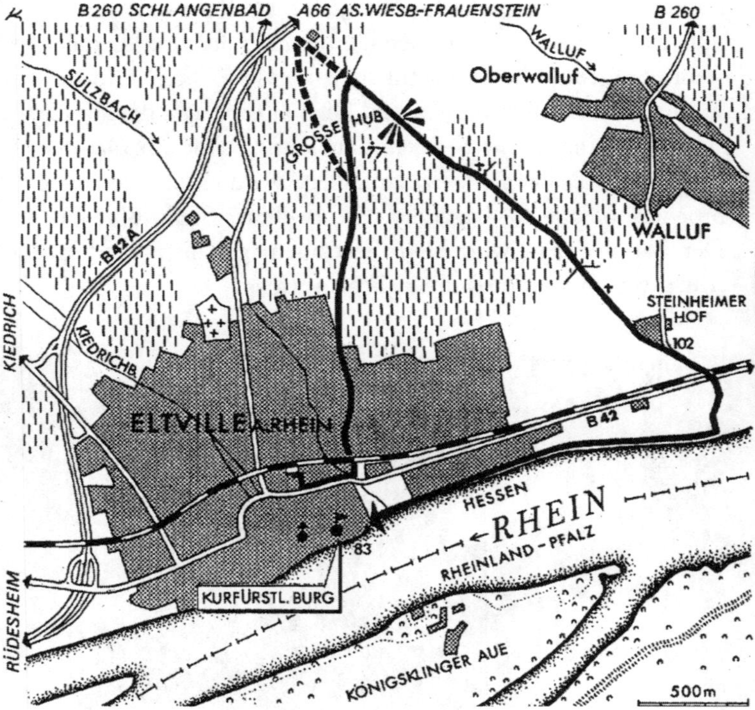


**Beginn:** Eltville, Bahnhof
**Länge:** 7 km
**Einkehr:** In Eltville
**Merkmale:** Am schönsten zur Rosenblüte im Frühsommer • erstes Drittel mäßig ansteigende, sonnige Wege durch Weinberge • viel Aussicht, auch beim Bergab • letztes Drittel auf Rheinpromenade
**Öffnungszeiten:** Burg, Außenanlage mit Rosengarten, tägl. Mai bis Sept. 9.30 – 19 Uhr, Okt. bis April tägl. a. Mo. 10.30 – 17 Uhr • Johann-Gutenberg-Gedenkstätte im Burgturm, April bis Okt. jeden 1. So. im Monat 10 – 16 Uhr, Führung 15 Uhr
**Info:** Kultur- u. Gästeamt Eltville, Tel. 0 61 23/9 09 80;
Internet: www.eltville.de

**Sehenswert:** Kath. Pfarrkirche St. Peter u. Paul, als einschiffiger Saal Mitte 14. Jh. begonnen, Seitenschiffe u. Turm 1419–34 (dem Frankfurter Domturm nachempfunden); Mondsichelmadonna Anfang 16. Jh., spätgotische Wandmalerei • Burg der Erzbischöfe v. Mainz, vor 1350 als Wasserburg erbaut, im Dreißigjährigen Krieg zerstört; erhalten: Hauptturm (Museum), Ruine des Palas, Mauerstücke mit Wehrgang, Burgtor; Außenanlage vor dem Burgturm mit Rosarium • Zahlreiche Adelshöfe, darunter Stockheimer Hof (vor 1550), Bechtermünzer Hof (Kirchgasse 6) v. 1467, Druckerei der Brüder Bechtermünz; Hof des Gensfleisch von Gutenberg (Burghofstraße) v. 1681 • Zahlreiche Fachwerkhäuser 16. bis 18. Jh. • Stadtbefestigung (14. Jh.) teilweise erhalten mit Rundturm u. Martinstor (beim Eltzschen Hof)

Rebe und Rose, das ist nicht nur ein klangvolles Wortpaar, sie harmonieren auch in der Natur vorzüglich. Ein Beispiel dafür ist Eltville am Rhein, die Stadt des Weines und der Rosen, wie sie sich nennt. Hochburg des Weinanbaues seit Jahrhunderten, nahm der Ruf Eltvilles als Rosenstadt erst Ende des 19. Jahrhunderts seinen Anfang. Weshalb sollte im milden, sonnigen Klima des Rheingaus mit seinen idealen Bodenverhältnissen nicht auch die Königin der Blumen gedeihen, fragte man sich damals und gründete eine Rosenschule. Der Erfolg gab Recht. Eltviller Rosen waren selbst am Zarenhof in Sankt Petersburg begehrt. Vor einigen Jahrzehnten ist die Stadt dazu übergegangen, die Rosen statt auf Feldern in den städtischen Anlagen und der Kurfürstlichen Burg zu züchten. Unterdessen verwandeln 22000 Stöcke in 350 Arten den Altstadtbereich, die Rheinpromenade und den Burggraben am kurfürstlichen Schloss in ein blühendes Gesamtkunstwerk. Die an der historischen Burg- und früheren Stadtmauer rankenden Kletterrosen dürften einmalig sein. Sie haben nicht unerheblich zur Verleihung des exklusiven Prädikats „Rosenstadt“ beigetragen.

Der Rundgang bringt uns zunächst in nördlicher Richtung aus der Stadt hinaus in die Weinberge. Vom Bahnhof geht man links zur Durchgangsstraße, biegt links und nochmals links in die von ihr abzweigende Weinhohle, die durch die Bahnunterführung und das anschließende Neubaugebiet zu den Wingerten führt. Anfänglich als tiefer Einschnitt zwischen erhöht stehenden Rebzeilen, überwindet der Weg so schnurgerade den Übergang zur Großen Hub. Sobald der Hohlweg verflacht, öffnet sich das Blickfeld auf Martinsthal und Rauenthal vor dem Hintergrund der ansteigenden Taunuskette. Unser Weg führt nun zwischen den Rebzeilen hindurch. Wir laufen weiter geradeaus, kleine Abzweigungen ignorierend, auch kurz vor der Höhe, wenn sich rechtsseitig schon Brachland ankündigt, und streben der Wegekreuzung oberhalb eines Reiterhofes zu. Hier rechts einbiegen. Wer zuvor den linken Wegstrang gewählt hat, kommt im Bogen von unten herauf und läuft geradeaus an der Kreuzung weiter.

Der Horizont öffnet sich, jetzt ist das majestätisch breite Rheintal zu sehen. Die landwirtschaftlich genutzte Hochfläche geht wieder in Weinfelder über. Unser befestigter Weg endet vor der Lage „Wallufer Langenstück“. Wir halten uns weiter geradeaus über das Weinbergsende hinweg bis zu dem barocken Sandsteinkruzifix, das die hessische Staatsdomäne Steinheimer Hof ankündigt. Rechts-links steuert man auf das Gebäudegeviert mit alter Hofmauer zu, davor zur Straße nach Walluf und damit rechts zum beschrankten Bahnübergang. Die B 42 wird noch gequert, dann bringt uns, links versetzt, ein Schlängelpfad hinunter zum Rheinufer, wo wir rechts abbiegen. Alle Sinne auf Strom, Schifffahrt und üppige Uferrandbegrünung gerichtet, treffen wir direkt an der Kurfürstlichen Burg ein.

Man kann den Spaziergang noch an der Rheinuferpromenade fortsetzen und in einem Bogen durch die Altstadt zum Bahnhof laufen oder durch die Rosengasse an der spätgotischen Kirche St. Peter und Paul und den alten Adelshöfen vorbei zum fachwerkgesäumten Marktplatz und weiter in der Fußgängerzone zum Ausgangspunkt zurückkehren.

# Wanderung in die Vergangenheit

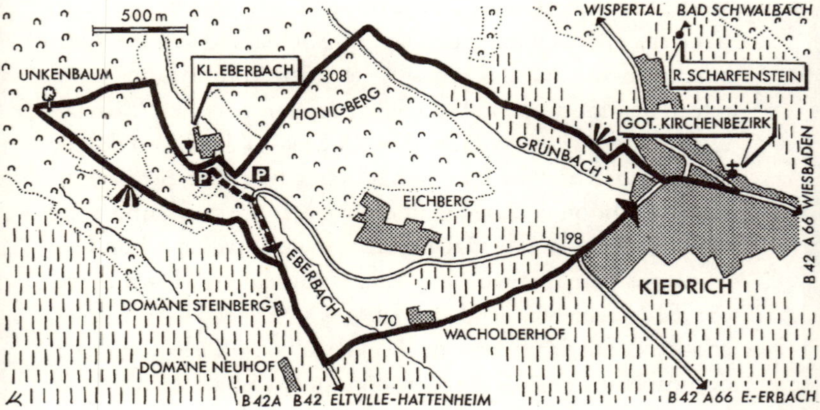


**Beginn:** Kiedrich, Ortsmitte oder Bushaltestelle Eltviller Straße
**Länge:** 10 (8) km
**Einkehr:** Am Kloster Eberbach
**Merkmale:** Zwei sakrale Welten im Rheingau: Kloster Eberbach und der Kirchenbezirk von Kiedrich • dazwischen viel Wald, Wein und Aussicht
**Öffnungszeiten:** Kloster Eberbach, Museum, tägl. 10 – 18 Uhr, im Winterhalbjahr bis 16 Uhr; Außenbereich frei zugänglich
**Info:** Verkehrsbüro Kiedrich, Tel. 0 61 23/90 50 11;
Internet: www.kiedrich.de
**Sehenswert:** Kloster Eberbach, ehemalige Zisterzienserabtei, 1135 gegründet, 1803 aufgehoben, vollständig erhalten: romanische Kreuzbasilika (1186), 85 m langer Schlafsaal der Laienbrüder und 73 m langer Mönchsschlafsaal; frühgotisches Refektorium, 1720 barock umgestaltet, ebenso Abtswohnung und Klosterpforte; in der Wärmestube jetzt Museum • Kiedrich, siehe S. 174

Weit über Hessen hinaus genießt das ehemalige Zisterzienserkloster Eberbach im Rheingau den Ruf als eines der bedeutendsten Beispiele für das monastische Leben im

Mittelalter. Ungeachtet einiger barocker An- und Umbauten ist die ursprüngliche Anlage aus dem 12. und 13. Jahrhundert fast vollständig erhalten, deren Hauptkennzeichen in der strikten Trennung der Klausur für die Chormönche und dem Konversenbereich der Laien lag. Ihre Schlafsäle, das frühgotische Mönchs- und das romanische Laiendormitorium, gehören zu den monumentalsten Sälen des europäischen Mittelalters. Beider Größe kommt den 78 Metern der Klosterkirche gleich. Auch sie ein rein romanischer Bau, der zisterziensischen Tradition entsprechend ohne jeden Schmuck und ohne Turm. Auch wenn die Architektur gewissermaßen schon Programm ist, ergänzt wird die Anlage von einem Museum, das die Baugeschichte, Ordens- und Klosterleben anschaulich erläutert. Eberbach lässt noch gut nachempfinden, wie sich der Purismus eines Zisterzienserklosters von anderen Sakralbauten unterschied, wo Gottesverehrung über äußere Pracht entfaltet wurde, wie etwa noch im nahen Kiedrich zu sehen. Überreich sind dort die gotischen Bauten im geschlossenen Pfarrbezirk mit der hoch aufragenden St.-Valentinus-Kirche ausgestattet (siehe S. 174).

Wenn wir von der Bushaltestelle Eltviller Straße kommen, laufen wir unmittelbar auf den von einer Mauer umgebenen „heiligen Hain" zu. Weiter geht es links davon durch die Markt- und Oberstraße in den alten Teil Kiedrichs mit einigen sehenswerten Fachwerkhäusern. Hinter einem der prächtigsten, mit Butzenscheiben, biegen wir nach rechts in die Mariahilfstraße. Spätestens hier nimmt uns das Zeichen schwarzes H 7 in Empfang, mit dem wir in Weinbergen leicht an Höhe gewinnen. Ein stimmungsvoller Blick zurück auf das „Gotische Weindorf" Kiedrich sowie die Ruine Scharfenstein rechter Hand, und wir bewegen uns langsam aus den Rebenzeilen in ein Wiesengelände.

Mitten im Grün heißt es nach links in den Wald abschwenken. Der dunkle Forst erinnert daran, wie mühsam die Zisterzienser ihre Gründung der Natur abringen mussten – und beim Abwärtsgehen daran, dass gemäß den Ordensregeln die Klöster uneinsehbar im Tal zu bauen waren. Noch immer liegt Eberbach völlig einsam im Kisselbachtal, erst sehr spät bemerkt man die weißen Abteigebäude zwischen den Bäumen. Nach rechts laufen wir bis in den Klosterhof. Die Außen- und Parkanlagen können frei besichtigt werden, das Museum ist in die Gesamtanlage integriert. Zu den kostbarsten Exponaten zählen ein so genanntes Grisaille-Fenster aus dem 12. Jahrhundert sowie überlebensgroße Barockplastiken. Unter ihnen Johannes der Täufer, Maria Immaculata und der Ordensheilige Bernhard von Clairvaux – als Kopien begegnen sie uns am oberen Zugang, dem Hauptportal von 1774, noch einmal.

Durch dieses Tor verlässt die Anlage, wer die kürzere Variante wählt und ein Stückchen entlang der Zufahrtsstraße weiterläuft. Die anderen halten sich auf dem Waldweg oberhalb der Klostermauer mit dem Zeichen grünes Blatt zunächst rechts, ehe es scharf links auf einen Pfad abknickt. Ein nicht allzu steiler Stich führt uns zur Höhe kurz unter der naturgeschützten Unkeneiche. Hier nehmen wir den roten Punkt nach links auf und lassen uns, leicht abwärts gehend, aus dem Wald treiben. Der rote

*Kloster Eberbach, das „Kelternhaus"*

Punkt hat bald die Zufahrtsstraße zum Kloster erreicht, wo wir uns mit den Kürzertretenden vereinen. Gemeinsam heißt es etwas später links in die Weinberge einbiegen. Die großen Domänen inmitten der Reben waren einst Wirtschaftshöfe („Grangien“) Eberbachs, von denen aus die riesigen, rund 300 Hektar großen Weingüter des Klosters bewirtschaftet wurden. Auf eigenen Schiffen transportierte man die Fässer bis zum Niederrhein. Als „Erbe“ der Abtei besitzt das Land Hessen mit 190 Hektar heute das größte Staatsweingut Deutschlands. Am Wacholderhof laufen wir weiter geradeaus durch die Reben bis an den Ortsrand von Kiedrich. Busbenutzer können schon hier an der Straße Rheinblick zusteigen.

# Kirchen und Kloster, Wald und Wein

**Beginn:** Kiedrich, Mitte oder Bushaltestelle Eltviller Straße
**Länge:** 16 (14) km
**Einkehr:** Am Kloster Eberbach
**Merkmale:** Aus der gotischen Welt Kiedrichs über die romanische von Kloster Eberbach in endlose Wälder • dem langen, aber nicht zu steilen Bergauf folgt ein heiter stimmender, aussichtsreicher Abgang durch Eichen und Weinberge
**Öffnungszeiten:** Pfarrkirche Kiedrich von Ostern bis Ende Okt. tägl. 10.30–12.30 u. So. 14.30–16 Uhr sowie ganzjährig nach dem Hochamt ab etwa 10.30 Uhr • Kloster Eberbach, Museum, tägl. 10–18 Uhr, im Winterhalbjahr bis 16 Uhr; Außenbereich frei zugänglich
**Info:** Verkehrsbüro Kiedrich, Tel. 0 61 23/90 50 11;
Internet: www.kiedrich.de
**Sehenswert:** Gotischer Kirchenbezirk: kath. Pfarrkirche St. Valentinus (14./15. Jh.), überreich ausgestattet, „Kiedricher Madonna“ (1330), Lettner, spätgotische Altäre und Orgel; Totenkapelle St. Michael mit Beinhaus, 15. Jh. • Renaissance-Rathaus sowie zahlreiche Fachwerkhäuser u. Adelshöfe aus 16. bis 18. Jh. • außerhalb Burg Scharfenstein, 1215, nur der mächtige Bergfried erhalten; benachbart „Weinberg der Ehe“, 2000 Weinstöcke, gepflanzt von Brautpaaren • Kloster Eberbach, siehe S. 171

Sie sind selten geworden, jene geschlossenen Kirchenbezirke, wie sie früher viele Orte geprägt haben: Pfarrkirche, Beinhaus, Wohnstätte für den Geistlichen, vielleicht sogar Wallfahrtskapelle und Schulhaus, das Ganze umgeben von einer hohen Mauer. Kiedrich im Rheingau darf sich glücklich schätzen, ein solches – spätgotisches – Ensemble fast unverändert über die Zeit gerettet zu haben. Was restaurierungs- und ergänzungsbedürftig war, konnte durch den großen Wohltäter der Stadt, den englischen Baronet Sir John Sutton (1820 bis 1873), weitgehend gesichert werden. Nach erhaltenen Steinen ließ er beispielsweise den mittelalterlichen Lettner in der Kirche einziehen, die Glasfenster und die weinpokalförmige Kanzel erneuern und spitzhelmige Turmaufsätze errichten. Suttons größte Tat war sicherlich die Errettung einer der ältesten spielbaren Orgeln Deutschlands aus der Zeit um 1500. Selbst Organist, veranlasste er deren Instandsetzung und das Anfügen eines farbigen Prospektes in gotischer Motivik. Nun krönt das Instrument buchstäblich die Ausstattung mit der „Kiedricher Madonna“ (um 1330) und dem – engen – Gestühl aus dem frühen 16. Jahrhundert. Sutton hat nicht zuletzt Anteil am Überleben einer einzigartigen Kiedricher Besonderheit, dem unverändert bis heute ausgeübten gregorianischen Gesang nach mittelalterlichen Hufnagelnoten. Aus einer von ihm 1865 begründeten Chorstiftung gingen die in lateinischer Sprache singenden „Kiedricher Chorbuben“ hervor. Wer sie hören will, muss früh aufstehen, nur beim Hochamt ab 9.30 Uhr sind zu vernehmen.

So eingestimmt, ist es im räumlichen wie übertragenen Sinne nur ein kleiner Schritt zum Kloster Eberbach. In kaum dreißig Minuten ist man vom Kiedricher Kirchenbezirk hinüber gelaufen (Busbenutzer kommen von der Haltestelle an der Eltviller Straße herauf). Gegenüber der Kirche, vor dem schönen Renaissance-Rathaus, sichtet man die Markierung roter Strich. Durch Ober- und Bingerpfortenstraße verlassen wir Kiedrich. Auf einem Fußweg geht es noch etwas entlang der Landstraße, bis wir in Höhe eines gelb gestrichenen Hauses halb rechts einbiegen; noch kurz durch Weinberge, dann umfängt uns Wald.

Nach längerer Geradeaus-Passage tritt von rechts das Zeichen gelber Weinpokal hinzu. Hier können wir entscheiden, etwas abzukürzen, dann wird das Geradeaus mit dem roten Strich bis zum Anschluss an den schwarzen Punkt fortgesetzt. Oder wir biegen mit dem Weinpokal links für den steilen Abgang ins Kisselbachtal ein. Erst tief unten gibt der Wald den Blick auf das frühere Zisterzienserkloster Eberbach frei. Nach Lage und Architektur steht der große Komplex aus romanisch-gotischer Zeit wie kaum ein zweiter für die strengen Ordensregeln im Geiste Bernhards von Clairvaux: einsam die Lage, puristisch die Ausstattung der riesigen Schlafsäle und der 78 Meter langen Kirche – welch ein Kontrast zur überbordenden, fast sinnenfrohen Ausgestaltung der Kiedricher Pfarrkirche!

*Kiedricher Madonna*

Nach der Besichtigung setzen wir mit scharfem Rechtsknick noch vor (Treppchen) oder nach der barocken Hauptpforte die Wanderung fort. Auf dem hier unmittelbar neben der hohen Klostermauer verlaufenden Weg sieht man nach wenigen Schritten das Zeichen schwarzer Punkt. Es ist unser Begleiter für die gesamte erste Wanderhälfte. An der Kissel-Mühle wechseln wir auf die andere Bachseite, Fanal zum lang gezogenen, aber nie zu steilen Anstieg auf die Höhen des Rheingaus. Nicht nur Wein charakterisiert diesen gesegneten Landstrich zwischen Wiesbaden und Rüdesheim. Auch herrliche Laubbäume jeder Größe und Wuchsform zeichnen ihn aus. Inzwischen sind auch die Abkürzenden wieder hinzugekommen (für sie gilt also rechts ab), und weiter heißt es durch dichte Waldungen gen Höhe streben. Mit Erreichen eines Parkplatzes wird es ebener, dort rechts und über die Straße. Drüben beachten wir den Zeichenwechsel zur fortan gültigen schwarzen Raute. Nach wenigen Metern schlüpft diese zur Abwechslung in eine Fichtenabteilung, nur um bald wieder von Laubbäumen abgelöst zu werden. Einzig ein Pfädchen schlängelt sich hier hindurch, so als sollte die verwunschene Stimmung der Waldgalerie nicht gestört werden.

Beim Abwärtsgehen wird der Weg wieder breiter, schlägt einige „Haken“ und setzt dann mit Blick in den Sillgraben das Geradeaus fort. Auch dessen fast senkrecht abfallende Hänge sind wie zum Beweis ihres Behauptungswillens von Eichen mit bizarr geformten Stämmen bewachsen. Einmal reißt der Wald für einen Blick voraus auf Kiedrich und den silbrig glänzenden Rhein auf. Noch aber liegt ein längeres Stück Weges in den herrlichen Laubwaldungen vor uns, ehe wir durch aufgelassene Weinberge dem Ausgangspunkt näher kommen. Am „Weinberg der Ehe“ – hier pflanzen Kiedricher Brautpaare seit 1975 auf Kosten der Gemeinde eigene Weinstöcke – wechseln wir nach rechts zum bereits vorher aufgetauchten schwarzen Punkt, passieren den verbliebenen Turm der mainzischen Burg Scharfenstein und steigen über ein Pfädchen steil nach Kiedrich ab. Durch Wald- und Suttonstraße erreicht man wieder den historischen Kern.

# Das „Gebück“ – grüne Mauer um den Rheingau

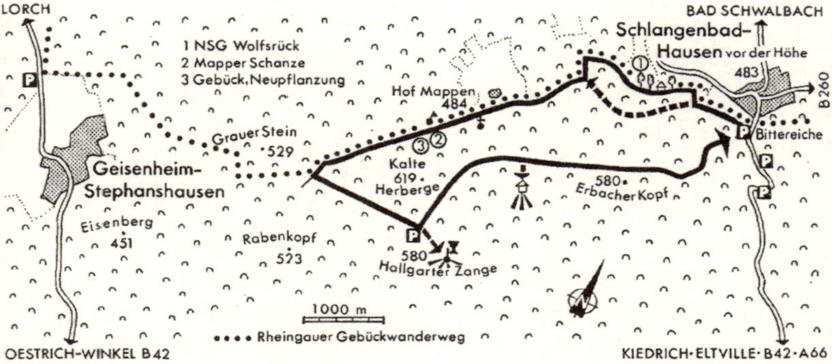


**Beginn:** Schwalbach-Hausen, Naturparkplatz „Bittereiche“
**Länge:** 13 km
**Einkehr:** Gaststätte Hallgarter Zange (Hinweis: wegen unklarer Besitzverhältnisse Öffnungszeiten über Tourist-Info erfragen)
**Merkmale:** Zu den letzten Bäumen des „Rheingauer Gebücks“ und der verbliebenen Toranlage Mapper Schanze • dabei durch herrliche Laubwälder • Einkehr und Aussicht auf der Hallgarter Zange
**Info:** Rheingau-Touristinformation, Oestrich-Winkel, Tel. 0 67 23/1 94 33; Internet: www.rheingau-taunus-info.de (Dort kann eine Begleitbroschüre zum Gebückwanderweg angefordert werden.)
**Sehenswert:** Mapper Schanze, spätgotische Toranlage des „Rheingauer Gebücks“; daneben ein Demonstrationsfeld der im Mittelalter v. Kurmainz angelegten, bis zu 100 m breiten Naturmauer verwachsener Bäume und Hecken

Diese Buchen musste man lange suchen: Nur Ortskundige wussten, wo die verbliebenen Veteranen des so genannten Rheingauer Gebücks stehen. Das hat sich jetzt glücklicherweise geändert. Ein aufwändig gestalteter Wanderweg führt zu den grotesk verwachsenen Rotbuchen in den Wäldern westlich von Hausen – und weit darüber hinaus. Auf ganzer

Länge von rund 40 Kilometern folgt dieser Weg der einst 50 bis 100 Meter breiten Dornröschenhecke zwischen Niederwalluf und Lorch. Auf 21 großformatigen Text-/Bildtafeln wird erschöpfend erläutert, was es mit dieser grünen Mauer am nordwestlichen Rand des Rheingaus auf sich hatte.

Kernstück ist zweifellos der Abschnitt zwischen Hausen und der Mapper Schanze, da hier die letzten Baum- und Bauzeugen des „Gebücks“ erhalten sind. Es waren die Mainzer Erzbischöfe, die vermutlich seit dem 13. Jahrhundert ihre „goldene Gans“, wie der weinselige Rheingau in Mainz firmierte, zum Schutz vor Eindringlingen mit einem Verhau zu Boden gezogener („gebückter“) Rot- und Hainbuchen umgaben. Zwischen den verflochtenen Zweigen und dem aus aufgeplatzten Rinden vermehrt entwachsenen Geäst schlängelte sich ein dschungelartiges Rankenwerk aus Stechpalmen, Schlehen, Weißdorn, wilden Rosen, Hagebutten und Brombeeren. Bis zum Dreißigjährigen Krieg erfüllte der natürliche Wall seine Aufgabe, nicht zuletzt, weil die Rheingau-Gemeinden die Hecke zu pflegen und darauf zu achten hatten, dass sich niemand unbefugt durch die Büsche schlug. Nur an wenigen Stellen war das Gebück passierbar. Nach Aufkommen der Feuerwaffen wurden die Durchgänge mit festen Toren gesichert. Einzig die spätgotische Mapper Schanze zeugt noch davon. Dahinter wurde 1996 nach historischem Vorbild eine Demonstrationshecke gepflanzt. Schon jetzt haben sich die verkrüppelten Buchen zu einem schier undurchdringlichen Filz verflochten.

Der sehenswerteste Abschnitt am Rheingauer Gebück kann nur mit dem Auto angesteuert werden. Deshalb starten wir am Naturparkplatz „Bittereiche“ auf dem Scheitelpunkt der Passstraße kurz vor Hausen (Anfahrt von Kiedrich). Hier nimmt uns auch das Wanderzeichen in Empfang: zwei schwarze, gegeneinander gebeugte Bäume auf weißem Grund. Gemächlich werden wir zunächst auf befestigtem Weg bergab geleitet; rutschig ist es erst ab einem unvermittelten Rechtsknick. Bei längeren Nässeperioden kann man auf dem Hauptweg geradeaus verbleiben (Markierung blaues X).

*Die Mapper Schanze des Rheingauer Gebücks*

Nach wenigen Metern führt ein angezeigter „Stichweg" auch von dieser Seite zu den eindrucksvollsten Bäumen. Ansonsten folgen wir dem Gebückwanderweg hinab. Vor und am Rande des Naturschutzgebietes Wolfsrück, einer sumpfigen Waldwiese, wurzeln etwa 75 Buchen, die noch an die einstmals vermutlich größte Naturgrenze Europas erinnern; leicht zu erkennen an ihrem stelzen- oder harfenförmigen Wuchs, dabei mit Verwachsungen übersät. Als das Gebück strategisch bedeutungslos geworden war, gab die erzbischöfliche Regierung 1770 die Anweisung, den Wall niederzulegen. Die Bäume endeten als Hausbrand oder in Holzkohlemeilern, die Steine der Sicherungstore wurden in den umliegenden Gemeinden verbaut. Nur wenige entlegene Bäume, wie hier am Wolfsrück, entgingen der Vernichtung, worauf sie sich ungestört, gleichwohl bizarr verformt, auswachsen konnten.

Auf lehmigem, tief gefurchtem Weg heißt es wieder an Höhe gewinnen. An einer Streuobstwiese, dort links, hat man wieder festeren Boden unter den Füßen. Kurz darauf stößt man mit Rechtsabzweig auf den Hauptweg. Leicht wellig führt dieser durch eine abwechslungsreiche Galerie hochstämmiger Buchen und Nadelgehölze zur Mapper Schanze. Von dem massiven Bau mit einem Schlussstein aus dem Jahre 1494 stehen noch der Torbogen sowie der Stumpf eines Turmaufsatzes. Weiter geht es geradeaus durch herrliche Wälder – auch das ist der Rheingau. Neben den größten Rebflächen Hessens zeichnen ihn bedeutende Laubbaumbestände aus. Nicht verpassen sollten wir über die prachtvolle Galerie den kurzzeitigen Zeichenwechsel links ab mit dem bereits zuvor aufgetauchten roten Dreieck. Auf vergrastem Weg sind es nur wenige Meter hinüber zum R, dem wir uns links anschließen. Das Rheinhöhenweg-Zeichen bleibt für den gesamten Rückweg maßgebend. Schnurgerade erreicht es zunächst einen Naturparkplatz. Dort bietet sich ein Abstecher zur aussichtsreichen Hallgarter Zange mit Gaststätte an. Das R biegt am Parkplatz links ab und führt dann einmal mehr durch endlose Buchenwälder zum Ausgangspunkt am Parkplatz Bittereiche zurück. Unterwegs sollte man nicht den kurzen Abstecher zur Peerenboom-Hütte versäumen – der einzige Punkt auf dieser Wanderung in über 500 Meter Höhe, der, abgesehen von der Hallgarter Zange, den Blick in den Rheingau freigibt.

# Idealmühle im Walluftal

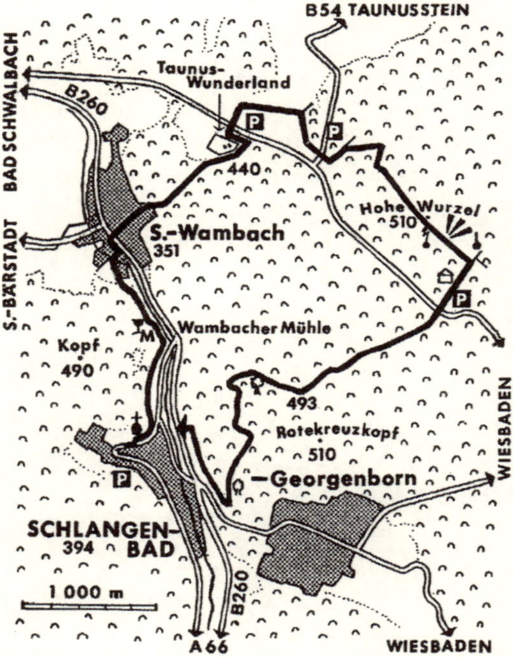


**Beginn:** Schlangenbad, Landgrafenplatz
**Länge:** 9 km
**Einkehr:** Wambacher Mühle
**Merkmale:** Ins Wunderland des Taunus: historische Mühlen, Freizeitpark, herrliche Buchenwälder • mehreren Kurzanstiegen steht ein längeres Bergab gegenüber
**Öffnungszeiten:** Mühlen-Museum der Wambacher Mühle tagsüber durchgängig, ebenso das Außengelände • Taunus-Wunderland, Ostern bis Ende Okt. tägl. 9–18 Uhr
**Info:** Tourist-Info Schlangenbad, Tel. 0 61 29/48 50; Internet: www.schlangenbad.de
**Sehenswert:** Kurhaus „Römerbad" (1765), eines der ältesten Badehäuser Hessens; Unteres Kurhaus (1866) • ev. Pfarrkirche, neuromanischer Kuppelbau mit Torbogen • repräsentative Gründerzeitvillen oberhalb des Kurparks

Am gerade elf Kilometer langen Wallufbach standen einst 26 Mühlen, massiert am Unterlauf von Martinsthal bis zur Rheinmündung bei Walluf, weniger dicht im oberen Taleinschnitt zwischen Wambach und Schlangenbad. Bis ins frühe 13. Jahrhundert, in dem eine Mühle im Verzeichnis von Kloster Ruppertsberg genannt wird, ist hier am Rande des Rheingaus die Nutzung der Wasserkraft zum Antrieb von Mahlgängen nachweisbar. Doch kaum etwas erinnert noch an den menschlichen Erfindungsgeist, der im Laufe der Jahrhunderte neben Kornmahlwerken auch Säge-, Loh-, Walk-, Öl-, Schneide-, Papier-, Schleif- und selbst Metall verarbeitende Mühlen hervorgebracht hat. Die meisten von ihnen sind abgerissen, die verbliebenen umgewidmet zu Privathäusern oder kommunalen Einrichtungen; aus einigen gingen auch größere, bis heute bestehende Betriebe hervor.

*Kurhaus in Schlangenbad*

Bleibt eine Ausnahme – die Wambacher Mühle nahe Schlangenbad. Sie ist unterdessen zu einer Art Idealmühle gediehen. Dort dreht sich noch – besser wieder – ein Holzrad im Takt von „oberschlächtig“ auftreffendem Wasser, wobei Strom gewonnen wird. Die Energie deckt freilich kaum den Bedarf, den die Wambacher Mühle als Hotel-Restaurant und ihr 2004 eröffnetes „Mühlen-Museum“ haben. Mit seinen verglasten Gefachen erstrahlt es abends wie ein kleiner Palast. Im Parterre des privat finanzierten Holzgebäudes werden Werkstätten alter Handwerke ausgestellt, im Untergeschoss Infotafeln zum Nachlesen der Mühlen-Geschichte im Walluftal. Der Clou des Ganzen steht im Außengelände: 500 Schleif- und Mühlsteine aus drei Jahrhunderten, jeder nach Herkunft und Funktion erläutert. Nur einer fehlt: der Originalmahlstein aus der seit dem frühen 18. Jahrhundert als Ölmühle genutzten Wambacher Mühle. Er verschwand spurlos, nachdem man 1897 das Schankrecht erhalten hatte. Aus der einfachen Wirtsstube hat sich unterdessen ein gutbürgerliches Restaurant mit überörtlichem Ruf entwickelt. Neben der Speisenqualität, namentlich der Wildspezialitäten, hat sich ein nicht alltägliches Angebot herumgesprochen: Man darf ohne Aufschlag nachordern.

Den nötigen Appetit wollen wir uns auf einer Wanderschleife durch die abwechslungsreichen Wälder oberhalb des Walluftales holen. Start ist an der Bushaltestelle Landgrafenplatz in Schlangenbad. Wir gehen kurz die Straße hinab und nehmen dabei die Markierung roter Punkt auf. Dieser schwenkt links ein, unterquert den Torbogen neben der neuromanischen evangelischen Pfarrkirche, und schon ist der Wald erreicht. In kaum zehn Minuten taucht die Wambacher Mühle im Wiesengrund auf. Weiter geht es fast ebenen Weges durch Laubbäume hinüber zum Schlangenbader Ortsteil Wambach. In der Dorfmitte tauschen wir den Punkt gegen das rote Dreieck. Mit ihm verlassen wir durch die Obergasse rasch wieder die Gemeinde; ein zusehends schmaler werdender Weg endet oben am Taunus-Wunderland. Wir werden um den Erlebnispark zum Haupteingang an der

Landstraße herumgeführt. Nach einem Besitzerwechsel hat sich der ursprüngliche Märchenpark auch neueren Zerstreuungen der Freizeitindustrie geöffnet. Achterbahn, Wildwasserbob oder Western-Express sind nur einige der Fahrgeschäfte.

Auf der anderen Straßenseite zielt der Weg in die Wiesen, dann, nach Rechtsknick, zum Waldrand. Hier treffen wir auf weitere Markierungen, darunter der blaue Punkt. Zunächst folgen wir dem Zeichenbündel rechts hinan zwischen Feld und Forst zu einem Sträßchen, queren es und sind nun endgültig im Wald. Nach Linksabzweig und einem Stück geradeaus achte man auf den spitzwinklig rechts abführenden, fortan gültigen blauen Punkt. Bei kräftigem Bergan folgen zwei weitere scharfe Richtungsänderungen, erst rechts, dann links, schließlich heißt es nur noch geradeaus durch ein schönes Tannenspalier, aufgelockert von Buchen und Eichen. Auf dem lang gezogenen Bergsattel der Hohen Wurzel passieren wir einen Fernsehturm samt großen Satelliten-Empfangsschüsseln, setzen noch etwas – mit Sicht hinüber nach Taunusstein – das Geradeaus fort und biegen dann rechts ab mit dem bis zum Wanderende maßgeblichen weißen R (der hier zwischen den Bäumen erkennbare Aussichtsturm ist wegen Baufälligkeit gesperrt). Der befestigte Weg endet an einer Straße. Drüben beginnt ein Forstweg, der, so will es scheinen, nur eine Aufgabe hat – einen Pfad zwischen herrlichen Buchen mit eingestreuten Eichen zu bahnen. In eleganten Kehren geht es durch hochstämmige Baumpatriarchen, so machtvoll, als wollten sie den steilen Hang vor dem Abrutschen bewahren. Nach längerem Bergab stoßen wir auf die B 260, begleiten sie oberhalb im Wald ein Stück, um dann nach Linksschwenk gefahrlos die Fahrbahn zu unterqueren. Wenige Schritte später stehen wir wieder in der Straße Richtung Landgrafenplatz, nach rechts kommt man zur Wambacher Mühle, wo es auch ausreichenden Parkraum gibt.

# Ein besonderer Dreiklang

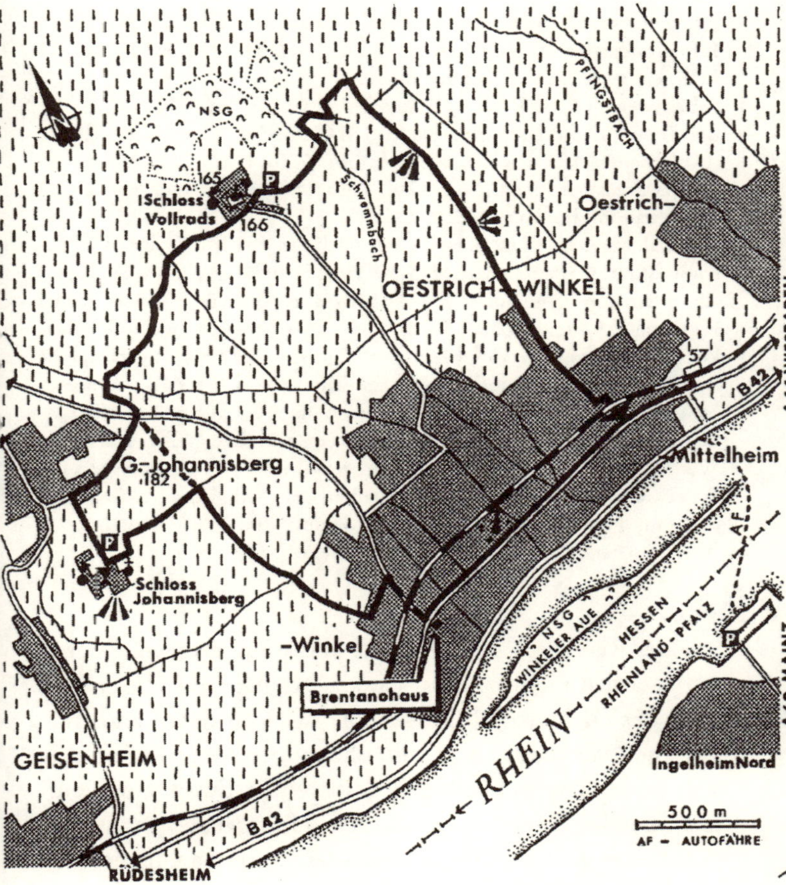


**Beginn:** Oestrich-Winkel, Bahnhof im Stadtteil Mittelheim
**Länge:** 10 (9) km
**Einkehr:** Schloss Johannisberg, Café-Restaurant und Weinverkauf • Schloss Vollrads (Restaurant Mi. Ruhetag; Vinothek werktags bis 16 Uhr, am Wochenende wie der Weinausschank bis 19 Uhr geöffnet)

**Merkmale:** Aus dem historischen Oestrich-Winkel in die Weinberge • Rast an den Schlössern Johannisberg und Vollrads • herrlicher Blick über den Rhein
**Öffnungszeiten:** Mehrmals im Jahr öffentliche Führungen durch das Brentanohaus (Termine über Tourist-Info) oder n. V. Tel. 0 67 23/20 68
**Info:** Tourist-Information Oestrich-Winkel, Tel. 0 67 23/1 94 33;
Internet: www.rheingau-taunus-info.de
**Sehenswert:** Oestrich-Winkel, Stadtteil Oestrich, kath. Pfarrkirche St. Martin (1508), dreischiffige Halle, 1894 erneuert, romanischer Turm, spätgotischer Marienaltar, Annenaltar (um 1720); Kirchhof, Kreuzigungsgruppe unter barockem Dach, Grab Karolines v. Günderode • hölzerner Rheinkran mit intakter Mechanik (1745)
Stadtteil Winkel, „Graues Haus", angeblich um 850 von Erzbischof Rhabanus Maurus erbaut, seltenes Beispiel eines mittelalterlichen Wohnhauses aus Stein, um 1150 unter Verwendung alter Bauteile erneuert (heute Restaurant) • Brentanohaus (1751), seit 1804 Sommerlandsitz der Bankiersfamilie Brentano; Goethezimmer original v. 1814 • kath. Pfarrkirche St. Walpurgis, gotisch mit romanischem Turm, 1674–78 stark verändert.
Stadtteil Mittelheim, kath. Pfarrkirche St. Ägidius, früher Augustinerinnen-Klosterkirche (vor 1150), dreischiffige romanische Pfeilerbasilika, am Westportal romanische Türbeschläge • Rathaus (1504), spätgotischer Steinbau • Schloss Vollrads (priv.), quadratischer Wohnturm v. Wassergraben umgeben, vermutlich um 1320, Schloss um 1680 (Restaurant u. Weinausschank) • Schloss Johannisberg, siehe S. 191

„Des Rheins gestreckte Hügel und weingesegnete Gebreiten" wurden nicht nur von Goethe besungen. Endlos ist die Zahl der Dichter und Denker, die sich von dem Landstrich zwischen Wiesbaden und Rüdesheim inspirieren ließen, diesem einzigartigen Dreiklang aus breitem Strom und sanft ansteigenden Weinbergen vor dem Hintergrund der bewaldeten Taunusberge. Die Rebanbaufläche ist heute nicht mehr ganz so groß wie im Mittelalter, aber noch immer das beherrschende Wirtschaftsgut. Gut 1000 Hektar nennt alleine die Gemarkung von Oestrich-Winkel ihr Eigen; damit besitzt sie die größte Rebfläche Hessens. Entsprechend prägt(e) Weinbau das Ortsbild. In Oestrich steht noch der hölzerne Verladekran von 1745, in Mittelheim und Winkel reihen sich die Weinlokale und Straußwirtschaften entlang der Rheingaustraße, ohne dass der alte Kern, selbst zum Höhepunkt der Lese, touristisch überlaufen wäre. Reizvoll kontrastiert dort das Grün der bis in die Stadt hinein angebauten Reben mit den alten Mauern. Mediterranes Flair verbreiten das an den Fassaden gezogene Weinlaub, die Oleander und Palmen in den Höfen der Gutsschänken.

Für einen Gang durch die lang gezogene Gemeinde und weiter in die Weinberge startet man am Bahnhof von Oestrich-Winkel, Ortsteil Mittelheim. Hier nimmt man die Rheingaustraße, die später in die Hauptstraße übergeht, als Leitschiene, an der sich, wie in ihren Nebengassen, die Sehenswürdigkeiten reihen, so das spätgotische Alte Rathaus von Mittelheim oder die Basilika St. Aegidius. Der Bruchsteinbau mit seinem gedrungenen Turm über der Vierung stammt fast unverändert aus dem 12. Jahrhundert. Beeindruckend anzusehen auch die stattliche Kirche St. Walpurgis. Der aus dem Weinbau bezogene Wohlstand erlaubte es, das Gotteshaus dem jeweiligen Stilempfinden anzupassen: der Turm noch romanisch, Langhaus und Chor spätgotisch, Dachreiter und Turmbekrönung barock. Auf dem Friedhof hinter St. Walpurgis liegt Karoline von Günderode begraben, jene unglückselige Dichterin, die sich nach der gescheiterten Liebe zu dem Germanisten Georg Friedrich Creutzer 1806 am Rheinufer erdolcht hatte. Sonst aber sind in Winkel mit der Romantik nur die besten Erinnerungen verbunden. Seit dem Erwerb eines Barockgebäudes durch die Frankfurter Kaufmannsfamilie von Brentano 1804 entwickelte sich dieses Haus zum gesellschaftlichen Treffpunkt zahlreicher Literaten, Wissenschaftler und Musiker der Zeit. Die Ausstattung aus den Tagen Johann Wolfgang von Goethes, der 1814 bei den Brentanos zu Besuch weilte, ist original erhalten.

An der Kreuzung vor dem auch gastronomisch genutzten Gebäude biegen wir rechts ab, unterqueren die Bahngleise, laufen die Schillerstraße hinauf, weiter links in die Adalbert-Stifter-Straße und gleich rechts zur Brentanostraße. Wenn sie endet, folgen wir der Greiffenclaustraße links bis zum Ende und schwenken rechts auf einen Wirtschaftsweg in die Wein-

*Historischer Kran in Oestrich-Winkel*

berge. Weiterer Erläuterungen bedarf es fast kaum – die Richtung gibt das beherrschend auf einer Weinbergs-Terrasse thronende Schloss Johannisberg vor. Etwa 200 Meter nach Passieren einer Hochspannungsleitung werden wir mit Linksknick darauf zugeführt, man kann aber auch geradeaus weitergehen. In den vergangenen Jahren wurden Schloss und Gastronomie umfassend erneuert, ein Restaurant lädt zum Speisen hinter großen Panoramascheiben. Von hier oder dem vorgelagerten Aussichtspunkt eröffnen sich großartige Blicke über den Rheingau hinüber nach Ingelheim.

Ein Bild, das noch oft variiert wird, nachdem wir durch die Zufahrtsallee den Ort Johannisberg erreicht und rechts hinaus verlassen haben. An der Straße sichtet man den gelben Römerpokal des Rheingauer-Riesling-Pfads. Er kreuzt die Fahrbahn und biegt links und bald rechts in die Weinberge. Umfangen von Reben, wird man auf befestigtem Weg zu dem versteckt in einer Senke liegenden Schloss Vollrads geführt. Nur die Haube des noch aus dem Mittelalter stammenden Wohnturms schaut zunächst heraus. Beim Näherkommen sieht man, dass sich nach den wirtschaftlich schwierigen neunziger Jahren viel getan hat – die großen Barockgebäude neu eingedeckt und gelb verputzt, der Innenhof mit Restaurant, Vinothek und Gutsausschank gastronomisch aufgewertet.

Vor dem Schloss setzen wir die bisherige Richtung fort, gewinnen mit einigen „Haken" leicht an Höhe, um dann mit dem Auftauchen der Markierung liegendes schwarzes U rechts abzuschwenken. Weiterhin mit herrlicher Sicht über den Rhein, der vor Oestrich-Winkel bei seiner größten Breite von über 1000 Metern fast seenartig wirkt, kommen wir geradeaus durch Weinberge zurück nach Mittelheim.

# „Der Johannisberg herrscht über alles“

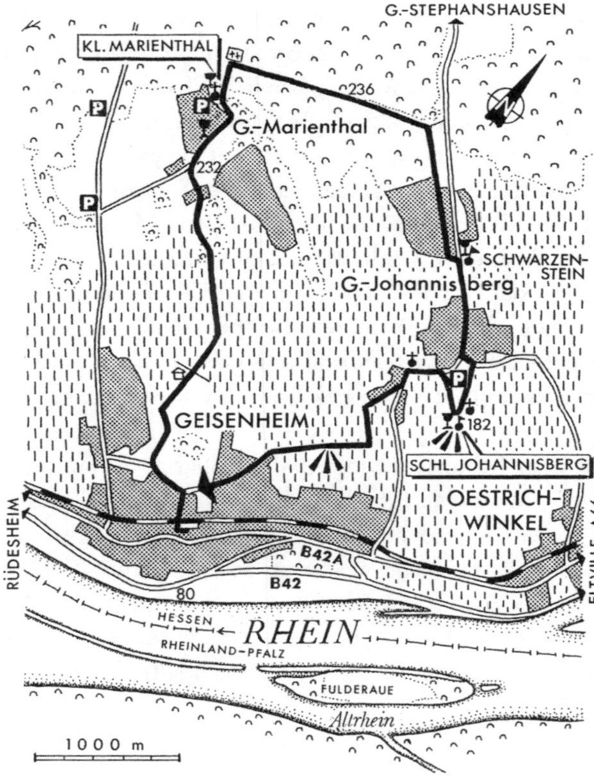


**Beginn:** Geisenheim, Bahnhof oder Zentrum
**Länge:** 10 km
**Einkehr:** Restaurant Pilgerstube Kloster Marienthal • Schloss Johannisberg, Café-Restaurant und Weinverkauf
**Merkmale:** Aus dem schönen Geisenheim durch die Weinberge • erst zum Kloster Marienthal, dann zu Schloss Johannisberg • großartige Ausblicke • besonders im Herbst empfehlenswert
**Info:** Städtisches Verkehrsamt Geisenheim, Tel. 0 67 22/70 10;
Internet: www.geisenheim.de

**Sehenswert:** Kath. Pfarrkirche Hl. Kreuz, „Rheingauer Dom" genannt (um 1515), spätgotische Halle, Türme v. 1838 • unter den Adelssitzen bes. Stockheimer Hof (1550), „Pfefferzollhaus" mit Fachwerkerker (1618), Osteinsches Palais (um 1770), Schloss Monrepos (1860–63) • Johannisberg, ehem. Benediktinerkloster (v. 1082–1563), an dessen Stelle Schloss (priv.), Dreiflügel-Anlage um Ehrenhof (1718–25) durch Fürstäbte v. Fulda erbaut, später (1826–36) klassizistisch verändert; ehem. Klosterkirche (Anfang 12. Jh.), dreischiffige Pfeilerbasilika in streng romanischen Formen; Denkmal für den „Spätlese-Reiter" • Kloster Marienthal, Wallfahrtskirche (1858), Westportal um 1400

Eng mit der vinologischen Entwicklung des Rheingaus sind die beiden Schlösser Johannisberg und Vollrads verbunden. Auf Vollrads, dem Stammsitz derer von Greiffenclau, nimmt man in Anspruch, eines der ältesten, seit 1211 nachweisbaren Weingüter Deutschlands zu bewirtschaften, während mit Johannisberg untrennbar die „Erfindung" der Spätlese verbunden ist. Auch wenn die für 1775 überlieferte Geschichte vom Reiter, der im weit entfernten Kloster Fulda die Ernteerlaubnis einzuholen hatte und sich verspätete, worauf nurmehr „faule" Trauben gelesen wurden, vermutlich ins Reich der Legende gehört, gilt es als gesichert, dass man seither qualitätvolle Weine kennt, die durch Edelfäule entstehen. Ein modernes Denkmal des „Spätlese-Reiters" erinnert an das historische Ereignis; aufgestellt etwas unterhalb des majestätisch über den Weinbergen thronenden Schlosses Johannisberg. Besonders im Herbst ist es ein Genuss, dorthin zu wandern, da nun auch, anders als früher, die Weinberge zur Lese nicht mehr geschlossen werden.

Heute gehört Johannisberg zu Geisenheim. Dessen Ortsbild bestätigt mit jedem Blick, dass Weinbau für Wohlhabenheit steht. Fein herausgeputzte Adelssitze und Bürgerhöfe aus vier Jahrhunderten wechseln einander ab. Besonders schön sind das „Pfefferzollhaus" von 1618 mit seinem Fachwerkerker (Zollstraße) und das frei stehende Renaissance-Schloss Schönborn anzusehen. Und dann ist da noch der „Rheingauer Dom", die spätgotische Pfarrkirche mit feinem Netzgewölbe und einer „Rose" nach Vorbild des Straßburger Münsters in der hoch aufsteigenden Doppelturmfassade. Ohne stilistischen Bruch wurden die Türme allerdings erst um 1838 in neugotischer Manier angefügt.

Vom Bahnhof Geisenheims erreicht man in wenigen Schritten den historischen Kern. Zu beachten ist dort auch eine 600 Jahre alte Linde, deren waagrecht geführten Äste auf einem Holzgerüst ruhen. Für die eigentliche Wanderung gehen wir rechts vom Bahnhof über die Gleise und weiter durch die Behlstraße zur Einmündung nach links in den Nordring. Entlang einer Stützmauer wird man kurz darauf rechts in den „Fußweg zum Kloster Marienthal" eingewiesen. Weiter entlang der Mauer, kommen wir in ein Kleingartengelände. Der Richtungshinweis taucht nur noch einmal auf, aber im Prinzip geht es auf dem leicht ansteigenden Hauptweg immer geradeaus.

Nach Passieren einer Schutzhütte sind wir von Weinbergen umfangen, kurz vor dem Ort Marienthal abgelöst durch ein Naturschutzgebiet. Hinter Tennisplätzen biegen wir rechts in die Hauptdurchgangsstraße, von der dann links die Mühlfeldstraße abführt. Ab jetzt ist auf Holzschildern der Zugang zum Kloster Marienthal angezeigt. Erst rechts, dann links und schließlich geradeaus kommt man durch einen Eichenwald zu der versteckt in einer Senke liegenden Abtei und deren gotischem Kirchlein. Seit dem 14. Jahrhundert wird dort zu einem Gnadenbild gepilgert, eine „Wunderchronik" verzeichnet bis ins Jahr 1658 zahlreiche Heilungen. Nach der Klosterauflösung 1773 betreuen seit 1858 Franziskaner die Wallfahrer. Einen besonderen Platz nimmt Marienthal in der Geistesgeschichte ein. Hier wurde 1468 die erste Klosterdruckerei der Welt eingerichtet, die sechste Presse in Deutschland überhaupt. Angeblich hat man sogar die Druckstöcke von Johannes Gutenberg benutzt.

Auf eine Klostergründung geht übrigens auch Schloss Johannisberg zurück. Der Weg dorthin ist ab Marienthal gut gekennzeichnet. Entsprechende Richtungsschilder weisen zunächst hinauf zum kleinen Friedhof der Franziskaner. Dort hält man sich rechts, nun geradeaus durch stimmungsvollen Eichenwald, dem sich ein Stück Streuobstwiese anschließt. Kurz vor einer Landstraße werden wir rechts in das Neubauviertel Schloßheide von Johannisberg geführt, das wir geradeaus in ganzer Länge durchschreiten. In Höhe der künstlichen Burgruine Schwarzenstein (Hotel-Restaurant) treffen wir auf die Fahrstraße mit Bürgersteig, die in den älteren Teil von Johannisberg lenkt. Nach Links-rechts-Abzweig kommt man durch eine Allee zum Schloss. In jüngster Vergangenheit wurden Gebäude und Gastronomie umfassend erneuert, die Gutsschänke lädt zum Speisen hinter großen Panoramascheiben. Von hier oder dem vorgelagerten Aussichtspunkt eröffnet sich ein großartiger Blick über den Strom hinüber nach Rheinhessen. Wer wollte da nicht Goethe zustimmen: „Der Johannisberg herrscht über alles." Nicht übersehen werden sollte in der Nahsicht die romanische Basilika links vom Schloss, die noch an die klösterlichen Anfänge im frühen 12. Jahrhundert erinnert. Erst mit dem Übergang an den Fürstabt von Fulda 1716 wurden die Abteigebäude durch das jetzige Barockschloss ersetzt.

*Das Spätlese-Denkmal am Schloss Johannisberg*

Für den Rückweg wählen wir am Parkplatz den links spitz abgehenden Weg, der in eine Fahrstraße mündet, dort weiter links abwärts, vorbei an den weißen Gebäuden des Immaculataklosters zum rechts am Weingut Johannisberg abführenden Sträßchen Hütte. Links hinauf kommt man durch eine

*Ruine Ehrenfels*

Straßensiedlung, in den Hohlweg übergehend, der nahtlos in die Weinberge weitergibt. Auf befestigtem Weg werden wir durch die Reben zum Ortsrand von Geisenheim geleitet. Die Albert-Schweitzer-Straße bringt ins Zentrum.

# Die anderen Seiten von Rüdesheim

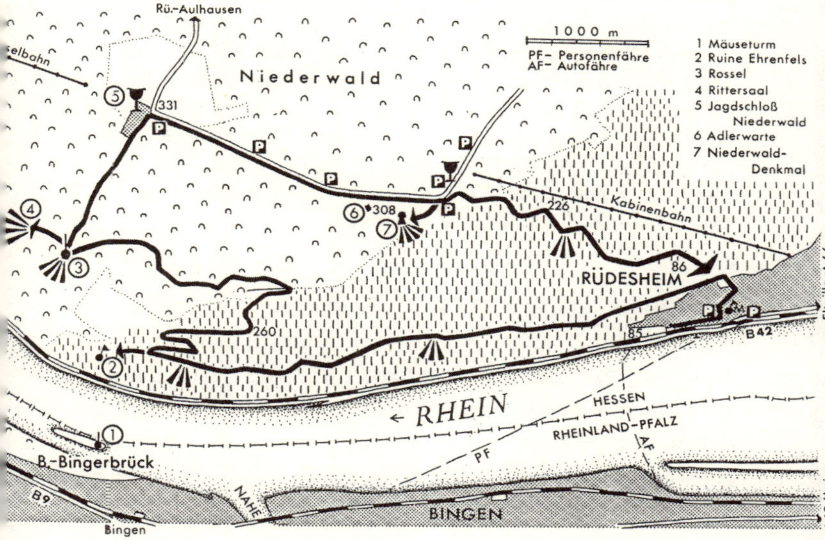


**Beginn:** Rüdesheim, Bahnhof/Brömserburg
**Länge:** 10 km
**Einkehr:** Hotel-Restaurant „Jagdschloß Niederwald" • Café-Restaurant am Niederwald-Denkmal
**Merkmale:** Erst bemerkenswerte Museen besichtigen, dann in die wanderbare Umgebung von Rüdesheim • durch Weinberge zur Burgruine Ehrenfels und auf den Niederwald • Adlerwarte und Niederwald-Denkmal
**Öffnungszeiten:** „Siegfried's Mechanisches Musikkabinett" (= selbst spielende Instrumente und Orchestrien), tägl. 10–22 Uhr • Weinmuseum in der Brömserburg, Ostern bis Ende Okt. tägl. 9–18 Uhr • Adlerwarte am Niederwald-Denkmal (Greifvögel und Flugvorführungen), Ostern bis Anfang Nov. tägl. 10–17 Uhr
**Info:** Tourist-Information Rüdesheim, Tel. 06722/19433;
Internet: www.ruedesheim.de
**Sehenswert:** Altstadt mit engen, von Adels- und Weingutshöfen gesäumten Gassen; darunter der spätgotische Brömserhof, mit Fachwerkturm und Ausmalungen im Inneren (bei Besichtigung von „Siegfried's Mechanischem Musikkabinett" zu sehen) • Brömserburg, 12. Jh., älteste Tiefburg

am Rhein (Weinmuseum) • kath. Pfarrkirche St. Jakob, romanischer Turm mit gotischem Langhaus, in der Turmkapelle Grabdenkmäler der Ritter von Brömser • Kloster St. Hildegardis, beherrschend in Weinbergen gelegen, neuromanischer Bau mit Doppelturm (1904), Ausmalungen im Stil der Beuroner Schule • Niederwald-Denkmal, 12 m hohe Bronzestatue „Germania“ mit reichem Bildprogramm am Sockel, 1877–83 zur Deutschen Reichseinheit erbaut; benachbart eine Adlerwarte • Jagdschloss Niederwald, 1766 errichtet, 1794 umgebaut, nach Brand 1927 um Seitenflügel erweitert (heute Hotel); vom Parkgelände noch einige Kunstbauten wie Rossel, Zauberhöhle oder Eremitage erhalten • Burgruine Ehrenfels, mainzische Zollburg aus 13./14. Jh., zerstört 1689, Aufbauten mit Schildmauer, Wehrgang und Bergfried restauriert

Es muss nicht immer die Drosselgasse oder das Niederwald-Denkmal sein: Diese Attraktionen haben Rüdesheim zwar bekannt gemacht, die Stadt im Rheingau darauf zu reduzieren, hieße ihr freilich nicht gerecht werden. Insbesondere sind zwei bemerkenswerte Museen zu entdecken, untergebracht in nicht minder bemerkenswerten Bauwerken – hier der dunkel dräuende Kubus der romanischen Brömserburg für das Weinmuseum, und dort der spätgotische Brömserhof mit Fachwerkturm, wo die mehr als 400 Exponate selbst spielender Drehorgeln, Klaviere und zimmergroßer Orchestrien von „Siegfried's Mechanischem Musikkabinett“ Aufstellung fanden. Als hätten die Erbauer von Burg und Hof, die Ritter von Brömser, die spätere Nutzung schon lange im Voraus geahnt, so wirken beide Bauten wie für die heutigen Zwecke geschaffen. Für viel Atmosphäre etwa sorgen die Kreuzgratgewölbe und originalen Ausmalungen im Brömserhof, während die ehemalige Wasserburg aus dem 12. Jahrhundert – und damit die älteste am gesamten Rhein – mit ihrem meterdicken Mauerwerk aus wärmespeicherndem Quarzit und Bruchschiefer auf das Gestein verweist, dem der Rheingauer Riesling seine unverwechselbare, kräftige Geschmacksnote verdankt. Im Inneren, in gewölbeartigen Gängen und Räumen wird ein Überblick über 2000 Jahre Weinbau am Rhein sowie die damit verbundene Trinkkultur gegeben. Das Museum besitzt eine der größten Sammlungen Deutschlands an Gläsern, Flaschen und Pokalen, beginnend bei hauchfeinen Glasgefäßen aus römischen Grabbeigaben bis zu Champagnerbouteillen der Größe Magnummagnum (25 Liter).

So eingestimmt, ist der Gang durch die Weinberge bei Rüdesheim noch einmal so schön. Nur wenige Schritte sind es vom Bahnhof am westlichen Stadtrand in die Rebenzeilen. Ein kleiner Wingert umsteht bereits die Brömserburg. Der Museumseingang liegt – vom Bahnhof aus gesehen – auf der anderen Burgseite, ansonsten geht man links vorbei und zweigt in das Sträßchen Am Feldtor (von dort erreicht man rechts ab rasch den Brömserhof). Der Fahrweg gabelt sich an den ersten Traubenstöcken, mit der Markierung gelber Römerpokal nehmen wir den linken Strang. Seinem Namen macht das für den „Rheingauer Riesling-Pfad" stehende Zeichen fortan alle Ehre. Es führt in leichtem Auf und Ab quer durch die Terrassen-Weinberge bis kurz vor die Burgruine Ehrenfels, dabei ein herrliches Breitwand-Panorama über den Rhein hinüber nach Bingen eröffnend. Etwa 200 Meter vor der Ruine knickt der Römerpokal scharf rechts ab. Ein kurzer Gang führt hinab zu dem erst vor wenigen Jahren aufwändig sanierten Gemäuer, dereinst eine Zollfestung von Kurmainz. Beim Blick in die Tiefe erkennt man, wie überlegt die Erzbischöfe hier gebaut hatten. Abgesichert durch den im Fluss „ankernden" Mäuseturm, gegenüber der Nahemündung und kurz vor dem Rheindurchbruchsgraben an einer damals noch von Stromschnellen umtosten Engstelle („Binger Loch"), entging den Zolleinnehmern kein Schiff.

Wir kehren zum Abzweig zurück und laufen weiter in Serpentinen aufwärts, bis das Zeichen H 7 erreicht ist. Diesem schließen wir uns rechts an, weiter durch Weinberge. Am Waldrand heißt es dann erneut umorientieren. Auf der dortigen X-förmigen Kreuzung wählt man den oberen, scharf links abführenden Weg. Jetzt ohne Markierung, kommt man durch Eichenniederwald in kaum zehn Minuten zum Hinweis „Rossel“ und dem Zeichen gelber Strich. Auf ebenem Weg ist bald die künstliche Ruine namens Rossel erreicht, ein herrlicher Aussichtspunkt wie der gleich darauf mit kurzem Abstecher einzubeziehende „Rittersaal“.

Beide Bauten waren wie „Zauberhöhle“ und Eremitage Teile eines groß angelegten Landschaftsparks, zu dem der Niederwald von Graf Maximilian von Ostein, einem vermögenden Kurmainzer Kämmerer, ganz im Geiste der Zeit – „zurück zur Natur“ – ausgangs des 18. Jahrhunderts umgewandelt wurde. Einbezogen war auch das Jagdschloss Niederwald, zu dem wir, weiter mit dem gelben Strich, als Nächstes gelangen. An dem heute als Hotel-Restaurant genutzten Gebäude schwenken wir rechts ab und folgen auf einem Fußweg dem Sträßchen in Richtung Niederwald-Denkmal. Am Parkplatz davor hat man die Wahl, per Kabinenbahn nach Rüdesheim zu schweben oder den Treppen und Absätzen quer durch die Weinberge gen Tal zu folgen. Der an der Bergstation (in Resten) sichtbare Monopteros-Tempel, einst zum Landschafts-Park gehörend, soll übrigens den Ausschlag für den Standort der „Germania“ gegeben haben, nachdem sich Kaiser Wilhelm I. höchstselbst von dem beeindruckenden Aussichtspunkt angetan gezeigt hatte. Seit 1883 erinnert nun die 12 Meter hohe Bronzefigur an die Reichseinheit von 1871.

# Über dem Rhein durch den Wein

**Beginn:** Lorch, Bahnhof
**Länge:** 11 km
**Einkehr:** Restaurant „Sulaika" am Campingplatz Bodental
**Merkmale:** Auf dem Rheingauer Riesling-Pfad durch Terrassen-Weinberge • herrliche Aussichten ins Mittelrheintal mit seinen Burgen, Felsen und steilen Uferhängen
**Öffnungszeiten:** Kunst- und Heimatmuseum Lorch, April bis Okt. Sa./So. 15–17 Uhr
**Info:** Verkehrsamt Lorch, Tel. 0 67 26/1 80 19; Internet: www.stadt-lorch.de
**Sehenswert:** Pfarrkirche St. Martin, gotisch ausgestattet mit 15 m hohem Schnitzaltar von 1483, Chorgestühl us 13. Jh. sowie zahlreichen Grabmälern, darunter von Feldmarschall Joh. Hilchen (gestorben 1548) • das von ihm erbaute Hilchenhaus (1548) einer der schönsten Renaissance-Adelssitze am Mittelrhein • Reste der Stadtbefestigung mit der hoch über dem Ort liegenden Turmburg Nollig

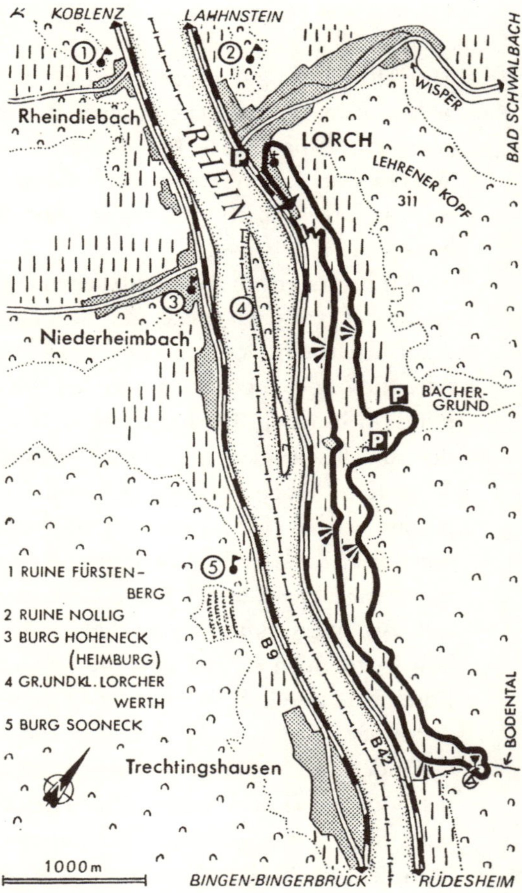

Wer würde als Weinliebhaber nicht gerne seine Schritte in Weinanbaugebiete lenken, in einer großartigen Rebenlandschaft die prickelnde Atmosphäre der Lese und Weinfeste in sich aufnehmen? Als reine Weinbergwanderung mit Abstechern zu den einzelnen Winzerorten drängt sich der Rheingauer-Riesling-Pfad geradezu auf. Er durchzieht – mit einem gelben Römerpokal gekennzeichnet – das Gebiet in seiner gesamten Länge von 70 Kilometern zwischen Flörsheim-Wicker und Lorchhausen. Auf einem der spektakulärsten, weil steilsten Abschnitte wollen wir uns auf dieser Tour bewegen.

Wir beginnen am außerhalb liegenden Bahnhof von Lorch, einem der typischen, wegen der beengten Lage lang gestreckten Mittelrheinstädtchen. Die Markierung steht schon bereit, und sogleich geht es nach einer S-Kurve und den letzten Häusern in das grüne Rebenmeer. Wissenswertes vermittelt der zunächst begleitende Weinlehrpfad: Klima und Boden, Rebsorten, Arbeitsbedingungen und Gerätschaften. Und en passant erfährt man, dass es Straußwirtschaften seit den Zeiten Kaiser Karls des Großen gibt, der sich von der Ingelheimer Pfalz aus persönlich um den Weinanbau bemüht haben soll. Am Wegesrand ist eine Doppelkorb-Kelter aufgestellt. Wie später noch zu sehen, hat hinter der St. Martinskirche in Lorch eine riesige Kelter von 1842 ihren Ehrenplatz.

Immer wieder muss sich der Weg windungsreich den Geländeformen anpassen. Mit einer großen Kurve biegen wir ins Bodental ein, in dessen Abgeschiedenheit ein Campingplatz liegt. Im zugehörigen Restaurant ist jedermann willkommen. Rechts daran vorbei und in großem Bogen zu den Dauercampern hinauf, haben wir den Scheitelpunkt der Wanderung erreicht und treten wiederum mit dem Riesling-Pokal-Emblem den Rückweg an, gleichzeitig eingebunden in die Route des Hessenweges Nr. 7, Strecke Kaub – Erbach (Rheingau). Wir sind jetzt einige Meter höher als zuvor, entsprechend schöner ist die Aussicht auf die Rheinlandschaft, den Strom, das jenseitige Ufer mit seinen Ortschaften und Burgen. Stromaufwärts setzt sich Burg Reichenstein ins Bild, dahinter silhouettenhaft Burg Rheinstein, stromabwärts dominiert die Stahleck über Bacharach. Insgesamt lassen sich sieben Burgen ausmachen. Lange Zeit zieht der Weg am von Brombeerhecken gesäumten Waldrand vorbei, von der Anneli- und Georgs-Ruh geht der Blick hinüber nach Trechtingshausen und dem Quarzit-Steinbruch nahe Burg Sooneck, der wie eine riesige offene Wunde im Grün des Soonwald-Abhanges klafft. Sie soll mit Anerkennung des Mittelrheintales als UNESCO-Weltkulturerbe nach und nach geschlossen werden. – Es gilt noch eine große Schleife um den Bächergrund zu ziehen, dann baut sich schon bald der dunkle Klotz der Burgruine Nollig, der einstigen kurmainzischen Grenzfeste, über den Weinbergen auf.

Doch beim Näherkommen gilt das Interesse mehr der alles überragenden katholischen Pfarrkirche St. Martin auf dem Marktplatz. Als spätromanische Basilika begonnen, zogen sich die Erweiterungen des Gotteshauses bis weit ins 15. Jahrhundert. Größte Kostbarkeit ist ihr 15 Meter hoher und acht Meter breiter Schnitzaltar von 1483 aus der oberrheinischen Schule um Nikolaus Gerhart. Auch Lorchs größter Sohn, Ritter Johann Hilchen (1484 bis 1548), königlicher und kaiserlicher Feldmarschall, fand hier seine letzte Ruhestätte. Mit dem Bau des Hilchenhauses, einem der schönsten Renaissance-Adelssitze am Mittelrhein, hat sich der verdiente Militär selbst ein unvergleichliches Denkmal am Rheinufer gesetzt.

# So schön ist es im Freistaat Flaschenhals

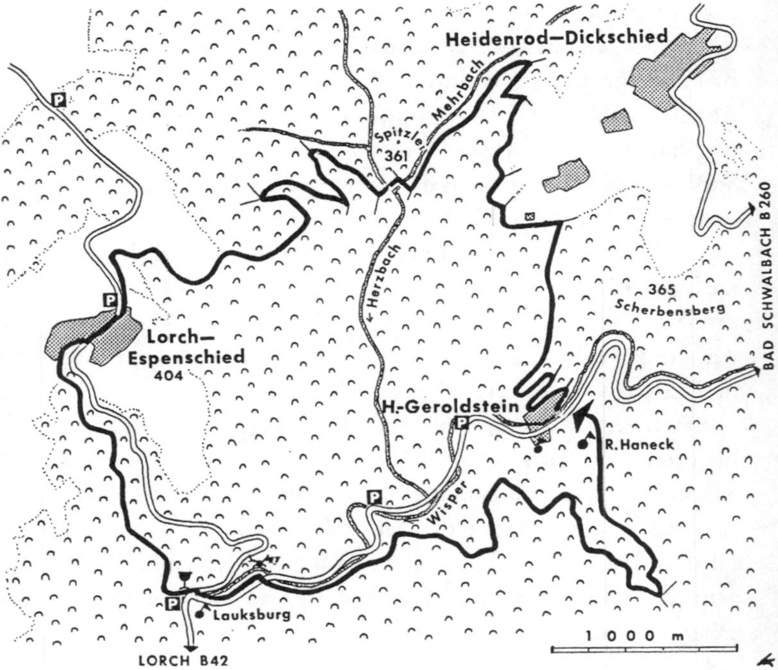


**Beginn:** Heidenrod-Geroldstein, Wisperbrücke
**Länge:** 13 km
**Einkehr:** In Espenschied • Gasthof Laukenmühle (Mo. Ruhetag)
**Merkmale:** Durch die tiefen Wälder von Heidenrod • ständiges, kräftezehrendes Bergauf und Bergab • idyllisches Wispertal
**Info:** Gemeindeverwaltung Heidenrod, Tel. 0 61 20/7 90;
Internet: www.gemeinde-heidenrod.de
**Sehenswert:** Lauksburg, Ruine im mittleren Wispertal, vermutlich v. Kurmainz vor 1390 erbaut; Reste eines Wohnturmes u. der Ringmauer erhalten • Burgruine Geroldstein (12. Jh.), 1634 zerstört, Reste v. Palas u. Bergfried

Einen Pass benötigt man nicht für den Übertritt in den „Freistaat Flaschenhals“. Doch als Fantasieprodukt gibt es ihn tatsächlich, einen rot eingeschlagenen „Reisepass“, der dem Inhaber verschiedene Rabatte der Gastro-Initiative „Freistaat Flaschenhals“ gewährt. Angeschlossen sind dem Verbund ausgesuchte Restaurants und Winzerbetriebe in Kaub und Lorsch am Rhein sowie im Seitental der Wisper. Hintergrund der Idee, mit dieser Maßnahme dem Tourismus neue Impulse zu geben, bildet die Erinnerung an eine kuriose Episode aus der Zeit nach dem Ersten Weltkrieg. Unfreiwillig rückte damals die Region quasi als exterritoriales Gebiet zusammen. Nach der linksrheinischen Besetzung durch Franzosen und Amerikaner steckten diese per Zirkelschlag rechts des Stromes jeweils einen „Brückenkopf“ ab. Die 30-Kilometer-Radien um Mainz und Koblenz überlappten sich aber nicht. Vom Mittelrhein bei Lorsch verjüngte sich der verbliebene Gebietsstreifen ins Wispertal, eben ein flaschenhalsartiges Gebilde. Zum „Freistaat“ wurde es durch die erzwungene Selbstverwaltung und auch Selbstversorgung. Nur unter schwierigsten Bedingungen, teilweise über Schmuggelpfade, war diese aufrechtzuerhalten. Ansonsten nahm man die missliche, erst durch französische Besetzung im Februar 1923 beendete Lage mit Galgenhumor. Auf eigens gedrucktem Notgeld stand: „Nirgends ist es schöner als im Freistaat Flaschenhals“. Landschaftlich gewiss. Steil steigen die Uferberge am Rhein an, und im Hinterland sind Wälder von großer Geschlossenheit erhalten, zwischen denen sich die Wisper ihren idyllischen Lauf bahnt. Die Hauptgemeinde im Tal, das aus 19 Ortschaften gebildete Heidenrod, besitzt den höchsten Flächenanteil kommunalen Waldes in Hessen und rangiert mit 4500 Hektar hinter Frankfurt (6150) an zweiter Stelle bei der Forstgröße. Tauchen wir also ein in die endlosen Wälder von Heidenrod im „Freistaat Flaschenhals“.

Beginn ist im kleinen Geroldstein. In der Dorfmitte überschreiten wir die breite Wisperbrücke und biegen gleich rechts in die Dickschieder Straße. Ab der nächsten Haarnadelkehre nimmt man die Zeichen Raute und W (wechselnd weiß oder schwarz) und ein grünes N auf. Zunächst geht es zwischen Einfamilienhäusern den Hang hinan, dann, nach Rechtsserpentine, weiter im Zickzack durch buschige Vegetation und schließlich geradeaus in den Wald. Die Richtung wird grob bis vor eine Freifläche beibehalten, dort links und vorbei an einem Naturfreundehaus; bald danach heißt es rechts auf einen Weg, der unterhalb einer Wiese entlangschlängelt. Linker Hand verbleibt die Baumgalerie; kaum sind wir auch rechts von dichtem Bewuchs umgeben, achten wir in der lang gezogenen Rechtskurve auf den überraschend spitzwinklig links abführenden Weg. Von hier an bleibt das W gültig, jetzt assistiert vom liegenden U.

Der vergraste Pfad knickt dann rechts tiefer in den Wald und weist auf holprigem Untergrund gen Tal. Weiter unten, vor einer dichten Fichtenwand, biegen wir links ab – erst etwas später tauchen die Zeichen auf. Oberhalb des Mehrbachs geht es erst einmal geradeaus. Wenn die Bäume in einem Wiesental zurücktreten, sollte der Rechtsabzweig zum Queren dieses Baches ebenso wenig übersehen werden wie gleich darauf der Wechsel nach links auf die andere Seite des Herzbachs. Kaum im Wald, rechts ab. Aus der Senke heißt es nun wieder kräftig steigen, auch dabei ist auf mehrere abrupte Richtungsänderungen der Wanderlotsen zu achten – mitunter können sie auch einzeln auftreten. Nach Erreichen der Anhöhe werden wir auf Espenschied zugeführt. Ohne die bisherigen Markierungen laufen wir in die Ortsmitte und orientieren uns vor dem zentralen Fachwerkgebäude mit davor stehender Linde an dem Zeichen schwarzer Käfer. Es weist in einen Schlupf zum „Hotel Sonnenhang" und weiter unterhalb davon in ein wildes Waldstück. Fast wähnt man sich mit dem halb zugewachsenen Pfad abwärts wie auf einem der verschwiegenen Schmuggelpfade zu Zeiten des „Freistaates Flaschenhals“. In dessen Kernbereich sind wir jedenfalls mit Erreichen der Wisper vorgedrungen. Ein Schild am Parkplatz vor dem gutbürgerlichen Restaurant „Laukenmühle“ weist unmissverständlich darauf hin. Gegenüber sieht man die verbliebenen Mauern der Lauksburg. Über die Geschichte der Turmburg weiß man freilich wenig, vermutlich wurde sie im 14. Jahrhundert vom Mainzer Erzbistum zum Schutz seiner rechtsrheinischen Besitzungen erbaut. Zwischen Restaurant und Ruine nehmen wir nun den roten Strich auf. Ein Stück folgen wir der besonders bei Motorradfahrern beliebten Wispertalstraße bis zu einem Forsthaus, Fanal, gegenüber in den Wald einzuschwenken. Zur Abwechslung können wir nun einen breiten Forstweg genießen. Kurzweil in das lange Bergauf bringt offen anstehender Bruchschiefer, auf dem sich besonders Eichenniederwald wohl fühlt.

Irgendwann hat auch das längste Bergan ein Ende. Dort, an einer großen Wegekreuzung, beachte man das spitzwinklig links abführende grüne N. Damit beginnt das Schlussstück, das zwar nur noch talwärts führt, aber Trittfestigkeit auf feuchtem, von Altholz gesäumtem Untergrund verlangt. Auch diese, erst kurz vor Geroldstein endende Passage fügt sich in die Charakteristik der an die Physis einige Anforderungen stellende Wanderung.

# Durch Weinberge zur multimedialen Loreley

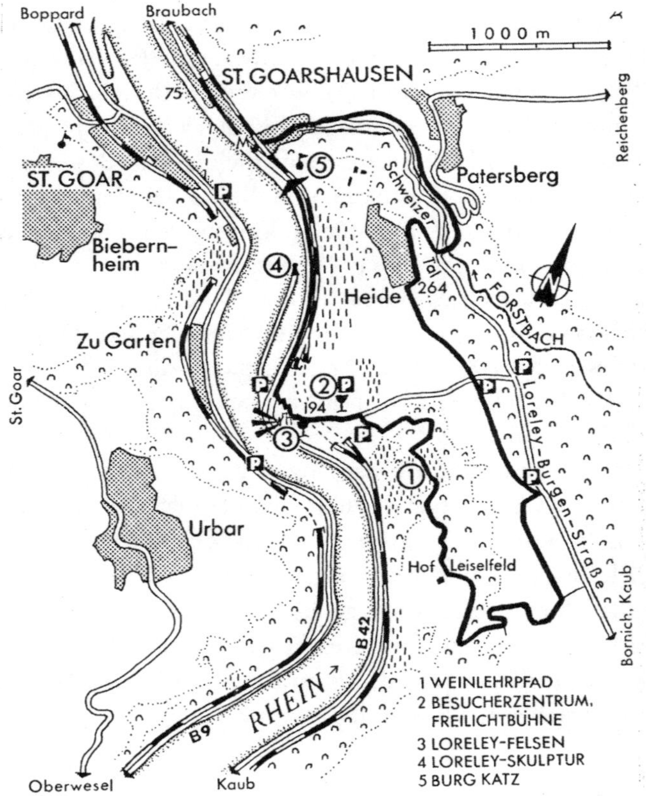


**Beginn:** St. Goarshausen, Bahnhof
**Länge:** 11 km
**Einkehr:** An der Loreley
**Merkmale:** Alles neu auf der Loreley • munteres Auf und Ab • überwiegend sonnig und aussichtsreich • längere Strecke am Rheinufer

**Öffnungszeiten:** Wein- u. Heimatmuseum im Stadtturm (mit Weinausschank), tägl. a. Mo. ab 13 Uhr • Besucherzentrum Loreley, tägl. 10–18 Uhr; 1. Nov. bis 1. März Mo. geschl.
**Info:** Tourist-Information St. Goarshausen, Tel. 06771/91011;
Internet: www.loreley-touristik.de
**Sehenswert:** Altes Fachwerk-Rathaus (1532); v. Stadtmauer (14. Jh.) zwei Türme erhalten • Burg Katz, um 1372 erbaut durch Graf Johann III. v. Katzenelnbogen, 1806 zerstört, 1896–98 wieder aufgebaut (heute Hotel) • Loreley, 18000 Personen fassende Freilichtbühne, Besucherzentrum mit Museum • unterhalb des 112 m hohen Loreley-Felsens am Winterhafen eine moderne Loreley-Bronzeplastik • Stadtteil Wellmich u. Burg Maus, siehe S. 210

Zum Konzept der EXPO-Weltausstellung 2000 in Hannover gehörte es, mit dezentralen, bundesweit verteilten Projekten über den Tag hinaus der Regionalförderung innovative Anstöße zu geben. St. Goarshausen am Rhein zählte zum Kreis jener ausgewählten Orte. Warum aber gerade das Mittelrheinstädtchen, das doch in erster Linie vom Mythos rund um den Namen Loreley lebt? Die Antwort findet sich eben auf diesem berühmten Loreley-Felsen. Beherzt hat man die Gelegenheit genutzt, ein in die Jahre gekommenes Ausflugsziel zeitgemäß zu gestalten. Hierfür wurde nicht nur die Hochfläche mit Kunstwerken, Bäumen, Parkplätzen sowie neuen Wegen und Treppen generalüberholt. Erstmals findet der Rheinreisende jetzt auch ein Besucherzentrum, das mit Architektur und Konzeption den „Mythos Loreley“ in seinen naturkundlichen, kulturellen und vor allem literarischen Zusammenhang stellt. Halbkreisförmig wird man dabei von der Geologie des Rheinischen Schiefergebirges über Weinbau, Schifffahrt und Tourismus in einen abgedunkelten Multimedia-Raum geführt. Wie sich Clemens Brentano vor dem Hintergrund mittelalterlicher Sagenstoffe vom Wortklang „Lure“ = Rauschen/Echo und „Ley“ = rheinisch für Fels zu seiner Ballade „Zu Bacharach am Rheine“ anregen ließ und daraus Heines unsterbliche Weise wurde („Ich weiß nicht, was soll es bedeuten“), wird hier mit modernsten visuellen Mitteln aufbereitet. Manches wird da entzaubert, zugleich aber eine neue Qualität geschaffen.

Vom Bahnhof laufen wir an der Rheinpromenade von St. Goarshausen zunächst gegen die Fließrichtung des Stromes. Vorbei an einem mittelalterlichen Turm, in dem ein kleines Weinmuseum untergebracht ist, geht es kurz darauf links ab in die Forstbacher Straße mit der Richtungsanzeige „Loreley“. Dieser folgen wir erst einmal auf Gehwegen, dann auf den Banketten der Fahrbahn. Nach einer weiten Rechtskurve können wir links ausweichen und den Forstbach auf einem schmalen Pfädchen begleiten. Vorsicht ist geboten, Blätter und glatte Felsstufen verlangen auf dem rutschigen Terrain erhöhte Aufmerksamkeit. Nachdem man an der Straßeneinmündung von Patersberg angelangt und die Loreley-Zufahrtsstraße diagonal gequert hat, setzt sich der schmale Weg an der anderen Hangseite hinauf nach Heide fort. Hier tritt auch das Zeichen für den Rheinhöhenweg, ein R, hinzu. Oben angelangt, leitet es sicher am Rande der Neubausiedlung Heide entlang. Zu beachten ist der scharfe Rechtsknick an den letzten Häusern, denen sich eine kurze Waldpartie anschließt. Kaum die Bäume hinter sich gelassen, heißt es nach Linksabzweig geradeaus über das offene Loreley-Plateau laufen. Gewiss könnte man auch von hier darauf zusteuern, aber wir wollen den Bogen etwas erweitern, um einen Weinlehrpfad mit einzubeziehen.

Weiterhin marschieren wir durch die Felder bis zum Rechtsabzweig in Richtung Leiselfeld. Wenn kurz darauf das R links abführt, geht es ohne Markierung den befestigten Weg bei leichtem Gefälle weiter geradeaus. Mit der bald von links auftauchenden Markierung RP schlendern wir über einige Serpentinen bis kurz vor das einsam liegende Gehöft Leiselfeld. Dort biegt man rechts in Richtung Loreley ab.

Erst noch über Wiesen, dann durch Wald und frühere Weinbergsterrassen kommt man zu einem Weinlehrpfad. Neben Erläuterungen zu den bevorzugt angebauten Sorten – Riesling, Kerner, Spätburgunder – wird daran erinnert, wem die Rebenherrlichkeit am Rhein zu verdanken ist: natürlich den Römern. Per kaiserlichen Befehl wurden im 3. Jahrhundert die Legionäre ausdrücklich dazu angehalten, die Wärme spendenden Uferflanken mit Weinstöcken zu bepflanzen.

So, gut informiert, nähert man sich der Loreley. Voraus erkennt man das am Eingang zur Freilichtbühne liegende Besucherzentrum, und nach links kommt man zur Felsspitze, wo die blonde Maid mit ihrem Sirenengesang einst die Rheinschiffer ins Verderben gestürzt haben soll. Nur – zu sehen ist nichts von ihr. In Denkmalform sitzt der Deutschen liebste Sagengestalt fernab an der Spitze eines Schutzhafens. Über hundert Meter führt eine Treppe – Zugang etwa auf halbem Wege zwischen Aussichtspunkt und Freilichtbühne – hinunter ans Flussufer. Zur Skulptur läuft man bis zur Molenspitze – oder gleich nach St. Goarshausen. Die mächtige Ruine von Burg Rheinfels über St. Goar vor Augen, kommt man auf dem Treidelpfad direkt am Wasser oder neben der Straße auf einem Fußweg zurück.

# Katz-und-Maus-Spiel am Rhein

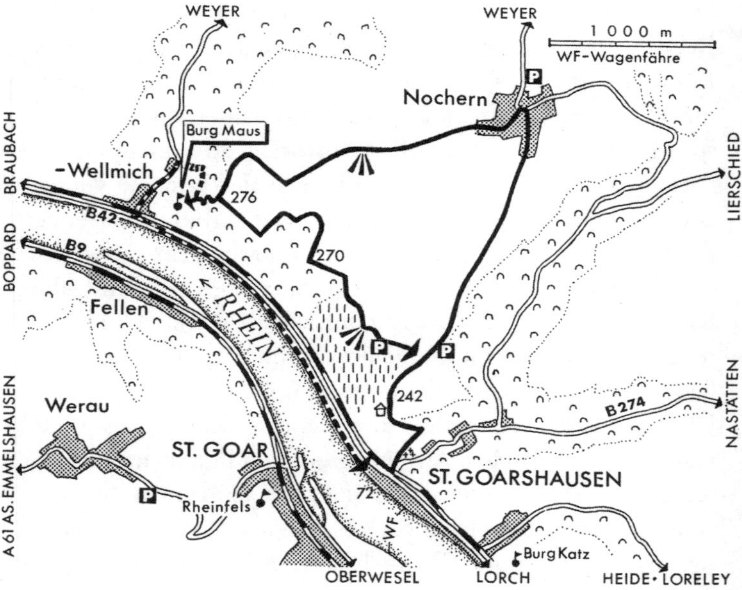


**Beginn:** St. Goarshausen, Bahnhof
**Länge:** 10 km (8 ohne Burg Maus)
**Einkehr:** In Nochern
**Merkmale:** Wo Adler in die Lüfte steigen • über die Höhen zur Burg Maus • auf aussichtsreichen Wegen zurück
**Öffnungszeiten:** Wein- u. Heimatmuseum im Stadtturm (mit Weinausschank), tägl. a. Mo. ab 13 Uhr • Burg Maus, Adler- u. Falkenhof, Flugvorführungen, 1. April bis Ende Okt. tägl. 11 u. 14.30 Uhr, an Wochenenden auch 16.30 Uhr
**Info:** Tourist-Information St. Goarshausen, Tel. 0 67 71/9 10 11;
Internet: www.loreley-touristik.de
**Sehenswert:** St. Goarshausen-Wellmich, kath. Pfarrkirche St. Martin (14. Jh.), gotische Hallenkirche mit Fresken (14. oder 15. Jh.) • Burg Maus (1353 bis um 1380), 1689 zerstört, 1900/06 wieder aufgebaut, hoher Palas, mächtiger Bergfried, genutzt als Adler- u. Falkenhof

Im Reigen der rund 40 Burgen und Schlösser am Mittelrhein haben diese beiden die ungewöhnlichsten Namen: Katz und Maus. Nicht weit voneinander entfernt flankieren sie die „Loreley-Stadt" St. Goarshausen. Zwei Burgen in räumlicher Nähe bedeutete, wie so oft, dass man einander alles andere als wohlgesonnen war und sich wie Katz' und Maus belauerte. So auch hier, die eine gehörte zur Grafschaft Katzenelnbogen und die andere zum Kurfürstentum Trier. Die ursprünglich aus dem Hintertaunus stammenden Katzenelnbogener waren damals am Mittelrhein ungleich mächtiger als das Erzbistum. Ihnen gehörten die wichtigsten Zollstätten, woraus man jährlich 10 000 Gulden Einnahmen erzielte und damit ein lukratives Verleihgeschäft aufzog. Kaiser, Bischöfe, Landesherren standen bei dem Geschlecht in der Kreide.

Bescheiden nimmt sich dagegen der Versuch von Trier aus, den Katzenelnbogenern, denen auch die gegenüberliegende Rheinfels gehörte, eine Trutzburg bei Wellmich entgegenzusetzen. Ursprünglich Peterseck genannt, machte schon bald nach deren Bau um 1360 die Bemerkung von Graf Wilhelm II. die Runde, seine Katz(enelnbogen) werde diese Maus mühelos fangen und ihr den Garaus machen. Zu kriegerischen Auseinandersetzungen kam es freilich nie. Vielmehr kämpften verschiedene hessische Linien erbittert um das ihnen 1479 zugefallene Katzenelnbogener Erbe. Burg Maus verfiel nach der Zerstörung 1689 durch Frankreich, ihr Pendant wurde auf Befehl Napoleons 1806 gesprengt. Beide Gemäuer wiedererstanden vor rund hundert Jahren, mehr idealisierend die Katz, fast authentisch die Maus. Genutzt werden sie heute als Hotel – deshalb ist die Katz auch nicht zu besichtigen – und als Warte für einen Adlerhof. Mehrmals täglich lässt dort ein Falkner Stein- und Seeadler sowie rote Milane und Jagdfalken für (eintrittspflichtige) Flugvorführungen aufsteigen.

Reizvoll ist es, sich Burg Maus gewissermaßen von hinten über das Rhein-Hochplateau zu nähern. Das heißt zu Beginn einen steilen Anstieg bewältigen, nachdem wir uns ab Bahnhof St. Goarshausen den Markierungen weißes R und hölzerne Ziffer 6 angeschlossen haben. Die Zeichen führen unter den Bahngleisen und der Straße hindurch, folgen kurz einer Häuserzeile und weisen vor dem Friedhof scharf links in den Berg. Ein Serpentinenpfad führt durch verwilderte Weinbergterrassen auf die Höhe. Ist ein befestigter Wirtschaftsweg erreicht, können wir erst einmal verschnaufen und die herrliche Aussicht zur gewaltigen Burgruine Rheinfels jenseits des Stroms genießen.

*Burg Katz über St. Goarshausen*

Noch etwas weiter oben knickt das R links ab, wir verbleiben bei der 6. Wer etwas kürzer treten möchte, kann von hier mit dem R auch den direkten Weg zur Burg Maus wählen. Die Ziffer begleitet dagegen erst einmal zum Dörfchen Nochern. Nicht Wein, vielmehr Rüben und Mais wachsen auf der Hochfläche des Rheintaunus. Weit reicht der Blick über das gefällige Auf und Ab der Felder und eingestreuten Bauminseln. In der Ortsmitte von Nochern nehmen wir die neuromanische Pfarrkirche als Wendepunkt. Durch Langgasse und Oberdorfstraße verlassen wir die Gemeinde. Erneut über freies Feld, wird man gen

Rhein geführt, zu beachten sind dabei ein Rechts- und ein Linksabzweig. Die 6 ist aber sehr zuverlässig, da als Teil eines gemeindeeigenen Wegenetzes um St. Goar und St. Goarshausen ausgeschildert.

Am Waldrand vereinigen sich abermals die 6 und das R. Durch Eichenniederwald werden wir auf schmalem Pfad hinab zur Burg Maus geführt. Bereits von oben sieht man die Adler und Falken in einem Graben sitzen – die Burg kann allerdings nur im Rahmen der Flugvorführungen betreten werden. Für den Rückweg bieten sich zwei Varianten – auf der Höhe oder am Rhein entlang. Bleiben wir oberhalb, marschieren wir wieder den Berg mit dem R hinauf und folgen ihm zwischen Baum- und Wiesenrand. Dabei entfernt es sich auch einmal etwas nach links – im Zweifelsfall nehme man die Hochsitze als Orientierungspunkte. Für den Abstieg nach St. Goarshausen treffen wir dann wieder auf das bekannte Anfangsstück. Als zweite Möglichkeit verbleibt man in Obhut der 6. Sie führt den Burgberg hinab und quer durch Wellmich zum Rhein. Weiter einige hundert Meter auf dem Bürgersteig an der Straße, dann unmittelbar am Ufer zurück. Ob so oder so herum, beeindruckend rückt an der anderen Flussseite einmal mehr Burg Rheinfels ins Bild.

# Lahntaunus

## Hoch über dem Zweistromland

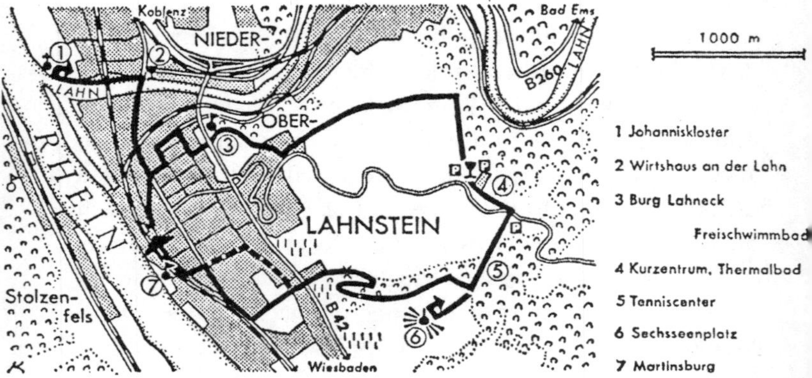


**Beginn:** Lahnstein-Oberlahnstein, Bahnhof
**Länge:** 12 km
**Einkehr:** Unterwegs mehrfach
**Merkmale:** Historisches Lahnstein am Zusammenfluss von Lahn und Rhein • über die sonnige Höhe zum modernen Teil mit Kurbezirk • herrliche Aussichten über die Flusstäler
**Öffnungszeiten:** Museum im Hexenturm (Besichtigung nur n. V. über die Tourist-Info oder im Rahmen der öffentlichen Stadtführungen: Mi. 14 Uhr)
**Info:** Tourist-Information Lahnstein, Tel. 0 26 21/91 41 71;
Internet: www.lahnstein.de
**Sehenswert:** L.-Oberlahnstein, kath. Pfarrkirche St. Martin, spätromanische Türme, gotischer Chor, Langhaus 18. Jh. • Burg Lahneck (1245), auf steilem Fels über dem Ort, 1688 zerstört, seit 1854 in engl. Neugotik wieder aufgebaut • Martinsburg (1244), Haupt- und Wohnturm Ende 14.

Jh. • Salhof nach 1150, eines der ältesten unbefestigten Häuser am Rhein • Altes Rathaus, spätgotischer Fachwerkbau • von Stadtbefestigung größere Teile erhalten, im Hexenturm Museum
L.-Niederlahnstein, Klosterkirche St. Johannis (1140), romanische Pfeilerbasilika = älteste Emporenkirche am Mittelrhein • nahe dem Alten Zollhaus das „Wirtshaus an der Lahn“ v. 1697, malerischer Fachwerkbau • Heimbachsches Haus, nach 1150, romanischer Arnsteiner Hof u. Nassau-Sporkenburger Hof, spätgotische Steinbauten

„Erholen und Kuren auf Römerspuren“, so lautet der Slogan für die Ferienroute Bäderstraße, die als B 260 von Wiesbaden über die Taunushöhen nach Bad Ems und weiter an der Lahn zum Rhein führt. Lahnstein, am Mündungseck der beiden Flüsse, bildet den Abschluss der heilsamen Bäderkette. Es ist das jüngste und modernste Glied im sprudelnden Thermenreigen, was sich allerdings ausschließlich auf das neu erbaute Kur- und Erholungszentrum bezieht. Die Stadt selbst blickt auf eine lange, traditionsreiche Vergangenheit zurück, geprägt durch die Erzbistümer Trier, Köln und Mainz, die hier im Dreistromland von Rhein, Lahn und Mosel aufeinander trafen. Schauen wir uns unter den steinernen Zeugen der Geschichte und den sie prägenden Flusslandschaften Lahnsteins etwas um. Der Name ist übrigens sehr jung, ein Kunstwort, unter dem die beiden Orte Nieder- und Oberlahnstein diesseits und jenseits der Lahn vereint wurden.

Unser erster Gang soll zur Lahnmündung in Niederlahnstein führen. Dort steht die romanische Johanniskirche. Vom Bahnhof Oberlahnstein geht man links durch die Kirchstraße und kommt nach wenigen Metern in Richtung Stadthalle zum 1150 errichteten Salhof, angelehnt an den Hexenturm und die Stadtmauer, die den Salhofplatz umgibt. Adolfs- und in der Verlängerung Brückenstraße bringen zum anderen Lahnufer, von dem das farbenprächtige Fachwerk des historischen „Wirtshauses an der Lahn“, in dem schon Goethe einkehrte, herüberleuchtet. Und in einiger Entfernung klotzt oberhalb der Lahnschleuse auf steilen Felsen Burg Lahneck.

Auf dem Lahnuferweg unter schattigen Bäumen oder durch die engen Gassen kommen wir zu Klosterbezirk und Johanniskirche, die anstelle eines im 9. Jahrhundert errichteten Gotteshauses 1140 erbaut wurde. Die fünfstöckige Pfeilerbasilika mit ihrem massigen, 38 Meter hohen Westturm ist die älteste Emporenkirche am Mittelrhein. Wenn wir uns aus der erhebenden Stille des Kircheninneren wieder gelöst haben, laufen wir über die Brücke zurück und biegen am Hinweis Krankenhaus in die Nordallee ein. Am Ende der Klinikgebäude heißt es dann: „Fußweg zur Burg Lahneck“. Dort muss man den Kopf schon ordentlich in den Nacken legen, um zu den Turmspitzen aufzuschauen. Der Anstieg ist weniger beschwerlich, als es zunächst scheint. Ein Treppenaufgang führt bis in den Burghof. Diese ehemals mainzische Feste mit 3,50 Meter dicker Schildmauer und fünfeckigem Turm präsentiert sich heute überwiegend in neugotischem Stil. Nach der Zerstörung 1662 ging sie Mitte des 19. Jahrhunderts in private Hände über.

Auf dem Zufahrtsweg verlassen wir das Burggelände und folgen der Straße durch die Hangsiedlung bis zur Gabelung. Am frei stehenden Baum schließen wir uns der Markierung L des Lahnhöhenweges an. Der Fluss bleibt vorerst verborgen, lediglich die Westerwaldberge steigen aus dem tiefen Taleinschnitt empor, während wir am äußersten Taunusrand durch Felder und später Nadelwald schreiten. Hier auf der Höhe des Feldberges (nicht zu verwechseln mit dem Frankfurter Hausberg) breitet sich das Kur- und Badezentrum Lahnsteins aus. Wenn unser jetzt befestigter L-Weg leicht zu fallen beginnt, ein abzweigender rechts aufwärts weist, lösen wir uns vom L und stehen bald danach im Kurpark auf dem 260

Meter hohen Plateau, umgeben von Thermalbad, Kurkliniken, Hotels und Wohnbauten. Eine drei Kilometer lange Pipeline sorgt dafür, dass die Mineralwasser der Viktoriathermalquelle am Rheinufer in den In- und Outdoorbecken auf dem Berg glasklar sprudeln. Um an dieser Stelle in den Genuss der Rhein- und Lahnansicht zu gelangen, muss man noch etwas höher steigen oder fahren: mit dem Aufzug zum Panorama-Café des Dorint-Hotels im 15. Stock. Die Aussicht von 306 Metern Höhe auf die Burgenlandschaft ist überwältigend.

*Lahnstein-Niederlahnstein, das Wirtshaus an der Lahn*

Haben wir wieder festen Boden unter den Füßen, gehen wir auf der Zufahrtsstraße durch die Häuseransammlung und folgen der Ausschilderung zum Tenniscenter. Von dort ist es mit Abstecher nicht weit zum „Sechsseenblick“. Ein hölzerner Aussichtsturm gibt den besten Überblick über das

Vexierspiel von sechs Rheinschleifen. Da der Strom nicht als Ganzes einzusehen ist, wirken diese wie zu einem See verbunden. Zurückgekehrt zum Hauptweg, schließen wir uns dem R des Rheinhöhenweges an. Durch eine Wochenendhaus-Siedlung und ein kurzes Stück Wald geleitet der Buchstabe nach Oberlahnstein. An der mainzischen Wasserburg vorbei kehren wir zum Bahnhof zurück.

# Der Charme der Vergangenheit

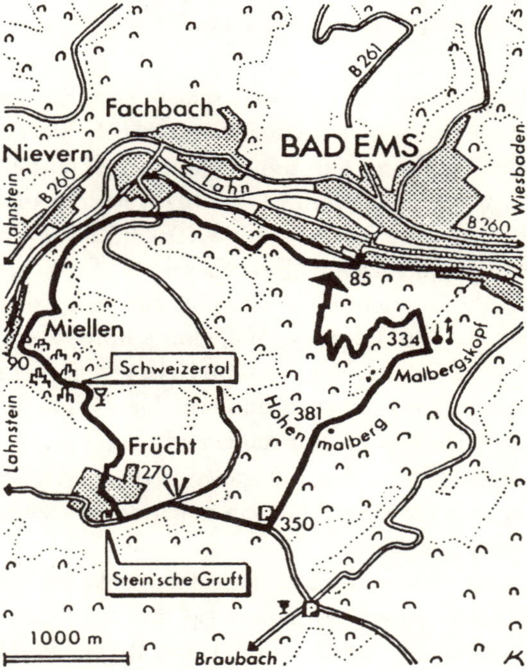


**Beginn:** Bad Ems, Westbahnhof
**Länge:** 15 km
**Einkehr:** In Frücht
**Merkmale:** Bad Ems hat und macht Geschichte • aus dem Lahntal durch eine dramatische Felslandschaft • Besuch von Freiherr vom und zum Steins Grabstätte • über aussichtsreiche Höhen zurück
**Öffnungszeiten:** Stadtmuseum, Römerstraße 97, Di. 9–12, Fr. 9–12 u. 14.30–17.30 Uhr
**Info:** Tourist-Info Bad Ems, Tel. 0 26 03/9 41 50;
Internet: www.bad-ems.info
**Sehenswert:** Ortsbild geprägt v. repräsentativen Bauten des 19. u. frühen 20. Jh., neubarockes Kurhaus (1913), Brunnenhalle mit Marmorsaal, Spielcasino, neugotische Pfarrkirche St. Martin (1884) • Russisch-ortho-

doxe Kirche (1876) • ev. Pfarrkirche, romanisch (um 1150) • Karlsburg = Vier-Türme-Haus v. 1696 • Technik-Denkmal Malbergbahn v. 1887
Frücht, Gruftkapelle (1807) des Reichsfreiherrn Karl vom und zum Stein, an den Wänden Grabdenkmäler u. Marmorreliefs v. L. Schwanthaler • ev. Pfarrkirche mit spätromanischem Ostturm, Schiff v. 1847

Die Begegnung war kurz und schneidend, das Ergebnis der Deutsch-Französische Krieg von 1870/71. Ein Gedenkstein an der Bad Emser Kurpromenade erinnert an jene schicksalsträchtige Begegnung vom 13. Juli 1870, als der französische Gesandte Benedetti morgens um 9.10 Uhr an den preußischen König (und nachmaligen Kaiser) Wilhelm herantrat und ihn zum endgültigen Verzicht auf den spanischen Hohenzollern-Thron drängte. Wilhelms schroffe Zurückweisung gab Bismarck die lang ersehnte Gelegenheit, Frankreich in verschärfter Form herauszufordern. Die Folgen jener als Emser Depesche berühmt gewordenen Fassung sind bekannt: Der in seiner Ehre verletzte Napoleon III. erklärte Preußen den Krieg und hatte am Ende ein mächtigeres Deutschland denn je zum Nachbarn.

Dass ausgerechnet in Bad Ems Preußenkönig Wilhelm und Benedetti zusammentrafen, lag an der Vorliebe des Monarchen für den Kurort an der Lahn. Regelmäßig kam er bis zu seinem Tode 1888 hierher – die Stadt dankte es ihm mit dem einzigen Denkmal, das Wilhelm in Zivil zeigt – und mit und nach ihm gekrönte Häupter, Adlige und betuchte Großbürger aus ganz Europa. Ems stand damals in einer Reihe mit Baden-Baden, Marienbad, Kissingen oder Homburg. Alleine aus Russland reisten so viele Gäste an, dass ihnen der ebenfalls hier kurende Zar Alexander II. großzügig aus seinem Privatfonds 1876 eine orthodoxe Kirche unmittelbar an der Lahn erbauen ließ. Sie ist nur die auffallendste Zeugin des damals die gesamte Stadt erfassenden Baubooms. Unverändert wird der Kern von prachtvollen Bauten in neugotischer oder historisierend-barocker Manier wie das Kurhaus geprägt. Darunter auch das Spielbank-Gebäude. Das Casino übte nicht unerheblich Anziehungskraft aus – bis zum preußischen Spielbankverbot von 1872. Danach musste man sich Neues einfallen lassen. Für die illustre Gästeschar erbaute man 1887 das Technikwunder der Malbergbahn. Auf 260 Meter Länge überwand die durch Wasserballast gezogene Drahtseilbahn Steigungen bis 56 Prozent. Seit 1981 ist die Bahn als Technikdenkmal anerkannt, rostet aber mangels Geld vor sich hin. Das schönste, aber auch vergänglichste Denkmal setzt sich Bad Ems alljährlich selbst, wenn jeweils am letzten August-Sonntag der größte Blumen-Korso Deutschlands durch die Straßen rollt. Millionen von Blüten werden dabei auf drei Dutzend Wagen zu kunstvollen Motiven gesteckt.

Für eine Wanderrunde um Bad Ems wählen wir das wildromantische Schweizertal und die Grabesstätte des Reichsfreiherrn vom und zum Stein im Ort Frücht als Ziele. Wir starten am Westbahnhof. Vor der dritten Straßenbrücke biegt man links in die Ernst-Born-Straße, kommt zur Bahnunterführung und läuft nach rechts weiter zum Waldrand, wo man auf die Markierung L des Lahnhöhenweges trifft. Für uns heißt es, sich geradeaus in den Kurs des Zeichens einzureihen. Die kurze, wenig attraktive Passage parallel zu Fluss und Schiene bleibt bald zurück und man gewinnt mit zunehmender Höhe Einblicke in den tiefen Lahneinschnitt. Auf der anderen Uferseite enden jäh die Westerwaldberge, diesseits geht es etwas gefälliger zu. Wir gehen durch obstbaumbestandene Koppeln, flankiert von dichtem, in üppigen Farben leuchtendem Gebüsch aus Beerenobst, auch ein Stück im Hochwald.

Dann geben Felsnasen, die über schmalem Pfad umrundet werden, einen ersten Vorgeschmack auf das Schweizertal. Ein kurzer Abstieg zur Sohle des Mühlengrundes, und das Abenteuer kann beginnen. In einen Stein gemeißelt findet sich der Hinweis auf die 1904 erfolgte Umbenennung des Leyenschen Mühlengrunds in Schweizertal. Nicht ganz zu Unrecht. Je weiter man in die über einen Kilometer lange Felsschlucht vordringt, desto stärker drängen sich alpine Reminiszensen auf. So tief hat sich hier der Bach eingegraben, dass kein Sonnenstrahl bis nach unten zu dringen scheint. Sechs Mühlen waren an etwas lichteren Stellen einmal ansässig. Nur eine hat zwei Jahrhunderte überdauert. Der Felsenpfad, in die Wände eingehauen und mit Drahtseilen abgesichert, windet sich weiter bis zum Waldende. Nach dem düsteren Tal schaut man fast geblendet in das offene Rund der Wiesen und Felder von Frücht. Das L führt uns über die Fluren in das Dörfchen, wo neben dem Friedhof unter alten Zedern die Kapelle mit der Stein'schen Gruft steht. Karl vom und zum Stein hat sie nach seiner Entlassung aus dem preußischen Staatsdienst 1807 zunächst für seine Eltern erbauen lassen. Er selbst kehrte nach Jahren der Flucht und Abgeschiedenheit 1831 zur letzten Ruhe hierher zurück.

Wir gehen an der eingefriedeten Kapelle vorbei und aufwärts zur Querstraße, wenden uns dort nach links und laufen – nun ohne Zeichen – zur nächsten Gabelung. Dort steht die Markierung F bereit, zudem ist ein Hinweis auf das Forsthaus Oberlahnstein zu lesen. Ein letzter Blick in das weite Rund, dann nimmt uns der Wald auf. Wir folgen der Waldstraße bis zur Abzweigung zum Naturparkplatz, biegen links ein und schließen uns über einen schnurgeraden Forstweg der Kombination M 1 an. Ist der Scheitelpunkt des Hohen Malberges überschritten, beginnt die Straße als Asphaltband leicht im Buchenwald zu fallen. Wir kommen an einer Lichtung mit Häusergruppe vorbei wieder in den Wald, leicht steigend zum Malbergskopf. Nicht weit vom Aussichtsturm lag die Bergstation der Malbergbahn. – Weiter mit M 1 in bisheriger Richtung, treffen wir abwärts wieder auf das bekannte L; nach links beenden wir in seinem Gefolge bald den langen Wanderkreis.

# Am Geburtsort der Niederlande

**Beginn:** Nassau, Bahnhof
**Länge:** 15 km (13 ab Lahnufer)
**Einkehr:** In Nassau, Burgschänke
**Merkmale:** Zu den Stammsitzen der Nassauer und der Reichsfreiherren vom und zum Stein • großartige Burg über der Lahn • durch das felsenreiche Mühlbachtal • kräftiger Anstieg auf aussichtsreiche Höhen
**Öffnungszeiten:** Burg Nassau frei
**Info:** Tourist-Information Nassau, Tel. 0 26 04/95 25 23; Internet: www.nassau-touristik.de
**Sehenswert:** Nassau, von Stadtmauer noch Grauer Turm (1414) mit Wehrgang erhalten • Adolzheimer Hof, stattlicher Fachwerkbau v. 1609 mit Schnitzereien (heute Rathaus) • Schloss Stein, vermutlich im 17. Jh. aus Gutshof entstanden, 1755 erweitert und durch achteckigen Turm 1817 ergänzt (nicht zu besichtigen) • Burgruine Stein, Stammsitz derer vom und zum Stein, vermutlich vor 1250 erbaut, bewohnt bis 1620, danach verfallen; in der Nähe ein modernes Denkmal (1953) für den 1757 in Nassau geborenen Karl vom und zum Stein • Burg Nassau, Stammsitz

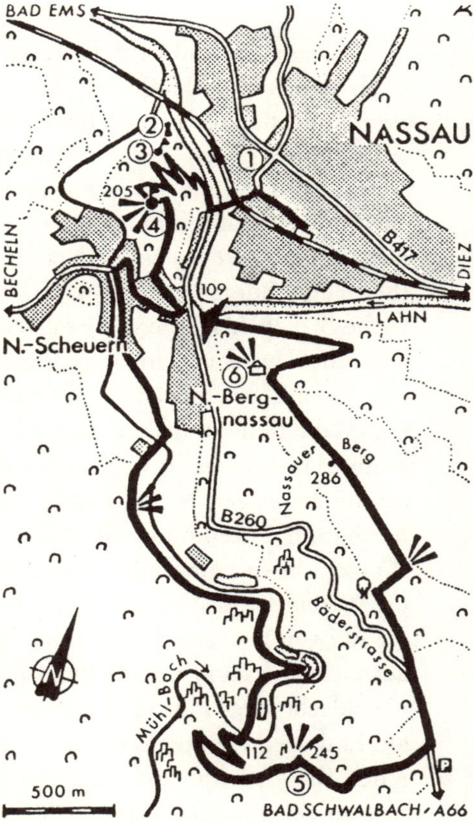


1 Schloss Stein
2 Stein-Denkmal
3 Burgruine Stein
4 Burg Nassau
5 Rabenlei
6 Pavillon Nassaublick

der Nassauer, 120 m über der Lahn, 1101 begonnen, Ende 15. Jh. verfallen, bis 1977 wiederhergestellt: romanischer Palas u. besteigbarer Bergfried, an dessen Ecken gotische Wimperghäuschen

Im Nassauer Land wird die Fahne hoch und die Tradition wach gehalten, schließlich, das weiß jedes holländische Schulkind, nahm das niederländische Königshaus von Nassau-Oranien seinen Anfang in eben diesem beschaulichen Nassau an der Lahn. Und so schmücken nicht irgendwelche Fahnen das Straßenbild, sondern orange-blaue mit den Farben der Nassauer – nicht anders die malerisch über dem Ort thronende Burg. Nach dem Umzug von der Laurenburg (siehe S. 229) darf dieses Gemäuer als Wiege der Nassauer angesehen werden, zumal nach der Teilung des Hauses in eine ottonische und eine walramische Linie 1255. Erstere erhielt die Besitztümer rechts der Lahn, letztere links davon. Beide Häuser leben in weiblicher Erbfolge bis heute fort: das ottonische in den Niederlanden, das walramische im Großherzogtum Luxemburg. Als Symbol für die gemeinsamen Wurzeln blieb damals die Nassauer Burg im Gesamtbesitz, die Wohngebäude wurden später (1349) aufgeteilt. Auch dieser Akt von höchster Symbolkraft. Wenn etwas die Nassauer auszeichnete, dann ihre Teilungsfreudigkeit. Da konnte das Geschlecht 1292 mit Adolf gar den deutschen König stellen, am Ende siegte immer die Kleinstaaterei. Kaum ein Ort zwischen Rhein, Lahn und Sieg, der nicht einen nassauischen Stamm beherbergte. Mitunter, wie im südwestfälischen Siegen, erbauten sich die dann auch noch konfessionell gespaltenen Familienzweige in Sichtweite ihre Schlösser. Erst nach 1806 kam es von Napoleons Gnaden zu einem einheitlichen „Herzogtum Nassau“ mit der Hauptstadt Wiesbaden, aber auch das war bereits 1866 Geschichte.

Niederländer pilgern gerne an die Lahn auf den Spuren ihres Königshauses, das auch immer Unabhängigkeit und

Freiheit verkörperte. Ein Mann, der dafür in Deutschland stehen müsste, ist dagegen fast vergessen. Kaum jemand dürfte nach Nassau reisen, weil dort 1757 der große preußische Reformer Reichsfreiherr Karl vom und zum Stein geboren wurde. Sein (nicht zugängliches) Geburtshaus mit dem 1817 zur Erinnerung an die siegreichen Freiheitskriege angefügten achteckigen Türmchen steht noch; ein Denkmal aus Beton hat ihm die Gemeinde 1953 gesetzt.

*Nassau an der Lahn, Rathaus im ehem. Adolzheimer Hof*

Wir kommen daran vorbei, wenn wir vom Bahnhof über die eiserne Lahnbrücke gewechselt (Autofahrer können diesseits des Flusses parken) und dem Hinweis „Stein-Denkmal" gefolgt sind. Assistiert vom L des Lahnhöhenweges, strebt man in Serpentinen den steilen Burgberg hinan, wobei man an der dritten Kehre auf eine fast von der Natur eroberte Burgruine stößt. Es ist der Stammsitz derer vom und zum Stein. Als Lehen der Grafen von Nassau erstmals 1234 genannt, war die Burg bis ins 17. Jahrhundert bewohnt, ehe die Reichsfreiherren ein Schloss in der Stadt erbauten. Erhalten, aber renovierungsbedürftig steht es nahe dem Adolzheimer Hof, einem prächtigen dreistöckigen Fachwerkbau (heute Rathaus). Wenige Schritte von der Burgruine sieht man auch das moderne Denkmal Steins.

Weiter bergauf. In der fünften Kehre schwenkt das L via Bad Ems, ein Seitenstrang zeigt zur Burg Nassau. Mit der achten Schleife ist sie endlich erreicht. Nach langwierigen Restaurierungsarbeiten in den siebziger Jahren ist die Burg schöner denn je anzuschauen. Zunächst wurde der Bergfried nach alten Vorlagen wie zur Zeit seiner Entstehung vor 1124 durch die Herren von Laurenburg, die sich nach 1159 Grafen von Nassau nannten, wiedererstellt. Schwieriger wurde es mit dem romanischen Palas. Für ihn gab es keine frühen Unterlagen, bis der Zufall in Form eines freigelegten romanischen Fensterrundbogens und der zugehörigen Kapitelle zu Hilfe kam. Auf den Bergfried kann man hinaufklettern und sich in den vier Ecktürmchen beim Blick über altes nassauisches Land als Burgwächter fühlen. Speis' und Trank reicht man in der Burgschänke.

*Burg Nassau*

Wir laufen zurück zum kleinen Parkplatz am Fuße des Gipfelfelsens, rechts die gepflasterte Zufahrt hinunter nach Scheuern, Teil von Bergnassau und wie dieser Ort einst in den Befestigungsring einbezogen. Das Straßenschild Becheln gibt die weitere Richtung vor, es weist ins Mühlbachtal, einem der wildromantischsten Bachläufe, die sich durch Felsen ihren Weg zur Lahn gebahnt haben. Vor der Brücke biegt man links in die Brückenstraße, findet nach wenigen Metern die Markierung N 14 und folgt ihr zwischen Villen und Kleingärten bachaufwärts. Der blaue Strich kommt hinzu, ebenfalls das Gewässer querend zum Eintritt in den Wald. Schieferfelsen fast senkrecht stehender Schichtung wechseln mit klaren Fischweihern ab, auf deren Oberfläche sich die umgebende Landschaft reizvoll spiegelt.

Erneuter Szenenwechsel, mit S 8 überqueren wir den Holzsteg und steigen bergauf im Wald über lang gezogene Serpentinen. Rabenlei heißt der nächste Höhen- und Aussichtspunkt. Noch immer leicht steigend, erreichen wir die B 260, folgen ihr nach links zum Waldanfang und verlassen sie an der abfallenden Linkskurve. Wenn die S 8 nach rechts abschwenkt, behalten wir im Wald die Geradeausrichtung bei. Von der stattlichen Maleiche an übernimmt N 12 die Führung für den finalen Wegabschnitt. Im Rechts-links-Knick steuern wir über den Nassauer Berg durch Felder als abschließenden Aussichtspunkt dieser Wanderung den Pavillon Nassaublick an. Am felsigen Waldhang geht es kurvenreich hinunter zur Lahn.

# Links und rechts der Lahn

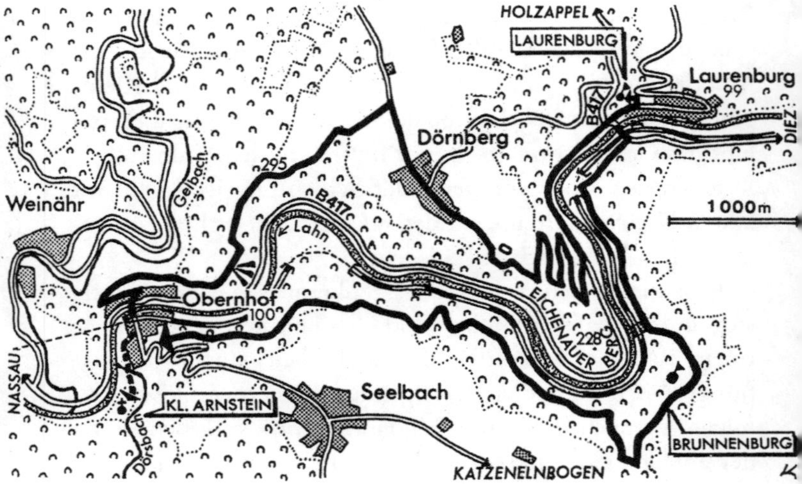


**Beginn:** Obernhof an der Lahn, Bahnhof
**Länge:** 19 km (22 mit Kloster Arnstein)
**Einkehr:** In Laurenburg • Imbiss auf der Laurenburg
**Merkmale:** Auf schönen Uferwegen der Lahn zur „Wiege der Niederlande" • zwei beeindruckende Bauzeugen aus dem Mittelalter: Laurenburg und Kloster Arnstein
**Öffnungszeiten:** Laurenburg mit Militaria-Museum, tägl. a. Di. 10–18 Uhr
**Info:** Verkehrsverein Obernhof-Arnstein e.V., Tel. 0 26 04/3 37 oder 75 63; Internet: www.obernhof.de; www.laurenburg.de
**Sehenswert:** Kloster Arnstein, über der Lahn liegend, 1139 Gründung eines Prämonstratenser-Klosters, Westtürme, Chor und Langhaus romanisch, im 14. Jh. gotisch umgebaut und um die beiden Osttürme ergänzt; nach Abbruch im 19. Jh. Querhaus 1884–87 wiederhergestellt, später auch die frühere Farbigkeit gelb und weiß; Ausstattung zumeist spätbarock • Laurenburg, Stammsitz der Laurenburger (= Nassauer), fünfeckiger Wohnturm aus 12. Jh., vier Geschosse mit Aussichtsplattform (heute privat, aber zu besichtigen)

Auch große Geschlechter haben einmal klein angefangen: Die seit etwa 1100 nachweisbaren, bis 1866 regierenden und noch heute neben anderen im niederländischen Königshaus fortlebenden Nassauer nahmen ihren Anfang mit einem bescheidenen Sprengel rund um die Laurenburg an der Lahn. Erst als es im Verlauf des 12. Jahrhunderts gelang, weiter lahnabwärts in Nassau Fuß zu fassen und sich durch Allianzen, Erbschaften und eine geschickte Heiratspolitik territorial bis an Rhein und Sieg auszudehnen, begann der Aufstieg zu einer der wichtigsten Mächte im Reich – gipfelnd im Königtum Adolfs von Nassau 1292 bis 1298. Für eine wirklich bedeutende Rolle im Konzert der Großen stand sich das Haus freilich selbst im Wege – auf Dauer geschwächt durch eine Unzahl von Teilungen. Zahlreiche Burgen und Schlösser von Wiesbaden über Weilburg, Diez, Dillenburg bis nach Siegen künden von dieser Zersplitterung. Die steinernen Zeugen der verästelten Linien Nassaus sind größtenteils in einem hervorragenden Erhaltungszustand. Doch ausgerechnet der Wiege des Geschlechtes, der immer im Besitz des Hauses verbliebenen Laurenburg, drohte noch bis vor wenigen Jahren wegen Baufälligkeit der Abriss. Private Initiative hat das in letzter Minute verhindert, und man kann den restaurierten Wohnturm samt einer kleinen Erinnerungsstätte heute besichtigen.

Vom Bahnhof in Obernhof laufen wir zunächst über die Lahnbrücke in den alten Teil des Ortes und lassen uns von der dortigen Ziffer 4 bergan wieder hinausführen. Weiter oben stoßen wir auf die Alte Poststraße, der man kurz nach rechts folgt, bis zum Anschluss an das Zeichen L. Mit diesem zu beiden Seiten die Lahn von der Quelle bis zur Mündung begleitenden Höhenweg erleben wir den Fluss zwischen Obernhof und Laurenburg auf seinem schönsten Abschnitt. Vom Hangweg eröffnen sich großartige Aussichten in die tief eingeschnittenen, wie mit grünem Samt überzogenen Uferberge – und gegenüber auf Kloster Arnstein. Einer Krone gleich sitzt die viertürmige, effektvoll weiß und gelb gefasste Abteikirche über der Lahnschleife bei Obernhof. Dann reißt erst einmal der Sichtkontakt zum Fluss ab. Jetzt tauchen wir in lichten Niederwald ein, der uns zwar bald wieder freigibt, aber deutlich entfernt von der Lahn. Wir haben eine Felderhochebene und nach einem Stück Landstraße das Dörfchen Dörnberg erreicht, durchmessen es in seiner ganzen Länge, passieren einen Friedhof, weichen einem Sportplatz rechts aus, und der Wald hat uns wieder. Dort achte man zunächst auf einen Links-, dann Rechtsknick, ehe es über Serpentinen hinunter auf Flussniveau geht. Das L erspart dem Wanderer nicht ein Stück entlang der viel befahrenen Uferstraße. Der Blick zum Treiben auf der Lahn – hier ist eine Wasserskistrecke ausgewiesen – und voraus auf den hellen Wohnturm der Laurenburg versöhnt jedoch etwas mit dieser nicht zu umgehenden Durststrecke.

Die Markierung führt in den Ort Laurenburg und kraxelt dann links hinauf zur gleichnamigen Burg. Über Leitern, wie es im „Illustrierten Lahnführer“ von 1901 heißt, müssen Anlage und Bergfried dank der Instandsetzungsarbeiten des Burgpächters und -bewohners Horst Wienberg nicht mehr betreten werden. Gefahrlos kann man über eine Wendeltreppe den Turm besteigen. Auf der Aussichtsplattform wird deutlich, wie überlegt die Nassauer, alias Laurenburger, den Burgenstandort ausgewählt hatten: Nach drei Seiten war das Gemäuer faktisch unangreifbar, dabei nah genug an der Lahn, um das Geschehen auf dem Fluss und dem dortigen Übergang zu kontrollieren. Im mittleren Turmzimmer hat der Hausherr eine kleine Militariasammlung und eine nassauische Gedenkstätte eingerichtet. Da wird vor allem an den größten Sohn des Hauses, Wilhelm von Nassau-Dillenburg, erinnert, der 1568 das Fanal zum jahrzehntelangen Ringen um die Befreiung der Generalstaaten gegeben hatte. Wie im Gästebuch die zahlreichen Eintragungen von holländischen Besuchern zeigen, ist die Erinnerung daran bei unseren Nachbarn ebenso lebendig wie die Laurenburg quasi als Geburtsstätte der Niederlande im allgemeinen Bewusstsein verankert ist.

Für den Rückweg gehen wir, wie gekommen, in den Ort Laurenburg zurück und queren ohne Zeichen auf einer Straßenbrücke die Lahn. Drüben halten wir uns gleich rechts und folgen dem holprigen Waldweg aufwärts, bis wir nach wenigen hundert Metern wieder Anschluss an das bekannte L haben, nun auf dem links der Lahn verlaufenden Weg. Kaum hat man erneut an Höhe gewonnen, wird man von der ganz eigenen Vegetation der Lahnberge umfangen: Eichenniederwald beschattet den üppigen Bodenbewuchs der Gräser, Moose, Beeren und Sträucher. Nur gelegentlich teilen sie sich für einen Blick hinunter auf das silbrig glänzende Band der Lahn. Nach einem scharfen Rechtsknick berühren wir kurz einen Felderrand, um anschließend in leichtem Wechsel von Auf und Ab die Wanderung ausklingen zu lassen.

Vor oder nach der großen Schleife sei noch die Besichtigung der Kirche von Kloster Arnstein empfohlen, einem beeindruckenden Beispiel, wie eine romanisch begonnene Anlage in der Gotik ihre Vollendung fand, obgleich fast 200 Jahre zwischen Baubeginn und Ausbau lagen.

# Eine Burg Gottes

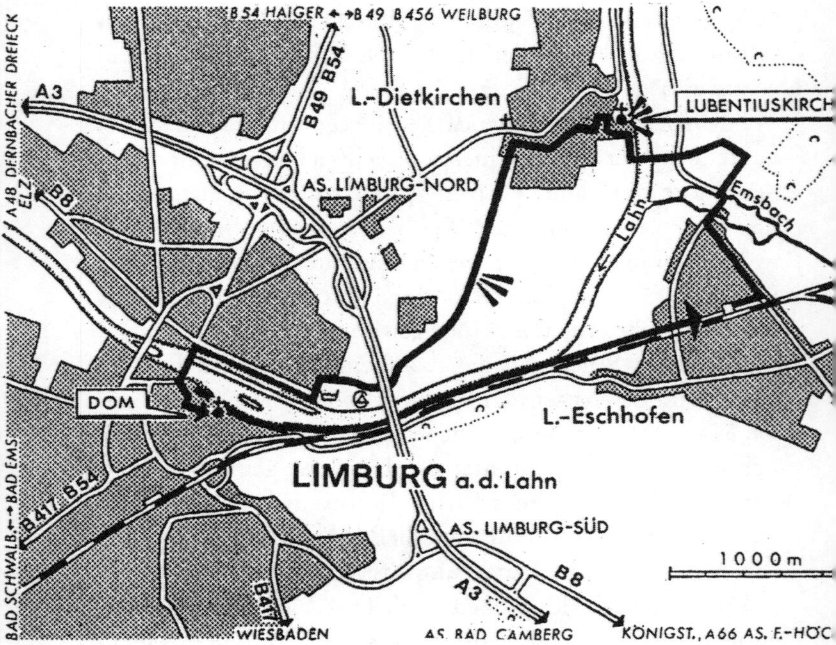


**Beginn:** Limburg-Eschhofen, Bahnhof
**Länge:** 10 km
**Einkehr:** In Dietkirchen • in Limburg
**Merkmale:** Beiderseits der Lahn zwei außergewöhnliche Kirchen der Romanik mit einer Wanderschleife verbinden • dabei durch das offene Land des Limburger Beckens
**Öffnungszeiten:** Dommuseum („Staurothek"), Mitte März bis Mitte Nov. tägl. a. Mo. 10 – 13 u. 14 – 17 (So. durchgehend) • Missionsmuseum der Pallotiner, Wiesbadener Straße 1, tägl. 10 – 12 u. 14 – 16 Uhr
**Info:** Tourist-Info Limburg, Tel. 0 64 31/61 66; Internet: www.limburg.de
**Sehenswert:** Limburg, beherrschend der siebentürmige Dom auf Fels an der Lahn, im frühen 13. Jh. begonnen, geweiht 1235, eines der besten Beispiele für den romanisch-gotischen Übergangsstil; im Inneren Arkaden u. Emporen durch den gesamten Raum; fast vollständig ausgemalt, darunter

– sehr ungewöhnlich – Christus Pankrator in der Vierung • Stadtbild geprägt von geschlossenem Fachwerkbestand aus 13. bis 18. Jh. • Alte Lahnbrücke (1341)
Dietkirchen, ehem. Stiftskirche St. Lubentius, romanische Doppelturm-Anlage weithin sichtbar über der Lahn errichtet, bereits im 9. Jh. begonnen, heutiges Bild weitgehend 11. Jh., Ausbau zur Emporenbasilika 12. u. 13. Jh.; Grabstätte des hl. Lubentius (gestorben im 4. Jh.), sein Kopf in kostbarem Reliquiar (1270 u. 1477) in Seitenkapelle

Wenn eine Kirche die Vision der biblischen, über dem Fels gebauten „Stadt auf dem Berge" einlöst, dann ist es der Limburger Dom. Unübersehbar thront die rot-weiße Gottesburg auf einer steilen Lahnerhebung. Die siebentürmige Architektur und die Stadttorfassade im Westen lassen den Dom wie eine großartige Darstellung der irdischen Kirche als Vollendung der offenbarten himmlischen Stadt Jerusalem erscheinen. Der Limburger Dom gilt als eines der besten Beispiele für den Übergang von der (rheinischen) Romanik zur Frühgotik in der ersten Hälfte des 13. Jahrhunderts. Der Grundriss mit seinem relativ kurzen und schmalen Langhaus im Anschluss an eine monumentale Vierung ist noch von der Romanik beseelt, während die Vierstöckigkeit, erste Ansätze zu Maßwerkfenstern, die um den Chor laufenden Emporen und vor allem die monumentale „Rose" über dem Westportal von der neuen Zeit künden.

Seit den fast 25-jährigen Restaurierungsarbeiten bis 1991, wobei die ursprüngliche Farbigkeit wieder hergestellt wurde, erfüllt die Kathedrale auch in ihrem Bildprogramm die ursprüngliche Intention. Unter einer 700 Jahre alten Schicht aus Putz, Schmutz und Übermalungen kamen etwa 70 Prozent der romanischen Fresken zum Vorschein – ein in Europa einmaliger Bestand –, aber auch Kuriosa wie putzige Drachen. Gesellen hatten sie zum Zeitvertreib an nicht einsehbare Stellen gezeichnet. Im rechten Eingangsbereich erinnert eine kleine Dauerausstellung an die mühevollen Restaurierungsarbeiten, an deren Ende Gesamtkosten von 30 Millionen Mark standen. Im Gegensatz zur Freskomalerei hat kaum ein mittelalterlicher Ausstattungsgegenstand die Zeitläufte überdauert. Auch das im benachbarten Dommuseum „Staurothek" Gezeigte lässt nur noch mit wenigen Objekten die frühere Pracht erahnen. Aus Limburger Besitz stammen einige liturgische Geräte und ein kleines Weihereliquiar aus dem 11. Jahrhundert; am kostbarsten ein noch hundert Jahre älteres byzantinisches Kreuzreliquiar.

*St. Lubentius zu Dietkirchen an der Lahn*

Neben dem Limburger Dom gibt es mit der Lubentiuskirche in Dietkirchen eine weitere außergewöhnliche Kirche der Romanik an der Lahn zu entdecken. Auf einer Runde beiderseits des Flusses wollen wir sie wandernd miteinander verbinden. Beginn ist im Limburger Stadtteil Eschhofen. Vom dortigen Bahnhof biegt man rechts in die gleichnamige Straße und folgt ihr diesseits der Schranke links durch den Ort, bis sie auf die Mühlener Straße trifft. Ihr nach rechts und über die Stege zweier Emsbacharme nachgegangen, dann wird noch ein Sträßchen gequert, und drüben heißt es geradeaus auf dem Fahrradweg durch Felder zum ersten Abzweig links. Beherrschend über der Lahn baut sich bereits die Doppelturmfassade der Lubentiuskirche auf. Mit der Fußgängerbrücke wechseln wir auf die andere Lahnseite und halten uns am grünen Uferstreifen rechts bis zum Alten Fährhaus. Dort weist zwischen kleinen Fischerhäusern ein Treppenaufgang zu dem Gotteshaus, das die Gebeine des hl. Lubentius birgt. Sein Kopf wird in einem silbervergoldeten Reliquiar von 1270 mit Brustteil von 1477 aufbewahrt. Angeblich hat Lubentius bereits im 4. Jahrhundert im Limburger Becken missioniert. Die heutige dreischiffige Emporenbasilika ist das Resultat mehrerer Um- und Neubauten bis ins 13. Jahrhundert, seit der ersten Nennung als Kollegiatsstift 841.

Nach dem Verlassen des Gotteshauses orientieren wir uns außerhalb des Mauerberings an der Markierung schwarzes L. Es weist am Pfarrheim rechts vorbei, eine schmale Gasse im Bogen hinunter zur Hohlstraße. Diese und die anschließende Lindenstraße wieder aufwärts, erreichen wir den westlichen Ortsrand Am Bildstock, Name für Marterl und Straße, in die wir links mit dem L abdrehen. Am Ende der Häuser setzen wir den Weg auf dem baumgesäumten Asphaltband fort, unterqueren die Autobahn und nähern uns der parkähnlich angelegten Brückenvorstadt Limburgs. Am Lahnufer zieht sich das großzügige Parkschwimmbad entlang. An seinem Eingang schwenkt unser Zeichen in den Uferweg ein und hält durch die Anlagen auf die Alte Lahnbrücke zu. Unter dem Brückentor schreiten wir zur Domseite hinüber.

Der Weg über den Treppenaufgang (oder ist es eine Himmelsleiter?) zur Kathedrale ist ausgeschildert, etwas versteckt daneben die „Staurothek“. Vor dem Wiederabstieg zur Lahnbrücke sollten wir noch einen Bummel durch die Altstadt anhängen. In seltener Geschlossenheit sind dort Fachwerkbauten aus dem 13. bis 18. Jahrhundert erhalten. Unten an der Lahn bleiben wir am diesseitigen Ufer und berühren am felsigen Schlossberg einige alte Mühlen. Dann schlängelt sich der Weg fast naturbelassen unter Schatten spendenden Bäumen am Fluss entlang und hält später durch Wiesen direkt auf den Bahnhof Eschhofen zu.

# Lahnmarmor in aller Welt

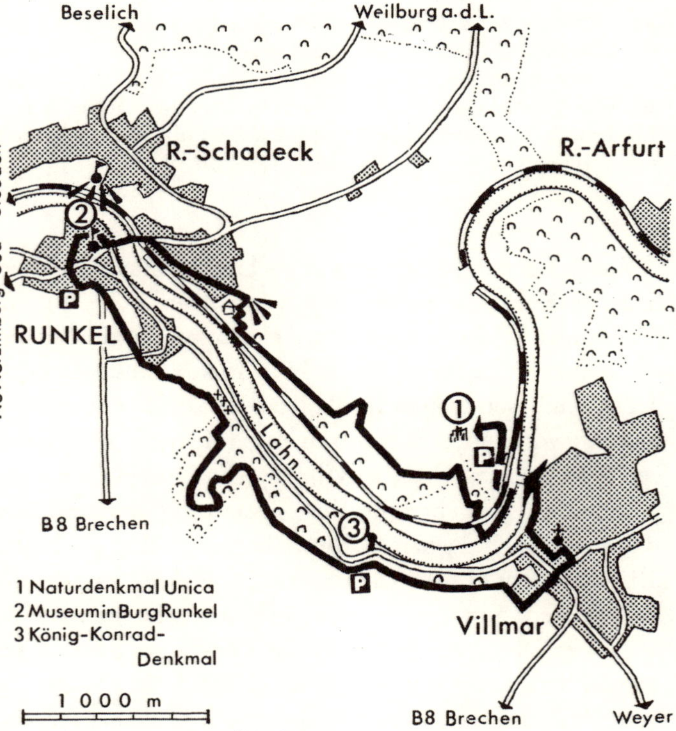


**Beginn:** Villmar, Bahnhof
**Länge:** 10 km
**Einkehr:** In Runkel
**Merkmale:** Ungewöhnliche Entdeckung an der Lahn: Marmor und seine Verarbeitung • als Etappenziel die gewaltige Burg Runkel • überwiegend sonnig zu beiden Flussseiten
**Öffnungszeiten:** Burg Runkel mit Museum, Ostern bis Mitte Okt. tägl. a. Mo. 10 – 17 Uhr • Freilichtmuseum Steinbruch „Unica“ frei zugänglich
**Info:** Gemeindeverwaltung Villmar, Tel. 0 64 82/9 12 10;
Internet: www.villmar.de • Stadtverwaltung Runkel, Tel. 0 64 82/9 16 10;
Internet: www.runkel-lahn.de

**Sehenswert:** Villmar, kath. Pfarrkirche (1746), erneuert 1886, reich mit Marmor ausgestattet • Lahnbrücke aus Marmor (1885) • ehem. Steinbruch des 400 Mio. Jahre alten Unica-Marmors (jetzt Freilichtmuseum) • Runkel, beherrschend über der Lahn gelegen, Burg der Herren v. Runkel (seit 1159), seltenes Beispiel hochmittelalterlicher Festungsbaukunst; Kernburg mit drei Türmen u. 45 m langer, bis 6 m dicker Schildmauer, seit 1634 Ruine; Unterburg mit drei Höfen bis ins 18. Jh. wieder aufgebaut (teilweise zu besichtigen) • Lahnbrücke (1448) auf drei starken Pfeilern • R.-Schadeck, Trutzburg (1280) gegen Runkel; nur das vierstöckige Steinhaus erhalten

Auf den ersten Blick haben sie nicht viel gemein, das Wiesbadener Kurhaus, die Berliner Gedächtniskirche und das Weilburger Schloss oder die St. Petersburger Eremitage und das Empire State Building von New York. Und doch verbindet sie ein Besonderheit: In all diesen Gebäuden wurde Lahnmarmor verwendet. Wegen seiner Farbigkeit und dekorativen Einschlüsse war das bei Villmar gebrochene Gestein über Jahrhunderte begehrt für die Ausstattung repräsentativer Räumlichkeiten. Neben seinem ästhetischen Reiz gilt es auch in geologischer Hinsicht als einzigartig. Was wie ein surrealistisches Werk anmutet, ist das Ergebnis eines vor etwa 380 Millionen Jahren zur Devonzeit aus Korallen und schwammartigen Stromatoporen aufgebauten Riffs. Die rötliche Färbung entstand durch eisenhaltiges, nach Vulkanausbrüchen eingedrungenes Wasser. Die Gemeinde Villmar hat ihr Naturdenkmal „Unica“, wie die dort gewonnene Marmorart genannt wurde, zum Schutz vor Witterungseinflüssen mit einer kühnen Zeltdach-Konstruktion überspannt und die nach dem Ende der Steinbrucharbeiten „angeschnittenen“ Wände frisch aufpoliert. Der Marmor selbst wurde nicht zuletzt vor Ort verarbeitet. So verbindet seit 1895 die einzige Marmorbrücke an der Lahn die Gemeinde mit ihrem Bahnhof am jenseitigen Ufer. Hier, rechts der Lahn, wollen wir auch unsere Wanderung starten.

Vom Bahnhof oder dem angeschlossenen Parkplatz kommt man mit dreiminütigem Abstecher zum ausgeschilderten Freilichtmuseum „Unica". Wieder zurück, folgen wir den Gleisen bis zum Bahnübergang und queren diesen. An der Lahn beschreibt der befestigte Weg eine lang gezogene Rechtskurve. Fast schon am Ausgang, achten wir auf ein Gebäude rechts am Hang. Dort streben wir hinauf und übersteigen erneut die Gleise (die Schranke öffnet auf Zuruf). Kurz halb rechts und geradeaus ein Stück durch Wald gelangen wir leicht aufwärts zu einer Felderebene. Nach scharfem Linksknick haben wir Anschluss an die Markierung weißes L auf schwarzem Grund. Das für den Lahnhöhenweg stehende Zeichen ist uns ein zuverlässiger Lotse hinüber nach Runkel, mag der Weg mitunter auch etwas holprig erscheinen.

Zunächst umrunden wir am linken Rand die große Wiesenfläche, kommen etwas ins Hinterland, um erneut scharf links abzubiegen. Ebenen Weges läuft man jetzt zwischen verwilderten Weinbergsterrassen geradeaus. Dabei baut sich beeindruckend auf der anderen Lahnseite die gewaltige Burgruine von Runkel auf. Den besten Blick hat man von einem Aussichtsrondell, das nach kurzem Bergauf über Serpentinen erreicht wird. Noch wenige Meter durch Wald, dann werden wir auf einer rampenartigen Straße hinab zur historischen Lahnbrücke von Runkel geführt. Ohne Markierung gehen wir über die 550 Jahre alte Brücke, halten uns drüben am Fuße der Burg rechts und folgen der gleichnamigen Straße bis vor den Zugang der aus dem 12. Jahrhundert stammenden Feste. Nach dem Wiederaufbau sind Teile bewohnt, andere als Museum zugänglich. Jeder ist sein eigener Führer auf dem beeindruckenden Rundgang durch Wehrgänge, Gewölbe und Verliese bis hinauf zu einem der drei Türme für einen umfassenden Blick über das Lahntal.

Weiter geht es durch die Obertorstraße in Richtung Brechen. Vor der Rechtskehre an den letzten Häusern nehmen wir erneut das L auf, jetzt das links der Lahn verlaufende, schwarz auf weißem Grund – weiter geradeaus, kurz durch ein Wäldchen und entlang eines Neubauviertels in Richtung

*Burg Runkel über der Lahnbrücke*

Kriegsgräber-Friedhof. Etwas Vorsicht ist auf dem Serpentinenabgang und dem anschließenden Talweg geboten, besonders nach Feuchtigkeit kann es rutschig sein. Wieder an Höhe gewonnen, marschieren wir für längere Zeit zwischen Feld- und Waldrand geradeaus. Mit Abgang zur Straße kommt eine kurze Unterbrechung ins Spiel. Rechts oberhalb des dortigen Parkplatzes steht ein 1894 errichtetes Denkmal für König Konrad I. Der aus dem Lahngau stammende Herrscher regierte nur sieben Jahre bis 918, hat sich aber bleibende Verdienste erworben, da er aus Staatsräson auf eine dynastische Erbfolge zugunsten von Heinrich I. verzichtete, des ersten Ottonen, also Sachsen, auf dem Thron.

Rechts von der Straße schlängelt sich ein Pfädchen leicht aufwärts. Man durchstreift etwas dichteren Wald, erlebt gegen Ende aber nochmals das Hauptcharakteristikum dieser Wanderung: rechts Feld, links breitkronige Eichen und Linden. Hinter dem ersten Haus von Villmar biegen wir links ein und gehen die Straße Am Kissel bis zur König-Konrad-Straße hinab. Von hier kommt man rechts zum Zentrum, wo besonders die prachtvoll mit Lahnmarmor ausgestattete barocke Pfarrkirche sehenswert ist. Oder man geht gleich links hinunter in Richtung Lahn, nicht ohne einen Blick auf die unter freiem Himmel stehenden Maschinen zur Marmorbearbeitung zu werfen: gut 100 Jahre alte Fräsen, Polier- und Schleifgeräte sowie eine Drahtsäge, mit der mühsam die Steinblöcke gelöst wurden. Gerade vier Zentimeter schaffte man damit in der Stunde.

# Das hessische Neuschwanstein

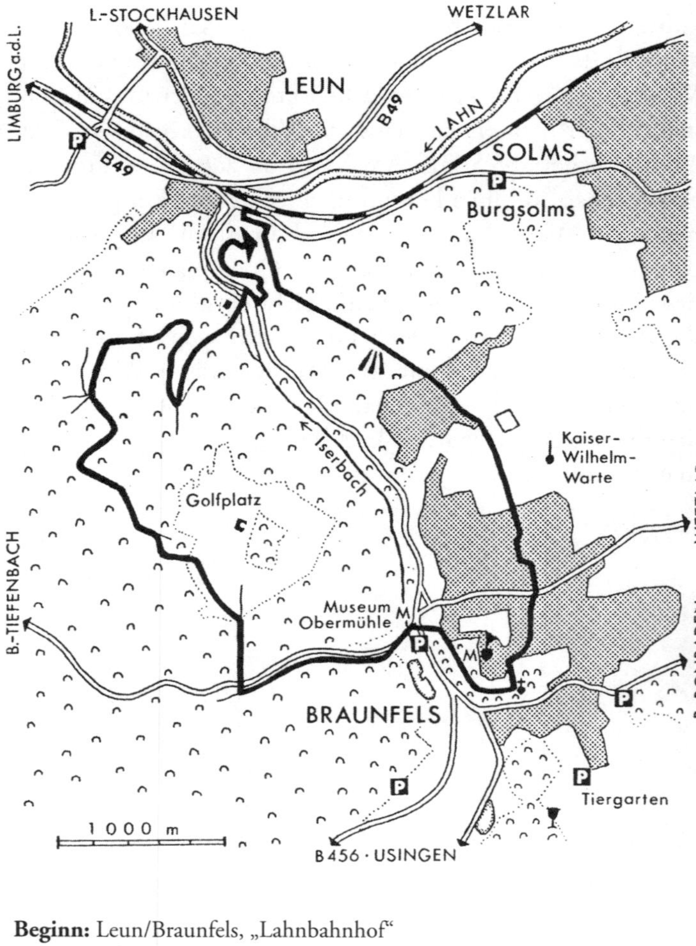


**Beginn:** Leun/Braunfels, „Lahnbahnhof"
**Länge:** 11 km
**Einkehr:** In Braunfels
**Merkmale:** Ein Märchenschloss im hintersten Taunus • gefällige Waldwanderung mit schönen Ausblicken zum Schloss • sehenswertes Fachwerk-Kleinod Braunfels

**Öffnungszeiten:** Schloss Braunfels, tägl. 9–17 Uhr (ein Bereich auch ohne Führung zu besichtigen) • Stadtmuseum Obermühle, So. 14–18 Uhr
**Info:** Tourist-Information Braunfels, Tel. 06642/93440;
Internet: www.braunfels.de
**Sehenswert:** Schloss Braunfels der Fürsten v. Solms-Braunfels, beherrschend auf Basaltkegel, in den idealisierenden Formen des 19. Jh. nach Zerstörungen im Dreißigjährigen Krieg und Großbrand 1679 wieder aufgebaut (teils privat, teils Museum) • einheitliches Ortsbild in Fachwerk nach dem Großfeuer besonders um Marktplatz • Teile der Stadtmauer (14./15. Jh.) mit Türmen und Toren noch vorhanden

„Und über allem, wo andernorts schon der Himmel beginnt, steigt hier erst noch das Schloß ...", schrieb Rainer Maria Rilke 1906 nach einem Besuch in Braunfels. Der Dichter stand, wie so viele vor und nach ihm, erstaunt vor einer märchenhaften Burganlage, die mit ihrer lebhaften Umrisslinie, den verspielten Türmen und Zinnen einen Anflug von Neuschwanstein im Hintertaunus verbreitet. Kein Wunder, wurde doch das Stammschloss der Grafen von Solms-Braunfels in der zweiten Hälfte des 19. Jahrhunderts im schwärmerischen Mittelaltergeist gestaltet wie die Traumburg von Bayernkönig Ludwig II. Nur erlangte das hessische Pendant nie einen vergleichbaren Bekanntheitsgrad. Warum, fragte sich schon der nachmalige Kaiser Friedrich III. nach einem Besuch im Mai 1887: „Wie kann man so alt geworden sein und Braunfels nicht gesehen haben?" Ob es an der fehlenden Alpenkulisse oder der etwas abseitigen Lage in einem Nebental der Lahn liegt? Sicherlich nicht an der Ausstattung. Anders als das im Inneren unfertig gebliebene Neuschwanstein ist Schloss Braunfels vollständig eingerichtet. Während unterschiedlich langer Führungsvarianten wird der Besucher durch die einstigen Prunkgemächer, Rittersaal, Ahnengang und Gesellschaftsräume geleitet. Überreich sind diese ausgestattet mit Sakralgegenständen, Rüstungen, Turnierwaffen, Skulpturen, Fayencen, Gobelins aus dem 16. Jahrhundert sowie großformatigen Jagdbildern des Hofmalers Johannes Deiker.

Beginnen wollen wir unsere Entdeckungsreise von Braunfels am „Lahnbahnhof" bei Leun. Mit Rechts-links-Knick steigt man in den gegenüberliegenden Waldweg ein, hier stehen auch unsere Zeichen X und Zeiger (beide schwarz) bereit. Markierungen bedürfte es freilich kaum. Auf bequemem Forstweg geht es nach kurzem Anstieg über die Höhe nach Braunfels. Zwischen Wochenendhäusern setzt sich das Geradeaus bis an den Ortsrand fort, wobei die Schlossaufbauten immer beeindruckender ins Bild rücken. Zum Greifen nah liegen vor uns die Türme, aber erst heißt es nochmals absteigen und durch die Borngasse mit Schwung hinauf zum Marktplatz (die Wanderzeichen bleiben unterdessen zurück). Das einheitliche Bild der Fachwerkbauten ringsum kommt nicht von ungefähr. Beim Wiederaufbau nach einem Großbrand 1679 entstand mit Maßgabe von „60 Schuh Länge und 40 Schuh Breite" für die Häuser jenes geschlossene Ensemble, das Braunfels heute zu einem Juwel an der Deutschen Fachwerkstraße macht. Bei schönem Wetter rücken Cafés und Restaurants Stühle auf den kopfsteingepflasterten Marktplatz – mit Blick auf die staffelförmig ansteigende Burganlage scheint die Zeit den Atem anzuhalten.

Nach einer Schlossbesichtigung halten wir uns am Vordertor rechts abwärts durch die Straße St. Georg Berg in den Park und dann an einem Kapellchen rechts. Ebenen Weges führt eine schöne Kastanienallee um den Burgsockel herum. Wir kommen in die Poststraße, von der links hinunter der unscheinbare Weg Am Mühlberg abzweigt. Unten, an der Straßenkreuzung, fällt ein frei stehendes Gebäude auf. Dort ist das Stadtmuseum Obermühle untergebracht. Ergänzend zur gräflich-solms'schen Geschichte im Schloss widmet man sich hier den Lebensumständen der Bevölkerung, wozu im rohstoffreichen Lahn-Dill-Gebiet auch die Verarbeitung von Erz gehörte. Überraschend trat bei Sanierungsarbeiten 1999 ein hölzerner Eisenhammer im Mühlenfundament zutage, der offenkundig nach seiner Stilllegung 1742 im Wasser versenkt und so exzellent bewahrt wurde. Man beließ die Konstruktion vor Ort und deckte sie mit einer von oben einsehbaren Glasplatte ab.

*Schloss Braunfels*

Für den Weiterweg orientieren wir uns gegenüber der Obermühle am Zeichen schwarzes Dreieck. Es führt parallel zu einem Sträßchen durch Wald leicht bergan. Gut zehn Minuten später verlässt man wieder die Markierung, wenn rechts in die Zufahrt „Golfplatz" eingebogen wird. Am Clubtor zweigen wir halb links in den angezeigten „Wanderweg" ab. Kastanien geleiten durch die Golfbahnen zum Wald. Zu beachten ist an der bald auftauchenden Gabelung, den rechten Strang zu wählen. Ansonsten braucht man nur dem kurvigen Forstweg durch den Laubwald abwärts zu folgen. Ist eine lichte Wegekreuzung erreicht, knickt man scharf links Richtung „Lahnbahnhof“ ab. Keine zehn Minuten später kommt ein enges Sträßchen in Sicht, dort rechts und gleich links auf der anderen Fahrbahnseite in den Buchenwald. Bergan durch einen Rechtsbogen trifft man bald auf einen ebeneren Forstweg, dem wir uns links anschließen. Auch dieser beschreibt eine weit ausholende Rechtskurve, ehe er auf das bekannte Anfangsstück trifft. Links hinab ist rasch der Bahnhof erreicht.

# Abstieg in die Unterwelt

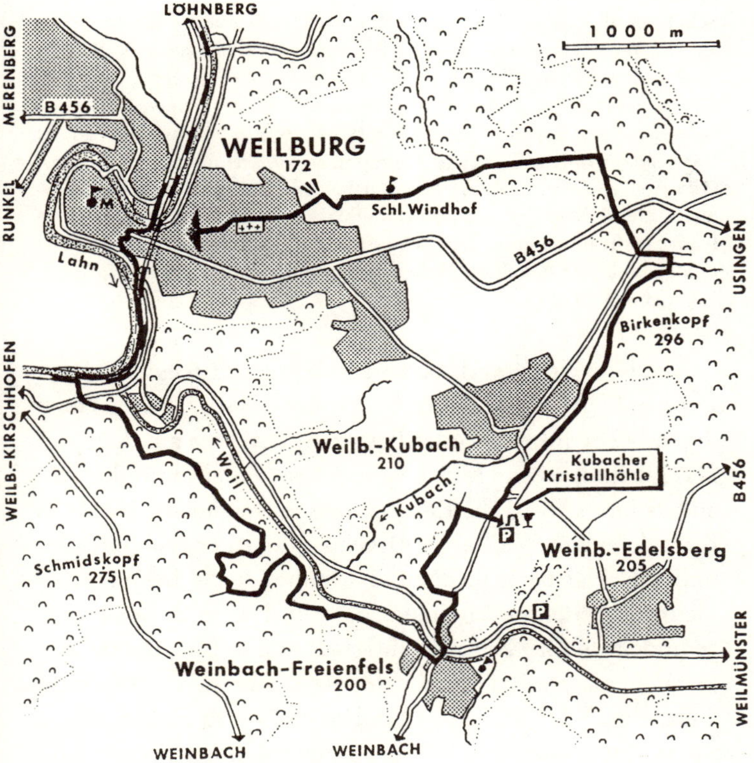


**Beginn:** Weilburg, Bahnhof
**Länge:** 14 km
**Einkehr:** In Weinbach-Freienfels • an der Kubacher Kristallhöhle (geöffnet wie dort)
**Merkmale:** Vom Residenzstädtchen Weilburg über 360 Stufen in die Tiefe • entlang an Lahn und Weil • hügelig, zum Schluss längeres Bergab
**Öffnungszeiten:** Schloss Weilburg, Führungen durch 30 Räume tägl. a. Mo. 10–16 Uhr • benachbart das Bergbau- und Stadtmuseum, tägl. a. Mo. 10–12 u. 14–17 Uhr • Kubacher Kristallhöhle, Führungen Ostern bis Ende Okt., tägl. 14–16, Sa./So. 10–17 Uhr • Tierpark (östlich v. Weil-

burg), Wisente, Wildpferde, Rot-, Schwarz-, Damwild, tägl. 9–19 Uhr oder bis Einbruch der Dunkelheit

**Info:** Tourist-Information Weilburg, Tel. 06471/1330; Internet: www.weilburg.de

**Sehenswert:** Schloss, über enger Lahnschleife v. Nassau-Weilburger Grafen erbaut, harmonische Vierflügel-Anlage aus Renaissance u. Barock, unzerstört erhalten: Marstall, Kabinett- und Prinzessinnenbau, Reithalle, Orangerie, Park, Schlosskirche mit Stuckaturen (1713); Inneneinrichtung weitgehend original (im Rahmen von Führungen zu besichtigen) • an der Engstelle im Osten das einem Triumphbogen nachempfundene Landtor (1759) • Neptunbrunnen auf dem Marktplatz (1709) • am östlichen Stadtrand Schloss Windhof, barocke Dreiflügel-Anlage (nicht zugänglich) • Lahn-Schiffstunnel unter dem Schlossfelsen (1847), der einzige seiner Art in Deutschland • Weinbach-Freienfels, Burgruine (um 1195), Bergfried u. Palasmauern erhalten

Mal ist es eine eingebrochene Kuh, mal aufsteigender Wasserdampf aus dem Erdreich, häufiger noch kommt man ihnen bei Steinbruch- oder Bergmannsarbeiten auf die Spur: Das Auffinden von Höhlen ist meist ein Zufallsprodukt. Wie anders liest sich da die Entdeckungsgeschichte der Höhle in Kubach, einem Weilburger Ortsteil. Hier ist es dem Spürsinn und der Hartnäckigkeit eines Mannes, dem Lehrer Karl-Heinz Schröder, zu verdanken, dass die dortige Erdspalte aufgefunden wurde. Zunächst brachte eine selbst gebaute Kamera, herabgelassen durch ein 40 Meter tiefes Bohrloch, Gewissheit, der am 15. Oktober 1974 die Erstbegehung folgte. Die systematische Suche Schröders nach einer von Bergmannsberichten im 19. Jahrhundert beschriebenen „riesigen Tropfsteinhöhle“ hatte endlich zum Ziel geführt.

Dennoch dürfte die Kaverne nicht jene gewesen sein, von der einst die Weilburger Bergleute schwärmten. Neben Stalagmiten und Stalaktiten fand man glitzernde Kristalle und Perlsinter-Teppiche an den Wänden. Damit war die erste und immer noch einzige „Kristallhöhle“ Deutschlands freigelegt. Nie hatten Menschen vor dem denkwürdigen Oktobertag 1974 einen Fuß in diese fantastische Welt gesetzt – nicht einmal Tierspuren fanden sich in der hermetisch abgeschlossenen, aber sehr wasserreichen und früher auch konstant leicht erwärmten Höhle (heute neun Grad). Nur unter diesen Bedingungen konnten, wie Geologen bald feststellten, die weißen Kristalle als Ausfällprodukt des Wassers entstehen. Seit 1981 ist die unter Naturschutz stehende Höhle für die Öffentlichkeit zugänglich.

Den buchstäblichen Abstieg in die Unterwelt – zu bewältigen sind 360 Stufen – wollen wir mit einer ausgedehnten Wanderrunde durch die herrlichen Laubwälder um die ehemalige Residenzstadt Weilburg verbinden. Beginn ist am Bahnhof. Wir orientieren uns an der rechts davon liegenden Eisenbahnbrücke. Auf einem Fußsteig queren wir mit ihr die Lahn und genießen dabei den Blick auf das hoch aufragende, zu besichtigende Renaissance-Schloss der Grafen von Nassau-Weilburg. Der Schlossfels wurde 2004 zur Entlastung der engen Straße für den Autoverkehr unterminiert und eine Brücke über die Lahn geschlagen. Die Röhre verläuft parallel zu dem berühmten Schiffstunnel von 1847.

Dort tippeln wir rechts eine Treppe hinauf, stoßen auf das mächtige Landtor und laufen den Bergrücken durch die Mühlbergstraße wieder hinunter. Diese verlassen wir an der Lahn und folgen dem Uferweg. Hier stellt sich auch die Markierung L ein. Wirklich benötigt wird das Symbol für den Lahnhöhenweg erst am Ende der lang gestreckten Flusskehre, wenn es unvermittelt unter die Eisenbahnbrücke links abbiegt; gleich weiter über die Landstraße und mit Schwung das Hangpfädchen drüben hinauf. Bald stoßen wir auf einen breiteren Weg, und das heißt jetzt voranschreiten in Buchen- und Lärchenwaldungen.

Nach längerem Geradeaus achten wir auf den Linksknick abwärts und weiter unten auf weitere Richtungsänderungen, doch die Markierung bereitet keinerlei Schwierigkeiten. Genau besehen wird das L hier zum Weiltalweg, linker Hand sieht man den Lahnnebenfluss immer wieder durch die Bäume glitzern. Wir kommen schließlich in Weinbach-Freienfels heraus, mit Linksabzweig über die Weilbrücke verlassen wir das Zeichen. An der Einmündung zur Landstraße nach Weilburg halten wir uns links und gleich das Sträßchen rechts hinauf in Richtung Kubach. Es geht an der Fahrbahn weiter bis zum Ende der Bäume vor einer S-förmigen Kurve. Hier können wir das Asphaltband links verlassen – wir brauchen nur zwischen Feld- und Waldsaum dem vergrasten Weg zu folgen. An der Kreuzung auf der Anhöhe rechts, halten wir auf das weithin sichtbare „Höhlenhaus“ zu. In dem Eingangsgebäude ist auch eine Gaststätte sowie ein Museum zum Bergbau an der Lahn und zur Entdeckungsgeschichte der Kaverne untergebracht. Im Freigelände stehen große Steine – Quarzit, Lahnmarmor, Kalk oder Basalt – zur Illustration der geologischen Verhältnisse im westdeutschen Raum.

Nach der Besichtigung gehen wir wieder zurück zur Landstraße und daran entlang rechts auf einem Fußweg in Richtung Kubach. Noch vor dem Ort verlassen wir in einer Linkskurve die Fahrbahn, um unterhalb der Gemeinde den Wiesengrund des Ku-

*Löwenbrunnen und Uhrturm im Hof des Weilburger Schlosses*

bachs zu genießen. Vor einer Gabelung orientieren wir uns am Wegweiser „Sportplatz/Grillhütte“ und kurz darauf am linken Abzweig (hier eine Tafel „Biotop“). Problemlos werden wir am Waldrand vorbeigeführt, erreichen eine große Waldwiese, die an der ersten Möglichkeit links gequert wird; drüben weiter nach links. Eine Landstraße kommt in Sicht, dort, auf der anderen Seite, nehmen wir den rechten Wegestrang leicht hinan durch hohen Buchenwald. Oben ist die viel befahrene B 456 zu kreuzen, drüben weiter geradeaus bis wir Anschluss an das L haben. Mit der vertrauten Markierung setzt man zunächst das Geradeaus fort, kurz darauf links, und dann gibt es fast bis zum Wanderende keine Richtungsänderung mehr. Zunächst noch im Wald, dann eine Wiesenpassage, vorbei an dem (nicht zu besichtigenden) Barockschloss Windhof und durch Neubauviertel hinab nach Weilburg. Abweichend vom L, sollten wir vom Schmittbachweg rechts in die Straße Karlsberg gehen. Diese endet vor der Eisenbahnbrücke.

# Zu Unrecht übersehen – die Theutbirg-Basilika

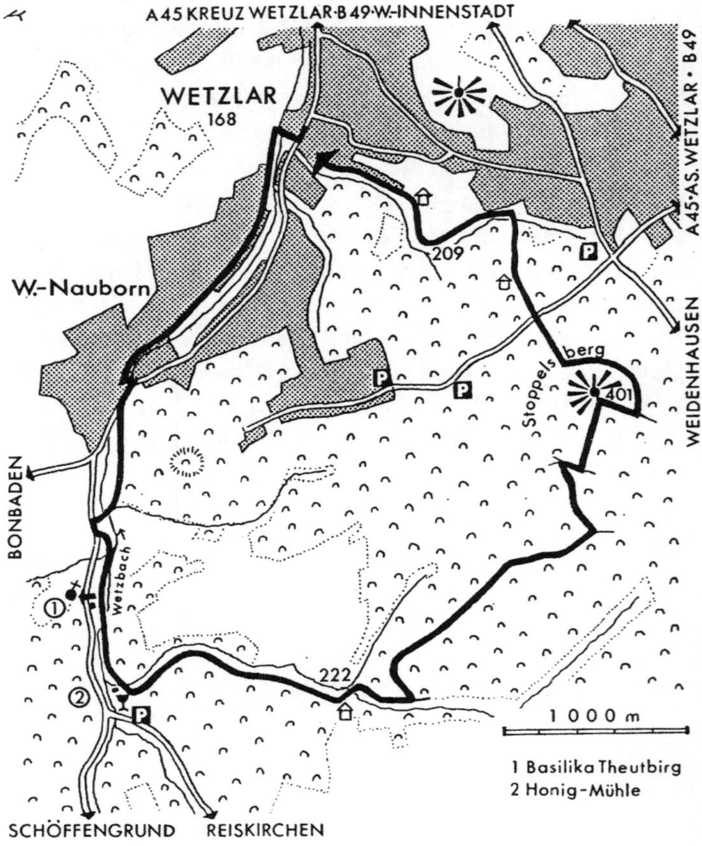


**Beginn:** Wetzlar-Nauborn
**Länge:** 11 km
**Einkehr:** Honig-Mühle (Mo. u. Di. Ruhetage)
**Merkmale:** Eine der ältesten Kirchen Hessens entdecken • abwechslungsreicher Wald bei Anstieg auf den Stoppelsberg • herrliche Sicht über Lahntal und Hintertaunus

**Info:** Tourist-Information Wetzlar, Tel. 0 64 41/99 77 50;
Internet: www.wetzlar.de
**Sehenswert:** Wetzlar-Nauborn, ev. Pfarrkirche, bereits 806 genannt, zur Romanik ausgebaut, im 17./18 Jh. barock verändert; im Inneren Emporen • südlich versteckt im Wald die sog. Theutbirg-Basilika, für 778 bezeugt, karolingischer Rechteckbau mit quadratischem Chor; später nicht verändert und nach Verfall 1927 in Grundzügen wieder aufgemauert

Im fränkischen Reich spielte „Hessen“ seit dem frühen 8. Jahrhundert eine herausragende Rolle, wichtig war es vor allem als Vorposten und Missionszentrum bei der weiteren Expansion nach Nordosten. Nicht zufällig finden sich im Land zwischen Rhein und Fulda denn auch so viele Bauwerke aus karolingischer Zeit wie in kaum einer anderen Region. Beispiele sind die Einhards-Basiliken von Michelstadt-Steinbach und Seligenstadt oder die als UNESCO-Weltkulturerbe anerkannte Reichsabtei Lorsch mit ihrer berühmten Torhalle. Ein Name wird freilich selten genannt, wenn das geschichtliche Erbe Hessens aus dieser frühmittelalterlichen Zeit an Beispielhaftem illustriert wird – die Theutbirg-Basilika bei Wetzlar-Nauborn. Und das, obgleich das Kirchlein aus der Zeit um 780 als eines der ältesten Bauwerke gilt.

Der Hauptgrund hierfür dürfte einfach sein: Das Gotteshaus wurde und wird schlicht übersehen. Es liegt heute abseits von Bebauung im Wald, über Jahrhunderte war es ganz verschwunden und tauchte erst durch die Nachforschungen des Nauborner Pfarrers Karl Schieferstein wieder auf. Er ging einem Eintrag im Lorscher Codex buchstäblich auf den Grund, wonach eine gewisse Theutbirg anno 778 dem Kloster eine Basilika in „Nivora“ geschenkt hatte. Dem Pfarrer gelang es 1927, die Kirchenfundamente südlich von Nauborn zu lokalisieren und unter Mithilfe seiner Konfirmanden in den Grundzügen zu ergraben. Als größte Überraschung entpuppte sich die „Stilreinheit“. Die Kirche war nie verändert worden, und so lässt sich gut erkennen, wie ein früher christlicher Steinbau in Deutschland ausgesehen hat: ein nach Osten ausgerichtetes Langhaus mit rechteckigem Chor.

Wir beginnen in der Dorfmitte von Nauborn in Höhe Bushaltestelle Sixt-von-Arnim-Straße. Einige Schritte läuft man noch in Fahrtrichtung, ehe es rechts in die Weiherstraße geht. An der nächsten Kreuzung stößt man auf den roten Strich, diesem wird links entlang einer Anlage und weiter geradeaus durch die Häuserzeilen gefolgt. Fast schon am Ortsende biegen wir kurz links in die Wilhelm-Will-Straße ein, von dieser rechts auf die Hauptstraße und verlassen Nauborn durch die Theutbirg-Straße. Zwischen Wald und Auen kommt man zu einem großen Platz, dahinter halb links fortfahrend durch das Wetzbachtal.

Um die Theutbirg-Basilika zu erreichen, weichen wir mit Sicht auf das hohe Fachwerkgebäude einer früheren Mühle rechts vom Hauptweg ab. Nach Queren der Straße sieht man einen Holzwegweiser für die letzten Meter zu den versteckt unter hohen Bäumen liegenden Kirchenfundamenten. Wieder zurück, setzen wir den Gang mit dem roten Strich zur nächsten Mühle, der heute bewirtschafteten Honig-Mühle, fort. Ein kurzer Abstecher nach rechts bringt zu der Gaststätte mit guter Karte bei moderaten Preisen. Inzwischen ist das Zeichen schwarzes L hinzugetreten. Dieses wird maßgeblich, nachdem wir ein anmutiges Tal hinter uns gelassen und eine große Wegekreuzung erreicht haben. Dort trennen wir uns vom roten Strich, das L kreuzt ein Bächlein und schwenkt gleich rechts ein, einige hundert Meter weiter nochmals scharf links. Langsam gewinnt man durch dichten Laubwald an Höhe. Am Boden breitet sich üppige Vegetation aus, wilde Erdbeeren, Brom- und Himbeeren. Beim Pflücken der Zwischenmahlzeit sollte man weiter oben nicht die Wendungen des Zeichens übersehen. Mehrfach ändert das – sehr gut markierte – L abrupt die Richtungen.

Nochmals kräftig Luft geholt, und der kurze Schlussanstieg bringt durch einen verwilderten Pfad auf den 400 Meter hohen Stoppelsberg. Einen schöneren Punkt hätte man für den dortigen Aussichtsturm nicht finden können. Großartig ist der Blick über Wetzlar und das Lahntal zum markanten Dünsberg und in die andere, südliche Richtung bis zum Großen Feldberg im Taunus. Halb rechts beginnt der Abstieg, vom Hauptweg bald nach links weiterführend. An dieser Seite des Stoppelsberges dominieren eher hochstämmige Laubbäume, auch nach dem Queren einer Landstraße mit kurzem Links-rechts-Knick. Schließlich kommt man an einer Kleingartensiedlung heraus, dort zur rechten Seite eines urwüchsigen Bachtales. Immer leicht bergab, werden wir nach Nauborn genau zur Bushaltestelle geführt.

# Hintertaunus

## Selten und schön – der Möttauer Weiher

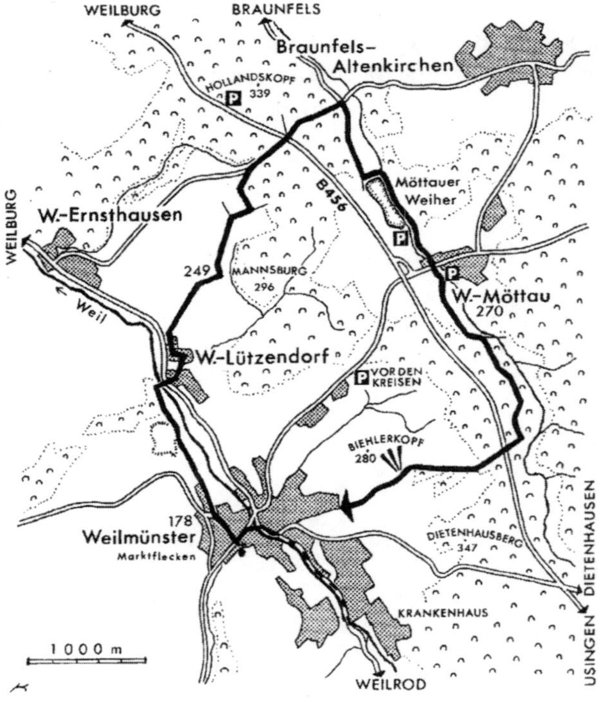


**Beginn:** Weilmünster, Busbahnhof
**Länge:** 11 km (14 ab Bushaltestelle Krankenhaus)
**Einkehr:** In Möttau, Gasthaus „Zum Einhorn“ (Mi. Ruhetag)

**Merkmale:** Halb durch freies Feld, halb im Waldschatten • Ziel der idyllische Möttauer Weiher, dabei viel Lehrreiches über Flora und Fauna erfahren

**Info:** Gemeindeverwaltung Weilmünster, Tel. 0 6472/9 1690; Internet: www.weilmuenster.de

**Sehenswert:** Ev. Pfarrkirche, im Kern gotisch, der ursprüngliche Wehrturm romanisch, 1790 verändert, im Inneren umlaufende Emporen, frei stehende Kanzel • Altes Rathaus, um 1700, mit Holzerker und -säulen

So abwechslungsreich der Taunus ist, nur eines fehlt – größere Wasserflächen, die zum Baden, Angeln oder auch nur zum stillen Genießen geeignet sind. Abgesehen vom Hattsteinweiher bei Usingen, gibt es glücklicherweise eine weitere Ausnahme, den Möttauer Weiher bei Weilmünster. Zwar darf dort nicht geschwommen werden, doch nach Wiederherstellung des Teiches an historischer Stelle bis 1976 und dem Ausbau als Erholungsgebiet hat sich ein einladendes Kleinod entwickelt. Der Fischbesatz kennt 15 Arten, die Bepflanzung wird durch das Hessische Forstamt Weilmünster ständig fortgeführt. Rund 75 verschiedene Bäume und Sträucher gedeihen hier; ein Lehrpfad um den See stellt die Gewächse vor. Bei Wiederanlage des Weihers konnte noch auf die mittelalterliche Staumauer zurückgegriffen werden. Bereits im 15. Jahrhundert entstanden zwei Teiche, die später den Nassauer Grafen in Weilburg als Fischbecken dienten. Sie waren es andererseits, die 1590 die Verfügung zur Trockenlegung erließen, um Weideland zu gewinnen. Die hauptsächlich von der Eisengewinnung lebenden Bürger Möttaus hatten die Wälder kahl geschlagen, Verbuschung setzte ein. Um die verbliebenen Bäume zu schonen, wurde die Waldweide verboten und stattdessen im Möttbachtal Ersatz geschaffen.

Eisengewinnung und -verhüttung prägten seit dem 16. Jahrhundert auch Weilmünster. Einige Fachwerkhäuser und das linksseitig auf Holzsäulen gestützte Alte Rathaus zeugen noch vom bescheidenen Wohlstand vergangener Tage. Wenn wir am Busbahnhof Weilmünster starten, sind wir durch die Weilstraße und an der großen Kreuzung rechts in die Hauptstraße rasch im Ortskern (Autofahrer können an der Weil parken oder auch auf der großen Stellfläche vor dem Bürgerhaus in Möttau). Die Hauptstraße führt, nachdem man noch einen Blick auf die barocke Saalkirche mit romanischem Wehrturm geworfen hat, durch die kleine Fußgängerzone und weiter zum Ort hinaus. Dabei nimmt man die Markierung schwarzes X auf. Mit ihm müssen wir zunächst vorbei an heutigen Gewerbestandbeinen Weilmünsters, Baustoffhandlungen und einem großen Steinbruch. An dessen Ende wechseln wir rechts über die Weil und die Landstraße in den Ortsteil Lützendorf. Problemlos lotst das Zeichen durch Ringweg und Straße Sonnenberg wieder hinaus.

Die Sonne scheint uns nun in der Tat auf den Buckel. Über freies Feld gewinnen wir etwas an Höhe; fast bis zu den Knien reichen dabei die Gräser auf ungebahnten Feldwegen, wie sie in der durchrationalisierten Landwirtschaft selten geworden sind. Auch hier verlässt uns das Wanderzeichen nicht. Nur an der Gabelung einige hundert Meter vor dem Wald ist der rechte Abzweig nicht eindeutig kenntlich. Am Wald heißt es dann links hinüber zur Landstraße und mit ihr zur Kreuzung an der B 456. Auf der gegenüberliegenden Seite in Richtung Altenkirchen knickt das X halb links weg. Von dort an laufen wir noch 400 Meter die Straße abwärts, ehe wir, gegenüber der Einmündung nach Braunfels-Philippstein, rechts in den Wald abbiegen können.

Ein gefälliger Weg führt unter dichtem Laubdach mit Blickkontakt in das Möttbachtal zum vorderen Damm des Möttauer Weihers. Das Wasserrechteck kann ringsum abgegangen werden. Die linke Seite ist sicherlich die schönere, da näher am Ufer und nicht asphaltiert. Dichtes Schilf, die tief herabhängenden Eschen und Weiden lassen fast vergessen, dass diese Idylle erst vor wenigen Jahrzehnten geschaffen wurde. Kaum ein Baum, vom Ahorn bis zur Zypresse, der hier nicht wächst und auf Texttafeln beschrieben wäre. Der Uferweg führt direkt auf Möttau zu. Nach links, zur Dorfmitte, findet man mit der Gaststätte „Zum Waldhorn“ eine gutbürgerliche Einkehr, ansonsten geht es über den Parkplatz am Gemeindehaus und weiter geradeaus in die Wiesen. Am Waldrand folgen wir nicht mehr dem Linksbogen, sondern laufen den breiten Forstweg hinan. Zur Sicherheit: Angezeigt ist auf einem Holzschild die Ziffer „75“. Auch ohne Markierung kommen wir auf diesem Weg durch dichten Laubwald gut voran. Zu beachten ist lediglich, bereits in Sichtweite der Bundesstraße, der Rechtsknick darauf zu. Ist die B 456 überschritten, wird es noch einfacher – man braucht sich nur auf dem befestigten Weg hinab nach Weilmünster treiben zu lassen. Am ersten Gehöft halten wir uns links, die Adamsbacherstraße stellt den Anschluss zur Weilstraße im Tal her.

# Fernab des Weltgetriebes

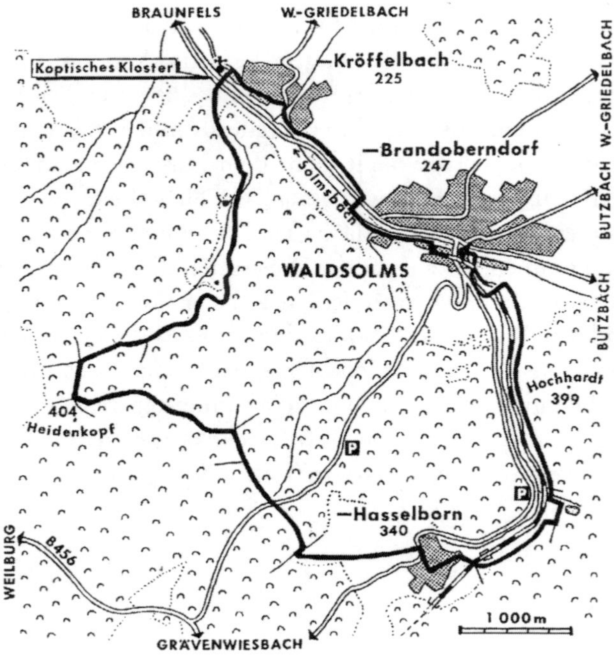


**Beginn:** Waldsolms-Brandoberndorf, Bahnhof
**Länge:** 15 km
**Einkehr:** In Waldsolms-Hasselborn
**Merkmale:** Viel Wald in Waldsolms: durch schöne Buchen- und Eichenbestände • nur ein mäßiger Anstieg • Begegnung mit der koptischen Kultur
**Info:** Gemeindeverwaltung Waldsolms, Tel. 0 60 85/9 81 00;
Internet: www.waldsolms.de
**Sehenswert:** W.-Brandoberndorf, ev. Kirche, im Kern und Wandmalereien gotisch, der ehem. Wehrturm romanisch, Langhaus um 1700 verändert, Kanzel aus dieser Zeit • Rathaus von 1830, ringsum zahlreiche Fachwerkhäuser Ende 17., Anfang 18. Jh., viele mit Inschriften und Schnitzereien • W.-Kröffelbach, ev. Kirche, 15. oder 16. Jh., niedriger Turm, ohne Übergang in das Schiff übergehend • einige Fachwerkhäuser um 1700, teilweise mit Kratzputz aus 19. Jh. • Koptische Klosterkirche, 1980 erbaut, tonnen-

gewölbtes Langhaus mit drei Apsiden, frei stehender Glockenturm, reiche ikonostatische Ausstattung

Die eine Hälfte der Christenheit feiert Weihnachten am 24. Dezember, die andere erst am 7. Januar. Traditionell begeht die orthodoxe Ostkirche nach dem julianischen Kalender vierzehn Tage später die Geburt von Gottes Sohn. Nicht anders die ägyptischen Kopten, auch wenn sie eine gewisse Sonderstellung einnehmen. Stolz nennt sich die Glaubensgemeinschaft „Ägyptens erste Kirche“, nach der Überlieferung durch den Evangelisten Markus bereits um 60 n. Chr. begründet. Im 3. Jahrhundert entstanden unter dem hl. Antonius in der Wüste die ersten christlichen Klöster überhaupt. Verfolgung und Drangsal zunächst unter römischen Kaisern, dann durch Muslime, haben die Kopten zwar geschwächt, aber nie ausgelöscht. Ein blühender Märtyrerkult ist seither eines ihrer Kennzeichen. Etwa ein Zehntel der ägyptischen Bevölkerung bekennt sich heute zur koptischen Kirche, der 7. Januar ist inzwischen gar als staatlicher Feiertag anerkannt. Außerhalb der Stammlande findet man nur wenige Niederlassungen des koptisch-orthodoxen Patriarchats. In Deutschland sind es etwa zehn kleinere Gemeinden und zwei Klöster. Eines davon liegt fernab des Weltgetriebes im Hintertaunus bei Waldsolms-Kröffelbach. Eine Hand voll aus Ägypten stammende Mönche verstehen ihr 1980 begründetes Haus als Begegnungs- und Bildungsstätte für alle Gläubigen; die Kirche steht jedem offen.

Ausgangspunkt ist Brandoberndorf, Hauptort der 1972 als Waldsolms zusammengeschlossenen fünf Dörfer. Jedes hat eine andere Geschichte, und so wählte man den Solmsbach als gemeinsames Namensband, während die Vorsilbe „Wald“ das Hauptkennzeichen der Gemeinde beschreibt. Mehr als die Hälfte der 4500 Hektar Gemarkungsfläche sind von Bäumen bedeckt, was sich auch in dem Fachwerkkern von Brandoberndorf spiegelt. Da der Bahnhof außerhalb liegt, wird man eine Besichtigung ans Wanderende stellen. Von der Bahnstation laufen wir die hier namenlose Ausfallstraße gen Zentrum, biegen aber schon nach wenigen Schritten links in den Morgenweg. Er bringt zum Ort hinaus, weiter hinüber zu einer Kläranlage und dort rechts ab zur Landstraße in Richtung Braunfels. Ihr können wir gefahrlos an der rechten Fahrbahnseite auf einem Fußweg bis Kröffelbach folgen. Nur die wenigen Meter in das Dörfchen müssen neben der Straße gegangen werden.

*Evang. Kirche über Grävenwiesbach; zu S. 264*

Ab der Ortsmitte ist das koptische Kloster angezeigt; im offenen Wiesental sieht man dann die hellen Gebäude liegen: unverkennbar die für den orthodoxen Bautypus kennzeichnende „gekuppelte“ Kirche mit frei stehendem Glockenturm. Beiderseits vom Hauptportal sind zwei große Mosaiken angebracht: links die Darstellung der Heiligen Familie in Ägypten, rechts der hl. Markus. Im Inneren unter einem hölzernen Tonnengewölbe wird der Blick auf drei Altäre in der Apsis gelenkt, dahinter die mit den zwölf Aposteln gerahmte Ikonostase. In besonderen Schränken an den Seiten bewahrt man Splitter vom Kreuz Jesu sowie Reliquien mehrerer Heiliger.

Wir gehen über die Straßenbrücke und halten uns drüben links. Nach kurzem Wiesenstück erreichen wir ein weites Bachtal im Wald. Zunächst begleiten uns Bäume rechter Hand, dann, seit dem Wechsel auf die andere Bachseite, links. Jetzt beginnt auch das Steigen auf den gut 400 Meter hohen Heidenkopf. Je höher der breite Forstweg freilich kommt, desto flacher wird es, um dann fast eben auszulaufen. Unter Ignorierung aller links und rechts abführenden Wege erreichen wir schließlich eine große Kreuzung und damit die Markierung schwarzer Zeiger. Mit diesem links ab und nochmals etwas bergan, kommt endlich die Anhöhe in Sicht. Nach Linksschwenk heißt es auf angenehmem Weg durch ein Tannenspalier geradeaus, das dann, wenn der Untergrund wieder holpriger wird, Laubbäume ablösen. Vor und nach einem zu querenden Sträßchen wachsen sich diese zu wahren Majestäten aus. Bald tritt das Zeichen schwarzes liegendes Y hinzu. Kurz verläuft es parallel zum Zeiger, um dann links abzweigend für uns alleine maßgeblich zu werden. Bereits mit Blick in die Wiesen ist hier auf einige Knicke zu achten, bis es nur noch geradeaus am Rande der Weiden hinab nach Hasselborn geht. Problemlos führt das Zeichen durch den gesamten, um 1700 von Hugenotten gegründeten Ort zur talseitigen Bahnstation. Dahinter biegen wir mit weiteren Markierungen links in einen Waldweg. Zunächst parallel zu den Gleisen, dann einen weit ausholenden „Haken" schlagend, wird ein kleiner Stausee sichtbar. Hier wechseln wir zum blauen Strich. Zwischen Bahnlinie und Eichenniederwald gibt er die Richtung bis Brandoberndorf vor. Nach Über- und Unterqueren der Gleise gelangen wir ab der Landstraße rechts in den alten Kern und links hinauf zum Bahnhof.

# Wald, Wald und nochmals Wald

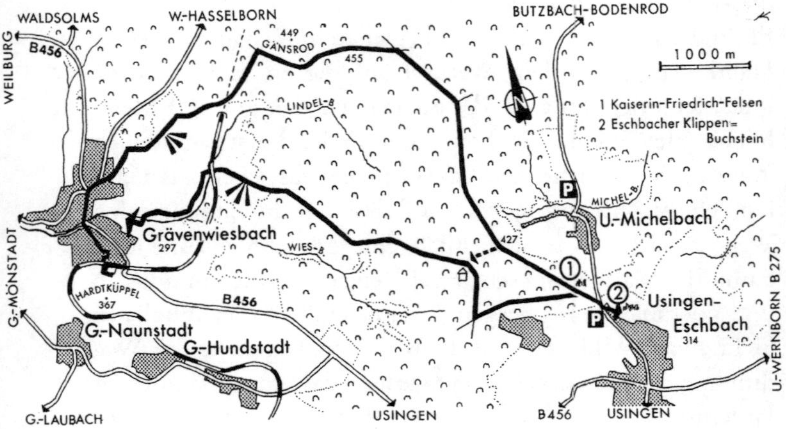


**Beginn:** Grävenwiesbach, Bahnhof
**Länge:** 17 (13) km
**Merkmale:** Nach offener Feldpartie durch endlose Wälder • dabei sogar ausgedehnte Lindenhaine erleben • einmal um das Naturdenkmal Eschbacher Klippen
**Info:** Gemeindeverwaltung Grävenwiesbach, Tel. 0 60 86/9 61 10; Internet: www.graevenwiesbach.de
**Sehenswert:** Ev. Pfarrkirche, ortsbeherrschend als Querhaus 1738 erbaut, hohe Fensterbahnen, an der Südseite Pilaster, an der Nordseite der mittig aufgestellte quadratische Turm • Usingen-Eschbach, sog. Eschbacher Klippen, Naturdenkmal, 60 m langer und bis zu 17 m hoher Quarzitzug

Noch immer ist der Hintertaunus von breiten Ausflugsströmen weitgehend unberührt. Gewiss, Gipfel und Fernblicke sind zwischen Usingen und Weilburg nicht ganz so spektakulär. Dafür darf man eine gefällige, auf- und abschwingende Landschaft erwarten, geprägt vom Wechsel zwischen Laubwäldern und offenen Fluren oder, besonders schön im Frühjahr, dem farbenfreudigen Spiel zwischen frisch ergrünten Bäumen und dem satten Gelb großer Rapsfelder. Richard Schirrmann hätte seine Freude daran gehabt. Der Gründer des Deutschen Jugendherbergswerks lebte bis zum Tode 1961 für rund 25 Jahre in Grävenwiesbach. Die örtliche Herberge trägt natürlich seinen Namen, und eine kleine Gedenkstätte erinnert dort an Schirrmann und dessen inzwischen weltumspannende Idee, Jugendlichen mit großen Reiseplänen, aber kleinem Geldbeutel kostengünstige Quartiere „im Abstand eines Tagesmarsches" anzubieten; erstmals verwirklicht 1912 auf Burg Altena im Sauerland. Mit den damaligen Massenlagern haben die heutigen Jugendherbergen freilich nichts mehr gemein. Deren gut ausgestattete Zwei- und Vierbettzimmer gleichen eher dem Standard von Mittelklassehotels. Eines aber blieb: Die Häuser sind fast immer in naturnaher Umgebung zu finden.

Wandern wir im Geiste Richard Schirrmanns hinaus in die schöne Umgebung von Grävenwiesbach. Vom erhöht über der Stadt liegenden Bahnhof führt die Markierung schwarzer Punkt abwärts durch den Bahnhofsweg in die Stadtmitte und damit zur Frankfurter Straße (B 456). An ihr geht es kurz entlang zum Abzweig rechts in die Hasselbornstraße und an der nächsten Gabelung gleich weiter rechts in den Mönchweg. Hier an der Ecke, Hausnummer 2, erinnert eine kleine Gedenktafel an den langjährigen Wohnort Richard Schirrmanns. Der Mönchweg führt zum Ort hinaus; auf dem Parkplatz am letzten Gebäude, einer Schule, können Autofahrer samstags und sonntags ihren Wagen abstellen. Durch das weite Wiesenhalbrund begleitet zusätzlich das Zeichen schwarz umrandeter weißer Strich, der bei Teilung der beiden Zeichen am Waldrand alleine maßgeblich wird. Noch ein letzter Blick über das in der Senke liegende Grävenwiesbach, dann umfängt uns für die nächsten Stunden Wald, Wald und nochmals Wald. Was eintönig klingt, ist höchst abwechslungsreich zu gehen. Lärchen und Buchen stehen beim leichten Bergan zunächst Spalier – zu beachten ist nur der Rechtsknick auf breiten Forstweg –, bis wir endgültig von lichten Laubwäldern umfangen werden. Auch nach dem Rechtsabzweig zum blauen Strich etwa zwanzig Gehminuten später setzen sich diese fort, jetzt sind sogar großflächig Linden anzutreffen.

*Die Eschbacher Klippen*

Nach langem Geradeaus stößt man auf eine Kreuzung, wo man nach rechts abknickend mit dem schwarzen Strich eine kürzere Variante wählen, oder aber weiter geradeaus mit dem blauen Strich zu den Eschbacher Klippen gehen kann. Ein Vorbote ist der etwas verdeckt liegende Kaiserin-Friedrich-Felsen kurz vor der Landstraße. Die Fahrbahn heißt es queren, und zwischen Kiefern erreicht man den mächtigen Quarzitzug, für den sich der Name Eschbacher Klippen eingebürgert hat, obgleich er korrekt Buchstein heißt. Tatsächlich steigt die halb schräg gestellte, 60 Meter lange und bis zu 17 Meter hohe Rippe riffartig aus dem Boden. Einmal den Fels inmitten einer naturgeschützten Heidelandschaft umrundet, und wir kommen zurück zur Straße und wieder in den Wald auf der anderen Seite.

Wir laufen den bisherigen Weg ein Stück zurück, dann aber an einer Gabelung mit dem schwarzen Dreieck halb links. Von hier an etwa einen Kilometer bis zur nächsten Wegekreuzung, wo wir rechts abbiegen. Des Zeichens eines roten Vogels bedarf es kaum, bereits nach 500 Metern trifft man auf den schwarzen Strich, dem nach links gefolgt wird. Gemeinsam mit den kürzer Tretenden strebt man einmal mehr durch abwechslungsreichen Wald zurück. Zum Schluss hat man auch wieder freies Sichtfeld auf Grävenwiesbach, beherrscht von der über den Dächern thronenden evangelischen Barockkirche. Mit den gleichförmigen Fensterreihen und dem mittig gesetzten Türmchen eher einem Schulhaus ähnelnd, gilt dieser 1737 als Querhaus errichtete Sakralbau als eines der besten Beispiele für die nachreformatorische Architektur im Usinger Land. Der Weg senkt sich in den Wiesengrund, unterquert einen Bahndamm und strebt halb links durch Gewerbe- und Neubauviertel Grävenwiesbachs und kommt schließlich an der Frankfurter Straße heraus; links hinauf geht es zum Bahnhof.

# Die „Schweiz“ vor der Haustür

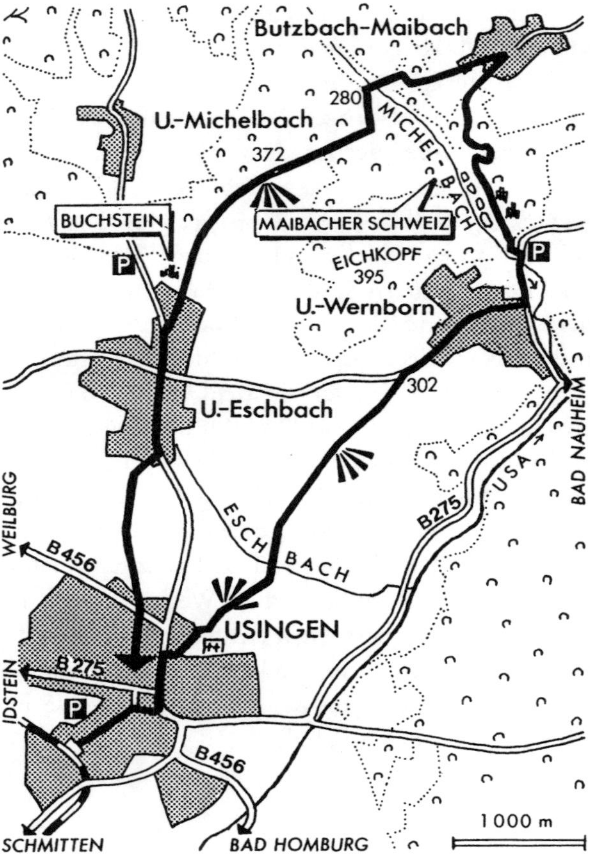


**Beginn:** Usingen, Bahnhof
**Länge:** 15 km
**Einkehr:** In Maibach • in Eschbach
**Merkmale:** Ungewöhnliche Felslandschaften im Usinger Land • durch offene, aussichtsreiche Landschaft • nur mäßige Steigungen

**Öffnungszeiten:** Stadtmuseum Usingen, So 14–17 Uhr
**Info:** Bürgerbüro Usingen, Tel. 06081/10243300;
Internet: www.usingen.de
**Sehenswert:** Ev. Laurentiuskirche, ortsbeherrschend mit quadratischem Turm , 1518 erbaut, nach Brand 1658 erneuert, hier und am Schlossgarten Reste der Stadtmauer aus dem 15. Jh., im Park ein Denkmal für Graf Walrad v. Nassau-Usingen (1640–1702) • Rathaus, dreistöckiger Fachwerkbau v. 1687, davor Sandstein-Brunnen mit dem Nassauischen Löwen • Prinzenpalais (Obergasse), mit schmiedeeisernen Balkongeländern und hohen Mansarddächern = der repräsentativste Barockbau im Usinger Land (1768) • U.-Eschbach, Buchstein oder sog. Eschbacher Klippen, Naturdenkmal, 60 m langer und bis zu 17 m hoher Quarzitzug

Die Schweiz, Land der felsigen Bergwelt, der Seen, tiefen Täler und weiten Matten, wird in unseren Mittelgebirgsbreiten gerne angeführt, wenn ein Landstrich geologisch-topographisch Vergleichbares aufzuweisen hat. So spricht man von der Nassauischen Schweiz, der Fränkischen oder, noch kleiner, von der Maibacher Schweiz, gelegen im östlichen Taunus zwischen Usingen und Butzbach. Wenn auch die Analogie zur eidgenössischen Bergwelt hier tatsächlich weit hergeholt scheint, eine reizvolle Ferienlandschaft ist diese allemal. Von allem, Feldern, Wäldern, Felsen, hat die Maibacher Minischweiz etwas aufzuweisen. Nicht weit entfernt gibt es mit den Eschbacher Klippen tatsächlich einen Hauch von Alpen im Usinger Land zu entdecken. Beide wollen auf dieser Wanderung erobert sein. Bevor es richtig losgeht, sollten wir uns etwas in der ehemaligen Residenz der Grafen von Nassau-Usingen umschauen. Nach deren Umzug 1744 an den Rhein bei Wiesbaden-Biebrich und dem Brand des Stadtschlosses 1873 erinnert allerdings nicht mehr viel an die herrschaftlichen Zeiten. Der absolutistische Gestaltungswillen verratende einheitliche Straßengrundriss, ein kleiner Schlosspark oder der nassauische Löwe auf einem Brunnen vor dem Fachwerk-Rathaus zeugen aber noch von der Vergangenheit unter nassauischen Vorzeichen. Der Löwe blickt dorthin, wo seit 1659 die Grafen von Nassau-Usingen residierten.

Wenn wir am Bahnhof starten, kommen wir durch die lang gezogene Bahnhofstraße und ihre Fortsetzung, die Wilhelmstraße, hinauf zum Schlossplatz im Zentrum. Für den Weiterweg folgt man links der Obergasse bis zur ampelgeregelten Kreuzung und biegt dort rechts ab in den Friedhofsweg. Wer der stark befahrenen Geschäftsstraße ausweichen möchte, schlüpft ab Schlossplatz rechts vom Café auf einen parallel zur Obergasse verlaufenden Weg, dabei vorbei am alten Baumbestand des Schlossgartens. Im Friedhofsweg trifft man auf den für die nächsten Kilometer maßgeblichen schwarzen Strich. Er biegt gleich links in den Wernborner Weg, womit sich erst-, aber nicht letztmals für heute der Blick weitet über das fruchtbare Usinger Becken.

Es geht durch die Talmulde des Eschbaches leicht ansteigend nach Wernborn hinauf, den dörflichen Stadtteil Usingens. Der schwarze Strich weist die Linden-, später Friedberger Straße hinunter, an der neugotischen Kirche vorbei und führt uns an der Straße im Michelbachtal den Zeichen schwarzes T und blaues X zu. Mit ihnen links. Kurz hinter der Kurve, sogleich nach Überqueren des Baches weisen die Markierungen links ab in den Wald und sofort auf kurz steil ansteigenden Pfad, um dann am Waldhang weiterzuziehen. Mächtige Quarzitfelsen treten nahe heran, wir sind in der Maibacher Schweiz. Unten sieht man den von Fischteichen flankierten Michelbach im Wiesengrund. Mit etwas Glück erkennt man Reiher oder Wildgänse im feuchten Untergrund nach Nahrung suchen.

Der Weg, mehr Pfad, schlägt noch einen kräftigen Haken, schon liegt das Dörfchen Maibach vor uns, das der romantischen Landschaft ihren Namen gab. Eingangs schwenken wir mit dem neuen Zeichen schwarzer Keil nach links. Dieses führt zunächst an versteckt liegenden Wochenendhäusern vorbei, am sonnigen Waldrand entlang, quert ein Wiesentälchen und strebt schließlich links-rechts im Wald stramm bergauf zum höchsten Punkt der Wanderung am Hasenberg. Höhe bedeutet Aussicht, hier ein herrliches 180-Grad-Panorama vom Steinkopf über das Usinger Land zum Großen Feldberg. Der Rundblick bleibt beim leichten Bergab fast bis nach Eschbach erhalten.

*Usingen, Schlossplatz mit Rathaus*

Vor der Ortschaft ragt rechts der Buchstein auf, bekannter unter dem Namen Eschbacher Klippen. Knapp vor dem Wasserwerk weist rechts ein kurzer Grasweg hinüber. Mit dem umgebenden Heide- und Wacholdergebiet wird der Fels als einzigartiges Naturdenkmal geschützt. Leicht schräg stehend, wirkt das 60 Meter lange Quarzitgebilde, als sei es mit Gewalt in den Boden gerammt worden. Dabei ist das extrem harte Gestein, wie die Maibacher Felsen, nur das standhafte Überbleibsel tertiärer Hebungen und Senkungen in einer schneller verwitternden Umgebung. Als eines der besten Klettergebiete im Taunus haben sich die Klippen etabliert. Man kann aber auch problemlos an der flacheren Nordseite einsteigen und über den schmalen First turnen. Wieder zurück, läuft man in der Neubausiedlung den Maibacher Weg abwärts, mündend in die Michelbacher Straße, und weiter durch den engen Ortskern von Eschbach. Die Usinger Straße leitet hinaus. Kurz vor Ortsende verweist ein Schild auf den „Fußweg zum Stadtteil Usingen, Grüner Weg". Damit wenden wir uns vom Verkehr ab und der Kantstraße zu; durch offene Felder kommen wir bei leichtem Anstieg nach Usingen.

# Auch Elvis Presley ging hier baden

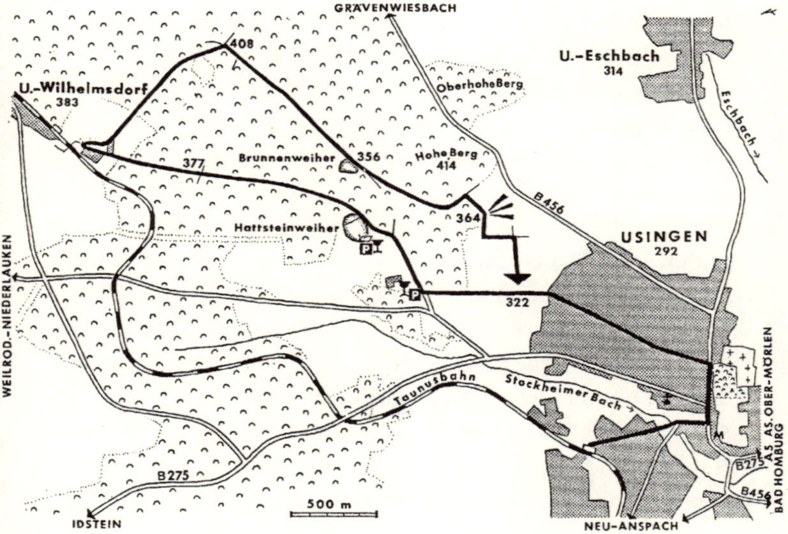


**Beginn:** Usingen, Busbahnhof
**Länge:** 11 km (7 ab Hattsteiner Allee)
**Einkehr:** Am Hattsteinweiher bei sommerlicher Witterung
**Merkmale:** Badeglück im Taunus • zum und um den Hattsteinweiher • ein Stück durch dichten Laubwald, der sich für herrliche Aussicht über das Usinger Becken öffnet
**Öffnungszeiten:** Der Hattsteinweiher ist frei zugänglich (Parken kostenpflichtig) • Stadtmuseum Usingen, So. 14–17 Uhr
**Info:** Bürgerbüro Usingen, Tel. 0 60 81/10 24 33 00;
Internet: www.usingen.de
**Sehenswert:** Usingen, siehe S. 268

Das Rhein-Main-Gebiet ist mit großem landschaftlichem Reichtum gesegnet, aber arm an natürlichen Gewässern. Bis hierher gelangten nun mal nicht die eiszeitlichen Gletscher, denen Oberbayern oder Ostdeutschland ihre Seen verdanken. Hier zu Lande bieten nur einige Baggerlöcher oder kleinere Talsperren ausreichend Liege- und Schwimmgelegenheit. Im gesamten Taunus findet sich abgesehen vom Möttauer Weiher gerade eine Wasserfläche von nennenswerter Ausdehnung, der Hattsteinweiher bei Usingen. Aber selbst hier waren die Badefreuden in den vergangenen Jahren mehrfach wegen Verunreinigungen getrübt. Der immense Aufwand, mit dem die Gemeinde das Gewässer aufbereitete, schien immer wieder durch Algenbildung und bakterielle Verschmutzungen zunichte gemacht. Damals, in den siebziger Jahren, wurde der See ausgebaggert, ein Sandstrand angeschüttet, und schließlich musste gar für die erhofften Naherholungsuchenden eine weitläufige Festcamper-Kolonie weichen. Mit der Wassergüte sieht es nun besser aus; wenn auch nur auf eigene Gefahr geschwommen werden darf. Und das nicht überall. Ein Drittel des vier Hektar großen Areals ist Anglern und einem naturgeschützten Streifen vorbehalten. Aber ob mit oder ohne Badeabsicht, der idyllisch am Waldrand liegende Weiher ist immer einen Ausflug wert, zumal wenn man sich durch die kilometerlange Lindenallee von Usingen her nähert.

Beginnen wollen wir am Bahnhof der Gemeinde. Durch die Bahnhofstraße, übergehend in die Wilhelmstraße, kommt man in das von Fachwerkhäusern geprägte Zentrum am Schlossplatz. An die Zeiten als Residenz einer nassauischen Nebenlinie erinnert nach mehreren Großbränden in der Vergangenheit allerdings nicht mehr viel. Zuletzt (1873) wurde das Barockschloss ein Raub der Flammen und anschließend durch einen Backsteinbau ersetzt, genutzt als Gymnasium. An den größten Sohn der Stadt, Graf Walrad (1640–1702), der Usingen herrschaftlich ausbaute, Handel und Handwerk förderte, erinnert ein Denkmal im Schlossgarten. Wir laufen weiter die Obergasse leicht hinan und biegen dann links in den Schlagweg, nahtlos in die Hattsteiner

Allee mündend. Das Lindendach über der Straße weist den Weg zum Ort hinaus und weiter durch die Wiesenlandschaft auf einem Fußweg dem Wald zu. An der Schranke wenden wir uns rechts. Noch vor dem Hattsteinweiher berühren wir ein großes Sportzentrum (mit italienischem Restaurant), am Gewässer selbst ist bei warmem Wetter ein Imbiss geöffnet. Berühmtester Gast war Elvis Presley. Während seiner Militärzeit Ende der fünfziger Jahre kam der King of Rock'n'Roll gerne von Friedberg zum Baden herüber und trank, wie die Usinger Annalen wissen, bei Wirt „Gustav“ sein Bierchen. Man kann den Teich ganz umrunden; unsere Wanderung setzt sich am rechten Rand dann geradeaus im Wald fort. Bald sieht man das Wanderzeichen eines roten Rehkopfs. Es begleitet ohne weitere Richtungsänderung bei leichtem Bergan durch dichte Laubwaldungen. In ihrer Urtümlichkeit erinnern sie etwas an die früheren Baumbestände. Nadelgehölze, wie die gelegentlich herausschauenden Kiefern, sind erst im 19. Jahrhundert im Taunus eingeführt worden.

Nach dem Waldaustritt umgehen wir mit scharfem Rechtsknick kurz vor den Eisenbahngleisen ein Gehöft. Jetzt gesellt sich zum Rehkopf ein gelber Strich. Gemeinsam streben sie wieder in den Forst und damit auch erneut hinauf. Spätestens ab einer größeren Wegekreuzung ist der Anstieg vorbei. Dort biegen wir mit den Markierungen rechts ein und lassen uns abwärts treiben. Die Laubwaldmauer findet ihre Fortsetzung bis zum kleinen Brunnenweiher. Fast verwunschen liegt das Anglern vorbehaltene Gewässer inmitten einer Baumgalerie. Wenige Meter danach gabelt sich der Weg. Wir nehmen die linke Variante, dabei angeführt vom Zeichen grünes Blatt (rechts kommt man direkt zum Hattsteinweiher). Der fast zum Pfad verjüngte Weg gebärdet sich anfangs etwas holprig, überspringt Altholz und umgeht kniehohen Bewuchs, doch spätestens in einer lang gezogenen Linkskehre ist diese Passage beendet. Dort haben wir auch fast den Waldrand erreicht; am Baumsaum heißt es dann rechts ab. Weit öffnet sich das von Kornfeldern beherrschte Usinger Becken. Über allem thronen der wuchtige Turm der Laurentiuskirche von Usingen und darüber die Aufbauten am Großen Feldberg. Die Markierung biegt links und vor einem Leitungsmast rechts ab und fädelt sich schließlich nach links wieder in die bekannte Hattsteiner Allee ein.

# „Zu beyden achseln“ eine Religion getragen

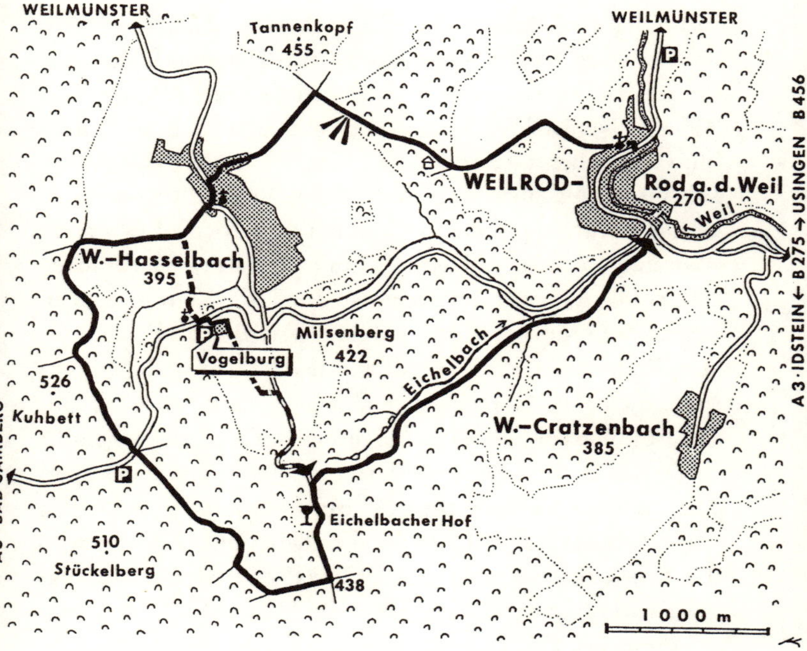


**Beginn:** Weilrod-Rod an der Weil, Bushaltestelle Niederrod (Ortsausgang Richtung Emmershausen)
**Länge:** 10 (8) km
**Einkehr:** Eichelbacher Hof, geöffnet Mi., Sa./So. 12 – 17 Uhr
**Merkmale:** In leichtem Bergan und Bergab durch das Weilroder Land • mal Wald, mal Wiesen • Besuch eines Vogelparks
**Öffnungszeiten:** Tierpark Vogelburg, tägl. 9 – 17 Uhr (Mitte Nov. bis März nur So.)
**Info:** Gemeindeverwaltung Weilrod, Tel. 0 60 83/9 50 90;
Internet: www.weilrod.de
**Sehenswert:** Weilrod-Rod, ev. Pfarrkirche, gotischer Turm, Schiff und Ausstattung spätes 19. Jh. • Pfarrhaus, Fachwerkaufbau um 1525 auf älterem Steinuntergeschoss (1283), damit zweitältestes Pfarrgebäude Hessens

Gleich 13 Ortschaften verbergen sich hinter einem Namen, den es als einzelnen Gemeindeteil gar nicht gibt: Weilrod. Die kommunale Gebietsreform vereinte, was das Flüsschen Weil als einendes Band zusammenhält. Historisch verbindet die Dörfer nicht allzu viel. Wie verwickelt früher die Besitzverhältnisse waren, belegen die von verschiedenen Linien der Diezer Grafen in Sichtweite erbauten Burgen von Alt- und Neuweilnau, bald an die Grafen von Nassau-Dillenburg übergehend (siehe S. 282). Ganz anders die Zugehörigkeit in den Nachbarorten Rod an der Weil und Hasselbach. Letzterer unterstand dem weit entfernten Trierer Erzbischof, während Rod zur Nassauer Linie Weilburg-Saarbrücken zählte. Das hat dann insbesondere durch die Reformation zu ungeahnten Kapriolen geführt, da Hasselbach als Filialkirche vom Roder Pfarrer mitbetreut wurde. Doch in welcher Form sollte dieser die Gottesdienste abhalten, nachdem Graf Philipp von Nassau-Saarbücken den neuen Glauben eingeführt hatte, der Trierer Erzbischof aber am alten festhielt? Der um 1525 amtierende Gottesmann Jean Hell fand eine Lösung von schwejkschem Format: In aller Unschuld übte er fortan das Amt eines evangelischen Pfarrers – für Rod – und das eines katholischen Geistlichen – für Hasselbach – in Personalunion aus. Erst viele Jahre später kam die klerikale Ämterhäufung Hells den Landesherren zu Ohren. Ungläubig berichtete der Visitator, Graf Philipps Hofprediger, von den Vorgängen: „Da ist ein pfarher, der wirdt gezwungen, zu beyden achseln zu tragen, das ist, zu Hasselbach eyn papist und zu Rod eyn Evangelischer." Im Jahrzehnte später gefundenen Kompromiss lief es auf die frühere Konfessionszugehörigkeit mit eigenen Pfarrern hinaus, der Hasselbacher „Zehnte" ging aber nach Rod. Hasselbach blieb der „katholischste" aller Weilroder Ortsteile, und das Pfarrhaus von Rod kündet noch heute von den höchst irdischen Veränderungen im Gefolge der Reformation. Auf den massiven Steinsockel von 1283 setzte Jean Hell einen dreigeschossigen Fachwerkaufbau: Ein reicher Kindersegen verlangte mehr Platz. Jetzt in der 45. Generation bewohnt, gilt das Gebäude als eines der ältesten Pfarrhäuser Deutschlands.

*Kirche und Pfarrhaus in Rod an der Weil*

Gleich oberhalb unseres Startpunktes am Ortausgang von Rod in Richtung Emmershausen (Bushaltestelle Niederrod) sehen wir das hoch aufragende Gebäude. Durch die Straßen An der Welsbach, Niederrod und Am Kirchberg gelangen wir hinauf, dabei die Markierung schwarzer Strich aufnehmend. Kurz nach dem Pfarrbezirk wird freies Feld erreicht, dabei wandert der Blick hinüber zu den Türmen auf dem Großen Feldberg. Mit Rechtsknick folgt eine Waldpartie, der sich nach Linksabzweig erneut Wiesen und Felder hinab bis Hasselbach anschließen. In dem Ort, nun kurz ohne Zeichen, links entlang der Hauptdurchgangsstraße, um ihn, gegenüber der Kirche, durch die Straße Vorm Tor wieder zu verlassen. Begleitet von der Markierung schwarzer Punkt, geht es leicht bergan durch einen Hohlweg. Wer die „Vogelburg Hasselbach" besuchen möchte, biegt in Höhe eines kleinen Gnadenbildes aus Backstein links in den befestigten Feldweg und hält auf das Kapellchen am gegenüberliegenden Waldrand zu. Dort kurz links entlang der Straße zur Einfahrt des über 700 Papageien beherbergenden Parks. Für den Weiterweg geht man rechts um die aus Schiefer geschichtete Außenmauer, läuft auf vergrastem Weg durch Wiesen, dann links den asphaltierten Weg hinab zum Sträßchen, das rechts zum Eichelbacher Hof bringt.

Die Hauptwanderung folgt zunächst noch dem schwarzen Punkt. Mit ihm erreichen wir den Wald, der mit seiner Baumvielfalt aus Buchen, Kiefern und Fichten zu gefallen weiß. Wenn das Zeichen unvermittelt rechts bergan abknickt, verbleiben wir geradeaus auf dem breiten Forstweg, der sich auch nach Queren einer Landstraße fortsetzt. Des nun hinzugetretenen schwarzen Dreiecks bedarf es kaum, zumal unser Zwischenziel, der bewirtschaftete Eichelbacher Hof, mehrfach auf Holzschildern angezeigt ist. So auch an einer Wegekreuzung, wo es links leicht bergab zu dem herrschaftlichen Fachwerkhof aus dem 16. Jahrhundert geht. In dem Anwesen werden Speisen aus eigener Schlachtung in rustikalem Ambiente gereicht. Vor dem Gebäude wenden wir uns rechts mit dem gelben Strich in Richtung Rod an der Weil. Zwischen Wald- und Wiesenrand, vorbei an idyllischen Fischteichen, werden wir zum Ausgangsort geführt. Busbenutzer können gleich hier an der Haltestelle Post zusteigen, ansonsten heißt es links durch den Ort zum ältesten Teil um das Pfarrhaus.

# Zwei Burgen in Sichtweite

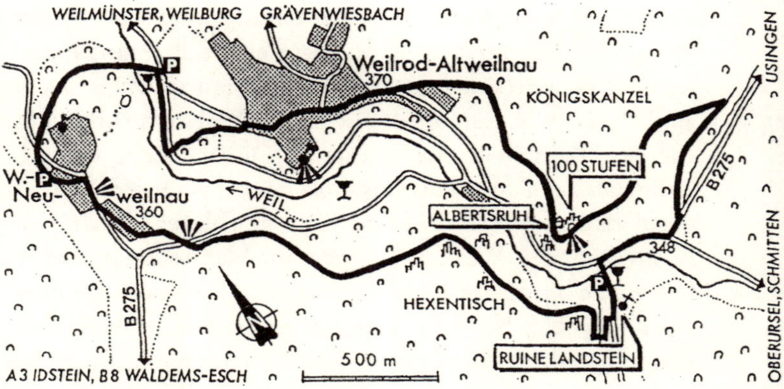


**Beginn:** Weilrod-Altweilnau, Bushaltestelle o. Parkplatz vor dem Hotel Erbismühle
**Länge:** 8 km
**Einkehr:** Landsteiner Mühle (Mo. Ruhetag)
**Merkmale:** Burgen und Felsen im Hintertaunus • aussichtsreiche Wanderung mit luftigen Waldpartien
**Info:** Gemeindeverwaltung Weilrod, Tel. 0 60 83/9 50 90;
Internet: www.weilrod.de
**Sehenswert:** Weilrod-Altweilnau, Burgruine (um 1200), nach Zerstörung 1608 bereits 1630 verfallen, Bergfried und Teile der Umfassungsmauern restauriert • von der Stadtbefestigung Torturm v. 1340 erhalten • im engen Gassengewinkel mehrere Fachwerkhäuser, darunter Altes Rathaus, aus 17. u. 18. Jh. • W.-Neuweilnau, Schloss, einfacher Renaissance-Bau des 16. Jh. mit achteckigem Treppenturm, anstelle einer Burg aus dem frühen 14. Jh. errichtet (nicht zu besichtigen) • ev. Pfarrkirche, kleiner barocker Saalbau, einfache Ausstattung, einige Grabsteine aus 16. u. 17. Jh.

Gerade ein Prozent der 70 km² Gemeindefläche Weilrods werden von kaum 7 000 Menschen bewohnt. Da bleibt viel Platz für Feld, Wald und Wiesen, und selbst am Wochenende ist noch manch stiller Winkel zu entdecken. So etwas wie den

Gemeindemittelpunkt der 13 weit verstreuten Orte bilden die vis-a-vis liegenden Alt- und Neuweilnau. Beide haben Schloss und Burg, was in der Vergangenheit zumeist nichts Gutes hieß, wenigstens auf Gebietsteilungen hinweist. In der Anlage der jeweils einen Hang über dem Weiltal hinaufkletternden Häuser sind sich die beiden Namensvettern recht ähnlich, nicht aber in ihrer Geschichte. Auch ohne urkundliche Nachricht weiß man, wann die Diezer Grafen die Altweilnauer Burg erbauten: Das Holz der im Bergfried verwendeten Balken wurde im Jahre 1203 geschlagen. Nach dem Aussterben der Weilnauer Linie im Mannesstamm 1388 folgte eine bunte Liste von Eignern, die über Adolf von Nassau-Dillenburg bis zum Mainzer Erzbischof reichte. Aber schon die Diezer hatten ihren Teil zur Verkomplizierung der Verhältnisse beigetragen. Weil man sich bei einer Erbauseinandersetzung nicht einigen konnte, wurde 1302 zwischen Graf Gerhard von Diez und seinem Verwandten Heinrich von Weilnau ein Vertrag geschlossen, wonach jenseits des Flusses binnen Jahresfrist eine Burg zu erbauen war – Novus Wilnowe. Obgleich keinen Kilometer auseinander liegend, nahmen die beiden Besitztümer gegensätzliche Entwicklungen, wobei es der Neugründung sichtlich besser tat, nach dem Übergang an die Weilburger Linie der Nassauer Grafen 1326 bis zur Auflösung des nachmaligen Herzogtums Nassau 1866 in einer Familie geblieben zu sein. Zu Beginn des 16. Jahrhunderts konnte man sich sogar den Bau eines kleinen Renaissance-Schlösschens leisten. Es dient heute als Forstamt und kann deshalb nur von außen besichtigt werden, werktags auch der Innenhof.

Zwischen den beiden Weilnaus wollen wir unten im Tal an der Bushaltestelle vor dem Sporthotel Erbismühle beginnen; öffentliche Parkstreifen bieten dort zu beiden Straßenseiten auch ausreichend Stellfläche. Am Hotelparkplatz vorbei läuft man zum Fußgängersteg über die Weil, drüben rechts. Das

Zeichen schwarze Eule übernimmt die Führung um den Sockel des Neuweilnauer Schlossberges. Da die Markierungsschildchen mitunter nicht sehr gut einsehbar angebracht sind, wähle man an den Wegegabelungen jeweils den rechten Strang. Nach einer kurzen Partie durch Laubwald erreichen wir jenseits der Straße einen Naturparkplatz, an dessen Ende wir erneut die Fahrbahn wechseln, und dann mit Schwung hinauf nach Neuweilnau. Links ab, durch die engen Sträßchen, vorbei an einigen kleinen Häusern, die noch etwas von den bescheidenen Lebensverhältnissen früherer Tage vermitteln, kommt man zum erhöht liegenden Schloss mit seinen originellen Zwerchdächern über dem Torgebäude.

Wieder zurück am Ortseingang, wählen wir nun die Zeichen Punkt und Ring (beide schwarz). Sie führen zunächst entlang der aussichtsreichen Straße, wechseln dann aber auf der anderen Seite in den Wald. Wir gewinnen weiter an Höhe, dabei beeindruckende Felsformationen passierend. Wenn sich der Punkt nach rechts verabschiedet, hat auch schon der Abstieg mit dem Ring begonnen. Zwischen den Bäumen erkennt man bald die Landsteiner Mühle und die vorgelagerte Kirchenruine. Unten im Tal wird ein Bächlein überschritten, nach links einige Meter dem Sträßchen gefolgt, und wir stehen vor der nach 1272 erbauten Wallfahrtskirche. Nach der Zerstörung im Dreißigjährigen Krieg blieb nicht viel mehr als der Stumpf des Westturmes.

Nach der Rast in der für ihre regionale Küche bekannten Landsteiner Mühle setzen wir nach rechts entlang der Straße die Wanderung fort. An der Gabelung hält man sich links in Richtung Usingen, dann aber gleich links spitzwinklig in den Wald mit dem Zeichen schwarzer Strich. Nach einigen hundert Metern knickt dieser scharf links ab, dessen Rechtsabzweig kurz darauf folgen wir aber nicht mehr. Wir gehen weiter geradeaus mit der Markierung schwarzer Hirschkäfer, angezeigt sind auf einem Holzschild zudem „100 Stufen“.

Was es damit auf sich hat, erkennt man nach einer Weile durch schönen Buchen- und Eichenwald. Hinter einer Rechtsbiegung türmt sich plötzlich ein mächtiger Glimmerschieferfels. Benannt ist er „Albertsruh“, wie zu lesen steht. Ein gewisser Albert Löw hatte 1937 in die Gesteinsgruppe 100 Stufen getieft. So lässt sich seither auf deren Spitze steigen.

Der eigentliche Weg verbleibt unterhalb und erreicht binnen zehn Minuten Altweilnau. Zwei bemerkenswerte Bauten dominieren den Ort, ein mächtiger Torturm von 1340 mit hohem Walmdach sowie der runde Bergfried der seit dem frühen 17. Jahrhundert verfallenen Burg. Beim Blick vom besteigbaren Turm hinüber nach Neuweilnau lässt sich erahnen, wie sich hier einst die Burgbesatzungen gegenüberlagen. Mit dem Zeichen schwarzes X verlässt man den Ort. Nach kurzem Bergab steht man an der Landstraße. An ihr entlang oder unterhalb auf einem Feldweg sind es nur wenige Schritte zum Ausgangspunkt an der Erbismühle.

# Barocke Kapelle über dem Goldenen Grund

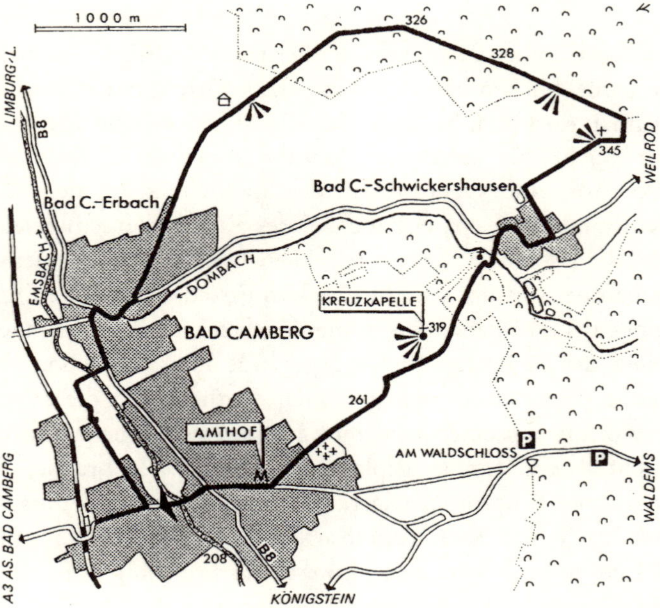


**Beginn:** Bad Camberg, Bahnhof
**Länge:** 12 km
**Einkehr:** In Erbach
**Merkmale:** Geschichte, Kunst und viel Natur • ein Museum im Turm • erste Hälfte fast nur leicht bergauf • mehr Sonne als Waldschatten
**Öffnungszeiten:** Stadt- und Turmmuseum im Amtshof, April bis Okt. So. 10–12 u. 14–16 Uhr
**Info:** Kurverwaltung Bad Camberg, Tel. 0 64 34/2 02 17;
Internet: www.bad-camberg.de
**Sehenswert:** Von der Stadtbefestigung (Mitte 14. Jh.) sind erhalten: Untertorturm = „Schiefer Turm", Obertorturm und Reste von ehem. elf Türmen • malerische Fachwerkhäuser, besonders am Marktplatz, teilweise reich geschnitzt u. erkergeschmückt; alte Gehöfte, darunter der 144 m

lange Amtshof mit Herrenhaus (1608), daneben die Hohenfeldsche Kapelle (1650); heute Stadtmuseum • kath. Pfarrkirche St. Peter und Paul (1779), Turm (1580); reiche Ausstattung • Kreuzkapelle (1681), Zentralbau in Kreuzform außerhalb auf Anhöhe gelegen; achteckige Ummauerung; Kreuzweg mit sieben Stationen (1700)

Bad Camberg, das auf eine über tausendjährige Geschichte zurückblicken kann, gehört zu den Orten, deren Vergangenheit noch sichtbar und lebendig ist. Bis weit ins Mittelalter reicht die erhaltene Bausubstanz zurück. Zwischen Untertor- und Obertorturm der Stadtmauer aus dem 14. Jahrhundert ist ein fast lückenloses Fachwerkensemble seit der Renaissance unverändert geblieben. Prunkstück ist der so genannte Amtshof, mit 144 Metern Fassadenlänge nicht nur eines der größten, dank seiner reichen Verzierungen auch eines der schönsten Fachwerkgebäude Hessens. Schon der bloße Augenschein macht freilich deutlich, dass dieser trapezförmig um einen Innenhof gruppierte Bau ursprünglich nicht als eine Einheit geplant war. Die Fassadenbrüche, die versetzten Eckpfosten zeigen, dass der kurtrierische Amtssitz erst nach und nach zum Karree geschlossen wurde – im Osten reizvoll von einer Straßenüberbrückung mit einer Kapelle und diese mit dem Obertorturm der Stadtbefestigung verbunden. Beide, Kapelle wie Turm, beherbergen heute das Stadtmuseum. Die Exponate sind über den gesamten Sakralbau und vier Geschosse bis hinauf in die frühere Türmerwohnung ausgebreitet. Die Kapelle wird nicht mehr liturgisch genutzt, die barocke Ausstattung aber blieb vollständig erhalten. Die Museumsräumlichkeiten darüber zeigen Urkunden, Siegel, alte Handwerke, bäuerliches Gerät, frühe Apothekerutensilien und natürlich Erinnerungen an die Anfänge der Kneippkur in Camberg 1927. Zum krönenden Abschluss geht der Blick aus dem Oberstübchen über das beschwingte Auf und Ab des Goldenen Grunds, dieser fruchtbaren Senke zwischen Idstein und Limburg. In der

Ferne erkennt man die Aufbauten am Großen Feldberg und in der Nähe die frei stehende Kreuzkapelle, unser Wanderziel.

*Amtshof mit Hohenfeldscher Kapelle*

Gestartet wird am außerhalb liegenden Bahnhof – zunächst Richtung Stadtmitte auf der Bahnhofstraße, um bald links in die Rheinstraße zu biegen. Dort können wir uns am Radfernweg R 8 orientieren, dessen grüne Tafeln links vom Emsbach bis zum Camberger Ortsteil Erbach führen. An der großen Straßenkreuzung in der Dorfmitte richten wir uns nach dem Hinweis „Erlenbachhalle“, erst kurz rechts, dann die Horststraße links hinauf. Rasch bleiben die Häuser zurück. Gelegenheit für einen weiten Blick in den Goldenen Grund. Auf der Höhe angelangt, läuft man geradeaus in den Wald und folgt dem leichten Rechtsknick des Hauptweges.

Von links tritt noch die Markierung schwarzes Dreieck hinzu, der man ebenen Weges durch abwechslungsreichen Mischwald folgt. Im weiteren Verlauf geben die Bäume rechter Hand die Sicht frei zur markanten Erhebung, auf deren Spitze die Kreuzkapelle thront. Diese wird von der Markierung schwarzer Punkt angesteuert, den man bald am Waldrand sichtet. Er zielt mit Rechts-links-Knick auf den Sportplatz von Schwickershausen. Problemlos wird man durch den kleinen Camberger Ortsteil geführt und – vorbei an einer barocken Wallfahrtskirche – mit kurzem Stich hinauf zur Kreuzkapelle.

An der Stelle einer Einsiedelei wurde das Gotteshaus 1683 als Wallfahrtskapelle erbaut. Die Ausstattung stammt aus dem Früh- und Spätbarock. Durch Ausschnitte in der Tür kann man einen Blick auf den Hochaltar mit frei stehender Kreuzigungsgruppe und die farbig gefasste Kanzel werfen. Ungewöhnlich ist vor allem die Architektur der Kreuzkapelle, deren Name sich aus dem Grundriss herleitet, einem Zentralbau, der das griechische Kreuz variiert. Vier gleichförmige Kreuzarme mit jeweils dreiseitigem Chorschluss sind von einem achteckigen Mauerring umgeben. Und über dem Kreuzungspunkt der abgewalmten Schieferdächer krönt weithin sichtbar ein Vierungstürmchen das ungewöhnliche Gotteshaus. Vom Wahrzeichen des Goldenen Grunds braucht man sich die letzten Meter nur abwärts treiben zu lassen. Mit der Kapellenstraße kommt man unmittelbar am Obertorturm und dem Amtshof heraus. Über den Marktplatz und die Strackgasse erreicht man den Untertorturm, ein Kuriosum der besonderen Art. Bei 21 Meter Höhe zeigt dieser eine Lot-Abweichung von 1,44 Metern. Umfallgefahr besteht beim „Schiefen Turm von Camberg“ aber nicht.

# Dank Hessentag ein Limesturm

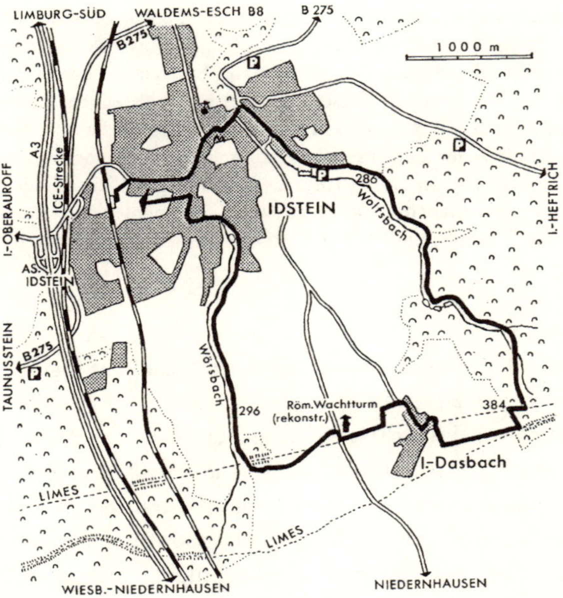


**Beginn:** Idstein, Bahnhof
**Länge:** 13 km
**Einkehr:** In Dasbach
**Merkmale:** Besichtigung der „Fachwerk-Perle" Idstein • durch gefällige Wiesen- und Waldpartien zum neu erbauten Limesturm
**Öffnungszeiten:** Das Heimatmuseum im Killinger-Haus hat wie das dortige Verkehrsbüro geöffnet: werktags 8 – 12 u. 14 – 16 Uhr (Fr. nur am Vormittag), So. 15 – 17 Uhr, Sa. geschlossen • Für den Hexenturm erhält man hier den Schlüssel, zur Besichtigung der Unionskirche im Geschäft gegenüber
**Info:** Verkehrsbüro Idstein, Tel. 0 61 26/7 82 15; Internet: www.idstein.de
**Sehenswert:** Ev. Pfarrkirche („Unionskirche"), ursprünglich gotische Basilika, im 17. Jh. völlig verändert, dabei auch die einzigartige Ausmalung im Stil einer barocken Kunstkammer (38 gerahmte Bilder) im gesamten Innenraum von Rubensschülern angebracht; zahlreiche Grabmäler der

Nassau-Idsteiner Grafen • ehem. Burg, frühes 12. Jh., lang gestreckter Bau auf erhöhtem Fels, überragt vom runden Bergfried („Hexenturm"); an Stadtseite repräsentatives Torgebäude, zur Erinnerung eines Besuches v. Kaiser Maximilian I. 1502 erneuert; daneben das nach Felssturz 1928 über Durchfahrt wieder aufgebaute Rathaus • ehem. Schloss, nördlich der Burg, hoch aufragende Dreiflügel-Anlage aus 17. Jh. (barock verändert) mit wiederhergestelltem Renaissance-Garten; im Inneren prachtvolle Stuckaturen (heute Gymnasium) • Ortsbild geprägt v. geschlossenem Fachwerkbestand aus 15. bis 18. Jh., vielfach mit geschweiften Giebeln, farbig ausgelegten Schnitzereien und Inschriften; am schönsten das sog. Killingerhaus am König-Adolf-Platz v. 1615 mit dreigeschossigem Mittelerker • römische Hinterlassenschaften: westlich Kastell Zugmantel mit rekonstruiertem Limesabschnitt; südlich, oberhalb von Dasbach, Limesturm mit farbiger Fassung

Den alljährlichen Hessentag nutzen die jeweiligen Veranstalter gerne zu einer Runderneuerung von Ortsbild und Infrastruktur. Für Idstein, Gastgeber 2002 aus Anlass seiner 900-Jahr-Feier, stellte sich das Fest als Abschluss und Höhepunkt jahrzehntelanger Sanierungsarbeiten dar, von der fast keines der rund 200 Fachwerkhäuser sowie auch das frühere Schloss der nassauischen Grafen nicht ausgespart blieb. Angeführt vom prachtvollen Killingerhaus am König-Adolf-Platz, darf Idstein heute als eine der schönsten Perlen an der Deutschen Fachwerkstraße gelten. Was noch fehlte, Ausbau der Fußgängerzone, neue Verkehrs- und Parkleitsysteme, ermöglichte der Hessentag mit seinem warmen Geldsegen. Die auffälligste Erinnerung an das große Hessenfest ist freilich nicht im Zentrum, sondern weit außerhalb buchstäblich auf der grünen Wiese zu finden – die Rekonstruktion eines römischen Limes-Wachturmes. Weithin sichtbar beherrscht der zwölf Meter hohe Bau auf einer Kuppe bei Dasbach das Bild. Hier, an der zur Mitte des zweiten nachchristlichen Jahrhunderts vorgeschobenen Limesstrecke, sicherte der Turm einen Passübergang in die fruchtbare Idsteiner Senke. Anders als frühere Nachbauten wie am nahen Kastell Zugmantel, als man noch von unverputzten Bruchsteinen ausgegangen war, ist das Idsteiner Modell nach neueren wissenschaftlichen Erkenntnissen weiß gestrichen, die rote Quaderung nur aufgemalt. Hierfür hat der Initiator des Ganzen, der pensionierte Bauingenieur Ottmar Weigel, eigenhändig 900 Meter Fugen aufgebracht.

*Idstein, Burg mit Hexenturm*

Der Ausflug in die römische Vergangenheit beginnt am Bahnhofsvorplatz von Idstein mit der Markierung roter Strich. Diese führt über die Wiesbadener Straße hinunter ins

Zentrum und weiter rechts durch die Rodergasse in den alten Teil am König-Adolf-Platz. Von ihm führen nach allen Seiten die fachwerkgesäumten Sträßchen, so durch die Obergasse, wo das älteste, von 1410 stammende Fachwerkhaus steht (Hausnummer 2) und im weiteren Verlauf die beiden größten Häuser am Ort, die Druckerei Grandpierre von 1602 sowie der 1620 begonnene Höerhof (heute Restaurant). Schlüpft man vom König-Adolf-Platz durch den zu Ehren von Kaiser Maximilian 1502 erneuerten Torbogen, kommt man zum (besteigbaren) Hexenturm aus dem 14. Jahrhundert sowie dem dahinter liegenden Schloss. Heute dient der zur Barockzeit erweiterte Renaissancebau als Gymnasium.

Durch die Himmelsgasse und die Straße Weiherwiese verlassen wir Idstein nach Links-rechts-Abzweig in der Schützenhausstraße (am dortigen Schwimmbad gibt es viel Parkraum). Vor dem Waldrand verzweigt sich der Weg, wir folgen rechts weiter dem roten Strich. Mit dem Forst linker Hand und dem von Erlen gesäumten Wolfsbach rechter Hand geht es flott voran, erst an einigen Fischweihern ist auf eine Richtungsänderung nach links tiefer in den Wald zu achten. Das Bächlein bleibt unser Begleiter, bald queren wir es aber rechts abführend, womit ein kurzer Anstieg beginnt. Wieder am Waldausgang, stoßen wir auf das Limes-Wanderzeichen, einen schwarzen Wachturm in Miniaturformat. Diesem schließen wir uns rechts an.

Zwischen den Bäumen sind noch wallartige Aufschüttungen vom Limes erkennbar – ein sicheres Zeichen, dass hier seit langer Zeit Wald besteht. Auf landwirtschaftlichen Nutzflächen sind alle Limesreste eingeebnet, nicht anders beim Abgang durch die Felder bis Dasbach. Mit Rechtsschwenk erreicht man den kleinen Ort, durch Kirchstraße und An der Struth verlässt man ihn wieder. Am Friedhof heißt es links abbiegen und die Anhöhe zum rekonstruierten Limesturm erklimmen. Durch den farbigen Anstrich hat man nicht nur der aktuellen Forschung Rechnung getragen. Erstmals versah man einen wieder aufgebauten Limesturm auch mit einer Inschrift über dem erhöht liegenden Zugang. Die Form stützt sich auf einen Fund vom Odenwaldlimes, der Text besagt, dass hier, wie am nahen Kastell Zugmantel, Soldaten der aus Trier stammenden „Numerus Treverorum“ ihren Dienst verrichteten. Schöne Aussichten hatten die Legionäre jedenfalls, leuchtete vor 1800 Jahren auch noch nicht das Schloss der Nassauer Grafen wie eine weiße Krone über dem Tal.

Das Limeszeichen folgt rechts kurz der Straße und knickt dann links ab. Ein etwas rutschiger Grasweg führt hinunter ins Wörsbachtal. Dort biegen wir – nun ohne Markierung – rechts ein. Des Wanderlotsens bedarf es nicht mehr. Immer geradeaus, erreichen wir in dem gefälligen Wiesengrund Idstein. Durch die Straßen Taubenberg, Im Rauental, Kirmsseweg und In der Ritzbach kommen wir zum Bahnhof.

# Scheunen auf der Stadtmauer

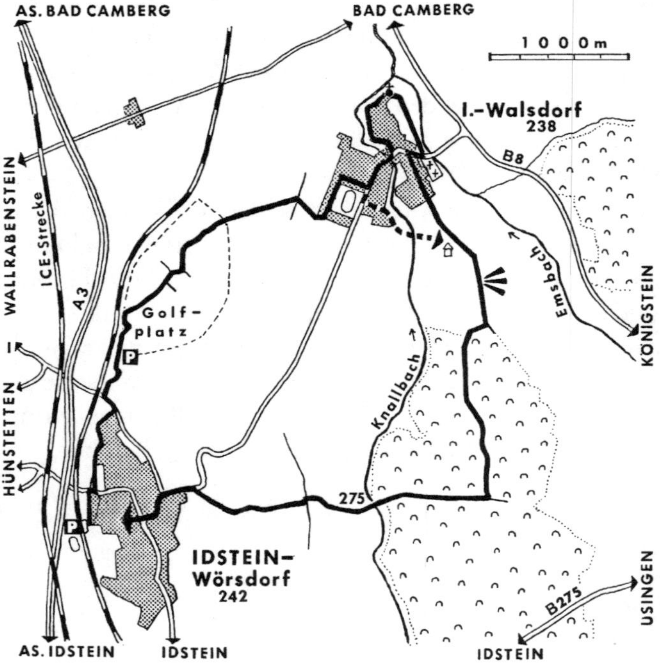


**Beginn:** Idstein-Wörsdorf, Bahnhof
**Länge:** 12 (11) km
**Einkehr:** In Walsdorf
**Merkmale:** Durch das offene Idsteiner Land gefälliges Auf und Ab • in Walsdorf dem Wehrcharakter vergangener Tage nachspüren
**Öffnungszeiten:** Kirche in Walsdorf, Sa. 14–16 Uhr
**Info:** Verkehrsbüro Idstein, Tel. 0 61 26/7 82 15; Internet: www.idstein.de
**Sehenswert:** Idstein-Wörsdorf, ev. Pfarrkirche, Saalbau mit Mansarddach v. 1736 • I.-Walsdorf, geprägt von einer geschlossenen Reihe Fachwerk-Scheunen (heute Wohnhäuser), die im 19. Jh. auf niedergelegte Stadtmauer gesetzt wurden • Teile der Ringmauer mit Hutturm aus Bruchschiefer erhalten • ev. Pfarrkirche (1396), erhöht gelegen und v. hohen Mauern gestützt • zahlreiche Fachwerkhäuser aus 17. u. 18. Jh., besonders schön das reich verzierte Pfarrhaus über Straßendurchfahrt

Noch Anfang der achtziger Jahre hieß es in der hessischen Ausgabe des „Handbuchs der Deutschen Kunstdenkmäler", im Idsteiner Ortsteil Walsdorf seien die Fachwerkhäuser „leider alle verputzt". Das hat sich in den vergangenen Jahrzehnten gründlich geändert. Nicht überall, aber in einigen Teilen der engen Gassen kam dank umfassender Sanierungsmaßnahmen prachtvolles Fachwerk zum Vorschein. Besonders schön anzuschauen sind die für das Idsteiner Land so typischen geschwungenen Verstrebungen der Brüstungsfelder, hier vor allem am Pfarrhaus neben der evangelischen Kirche. Nach Farbgebung und Balkenzier steht es kaum dem berühmten Killinger-Haus in Idstein nach.

Die meisten Bauten entstanden nach Zerstörungen und Großbränden im 17. und frühen 18. Jahrhundert. Nach dem Feuer 1692 wurde auch die Straßenführung nach einheitlichem Plan angelegt. Der Ausdehnung setzten freilich der schmale Höhenrücken über Knall- und Emsbach sowie die Stadtmauer natürliche Grenzen. Diese wurde erst 1822 niedergelegt, aber am dorfbeherrschenden Hutturm blieb ein Stück erhalten. An der östlichen Seite nutzte man die Mauerreste 1831 als Fundamente für den Aufbau einer geschlossenen Reihe von 15 Fachwerk-Scheunen. Auch diese, nach ihrer Ausmusterung lange vernachlässigt, werden jetzt – als Wohnhäuser – erneuert. Dabei haben die Besitzer darauf zu achten, dass der rückwärtige Teil seinen fensterlosen, fast wehrhaften Charakter bewahrt.

Beginnen wollen wir die Wanderung durch die offene Hintertaunus-Landschaft im Idsteiner Stadtteil Wörsdorf. Er ist zwar fast genauso alt wie Walsdorf – beide Orte werden erstmals im späten 8. Jahrhundert vom Lorscher Codex genannt –, besitzt aber mit Ausnahme einer als Saalbau errichteten Kirche von 1736 kaum historische Substanz. Das Bild prägen Eigenheime, und durch die werden wir dann auch erst einmal nach Verlassen des Bahnhaltepunkts gelotst (am Sportpark oberhalb davon gibt es einen großen Parkplatz). Es geht den Siebenmorgenweg hinab bis zur Nikolaus-von-Flue-Straße, dort links, an deren Ende erneut kurz links entlang der Landstraße und gleich rechts in den Scheidgraben. Hier nimmt man die Markierung eines stilisierten Doppeltores auf. Das wappenartige Zeichen steht für einen alle Idsteiner Ortsteile verknüpfenden Rundweg von 45 Kilometer Länge.

„Unser" Abschnitt führt zunächst nach Linksabzweig mit der Eisenacher Straße an der Peripherie von Wörsdorf entlang. Unten stoßen wir wieder auf eine Landstraße, kurz links, dann rechts das Sträßchen (Am Nassen Berg) zum Golfplatz „Henriettenthal" hinauf. Oberhalb des Parkplatzes weist die Markierung links in die Anlage. Tatsächlich führt ein öffentlicher Weg quer durch die Grüns – Vorsicht also vor fliegenden Golfbällen. Die Bahnen werden mit mehreren „Haken" umgangen und gekreuzt, das Zeichen bleibt dabei erkennbar. Weiter unten, mit Erreichen eines befestigten Feldweges, wird es wieder ruhiger, und man hält geradeaus auf Walsdorf zu. An einem Gehöft schwenken wir links in das Neubauviertel der Gemeinde ein. Nach Passieren eines Sportplatzes und Rechtsknick in die Marrgrabenstraße erreicht man die Idsteiner Straße. Links kommt man in den alten Teil, nach rechts lässt sich etwas abkürzen; weiter mit dem Zeichen hinauf zur Grillhütte.

Für den Gang durch Walsdorf kann man geradeaus gehen oder links in die Hainstraße und damit entlang der verbliebenen Stadtmauerreste aus dem 14. Jahrhundert. Der unverputzte Bruchstein gibt ihnen etwas Urtümliches; wie dem Untergrund erwachsen wirkt der Hutturm an der Südwestecke. Nach Schlüsselabholung gegenüber kann er bestiegen werden. Auch die spätgotische Pfarrkirche am anderen Ende der Altstadt muss man – außer samstags – selbst aufschließen. Den Chor überspannt ein schönes Sterngewölbe. Um die Geschlossenheit der Scheunenfront besser überschauen zu können, sollte man ab der Kirche ein Stück gen Emsbachtal hinabgehen und dann rechts durch den Wiesengrund auf asphaltiertem Weg unterhalb entlang.

Vor dem Friedhof knicken wir scharf rechts ein und marschieren wieder hinauf nach Walsdorf und gleich weiter links durch die Bergstraße. Diese geht nahtlos in einen Feldweg über, berührt besagte Grillhütte und weist hinan zum Waldrand, nicht ohne einen Blick zum Großen Feldberg zu eröffnen. Oben, am Wald, erst noch kurz rechts, dann links in den Forst. Seit der Hütte hat sich auch wieder das vertraute Zeichen des Idstein-Rundwegs eingestellt. Es begleitet uns noch ein Stück durch den Mischwald hinauf und biegt dann rechts ab. Hier gesellt sich die Markierung schwarzes liegendes U hinzu. Sie wird uns bis zum Schluss begleiten.

Nach dem Waldaustritt gewinnen wir durch Felder wieder etwas an Höhe, um dann erneut leicht abwärts Wörsdorf zuzustreben. Kurz vor dem Ort teilt sich das Zeichen, wir verbleiben auf dem Hauptweg bis zur Landstraße und folgen ihr links ins Zentrum. Rechts hinauf durch Brandgasse, Rückerspfad und Siebenmorgenweg kommt der Bahnhof in Sicht.

# „Edelster, allerbester und heilsamster aller Sauerbrunnen"

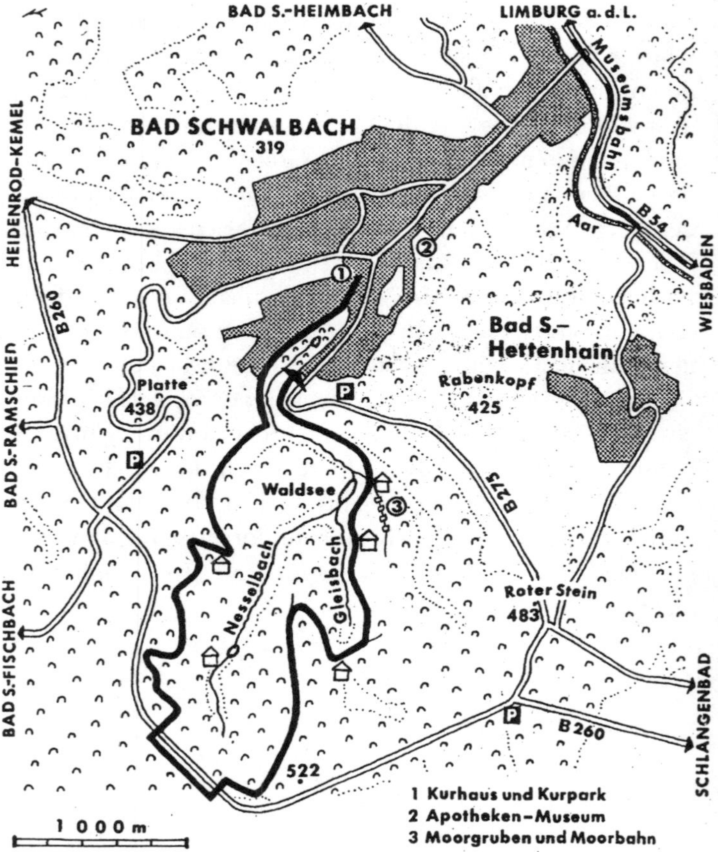


**Beginn:** Bad Schwalbach, Busbahnhof am Kurhaus
**Länge:** 10 km
**Merkmale:** Etwas für die Gesundheit tun • erst die Badentwicklung Schwalbachs erfahren, dann vom Kurpark in die umgebenden Wälder ausschwärmen

**Öffnungszeiten:** „Kur • Stadt • Apothekenmuseum", Pestalozzistraße 16 a, Mi., Sa./So. jeweils 14–18 Uhr • Die Moorbahn verkehrt nur im Sommerhalbjahr (Auskünfte über Kurverwaltung)
**Info:** Kurverwaltung Bad Schwalbach, Tel. 0 61 24/50 20;
Internet: www.bad-schwalbach.de
**Sehenswert:** Ev. Pfarrkirche, spätgotisch, Schiff 1829 stark verändert, prachtvolles Grabdenkmal für Joh. Gottfried v. Berlichingen (Enkel des Götz v. B.) • Rotenburger Schlösschen (um 1610), malerischer Innenhof • Fachwerkhäuser, darunter das Alte Rathaus (1610) mit geschnitzten Eckbalken • Kursaal (1874), in klassizistischen Formen mit offener Loggia

Als der Arzt Jacob Theodor, genannt Tabernaemontanus, 1581 in seinem Werk „Neuw Wasserschatz" den „edelsten, allerbesten und heilsamsten unter allen Sauerbrunnen allernächst bey dem Flecken Langenschwalbach" pries, war damit der anhaltend gute Ruf der Schwalbacher Mineralquellen begründet, der schließlich 1927 zum Status „Bad" führte. Montanus hatte 1568 auf dem Weg nach Mainz zum Krankenbett des kurfürstlichen Bruders von dem heilenden Wasser für „Mensch und Tier" gehört. Er ließ einige Krüge kommen, und siehe da, der Hohe Herr ward gesund.

Langenschwalbach war zu jener Zeit ein Dörfchen, dessen Einwohner überwiegend vom Wollhandwerk lebten. Mit Bekanntwerden des Heilwassers begann der Aufschwung, auch sehr zum Wohle des Landesherrn, Landgraf Moritz von Hessen-Kassel. Er ließ sich 1604 ein Schlösschen bauen und überwachte den rasch zunehmenden Versand des wohlschmeckenden, eisenhaltigen Brunnens; später nach ganz Europa und selbst nach Amerika. Auch die Zahl der Kurgäste nahm stetig zu. In der Blütezeit des 18. und 19. Jahrhunderts galt das Bad als Treffpunkt des europäischen Adels, darunter Zar Alexander II., Kaiserin Elisabeth von Österreich und Kaiserin Eugenie von Frankreich. Natürlich reihten sich auch Künstler und Schriftsteller ein, die den Ruf des heilenden Wassers in die Welt trugen. Matthias Merian weilte seit 1623 sechsmal in Langenschwalbach und schuf zahlreiche Ansichten des Ortes. Sie sind mit ein Anziehungspunkt in dem ansprechend gestalteten „Kur • Stadt • Apothekenmuseum". Dort lässt man sich den Wandel des Badewesens der vergangenen vier Jahrhunderte vor Augen führen. Bis zu deren Anfängen reicht die bis ins letzte Detail vollständig eingerichtete Adlerapotheke mit ihrer Ausstattung von tausend Holzschubladen, Mörsern, Waagen, Retorten und Gläsern zurück.

Bevor wir die Reise in die Vergangenheit der Heilkunst antreten, ein Gang hinaus in die frische Taunusluft. Am zentralen Busbahnhof vor dem Kurhaus geht es los. Eine Tafel informiert über die verschiedenen Wanderrouten. Wir wählen den gelben und schwarzen Punkt und lassen uns über den Goetheplatz zur Parkstraße führen und sind damit im Kurparkbereich. An Hotels und alten Linden vorbei kommt man zum Moorbadehaus. Die Moorpackungskur wurde erst 1905 mit eigenem Moorschlamm aus dem Gerstruthtal möglich. Den Transport der schwarzen Massen übernahm eine Schmalspurbahn, bis Lastwagen sie ablösten. Doch der Zug fährt wieder auf der historischen Bahnstrecke, saniert für Touristen. An der Minigolfanlage endet der Kurpark, das Asphaltband geht in einen Forstweg über, der Hochwald beginnt. Am Waldsee mit Pavillon trennen sich die Routen der beiden Zeichen. Wir bleiben beim gelben Punkt und nehmen den steilen Anstieg geradeaus.

Ist die Wodanhütte erreicht, nähern wir uns durch lichten Buchenwald in ausholenden Bogen der B 260. Jetzt heißt es die Beine in die Hand nehmen und hinüber. Drüben interessiert der gelbe Punkt nicht mehr, wir biegen sofort links ein, treffen nach kurzem Abschnitt auf den schwarzen Punkt und wechseln mit ihm abermals die Seiten der B 260. Wenige Schritte nach rechts, dann links, treten wir wieder in den Hochwald ein, jetzt auf naturbelassenem Weg. Leicht bergan, dann etwas abwärts, erreicht man einen befestigten Querweg vor einer Waldinformations-Hütte. Ab hier lassen wir den

Punkt seines Weges ziehen und ordnen uns nach rechts ein in Richtung Gleisbachtal. Die Heinrich-Moeller-Hütte in skandinavischem Stil steht für die Wende in das eindrucksvolle, tief eingeschnittene Wiesental, das sich hinunter bis in den Bereich der Moorgruben zieht. Die Moorhütte zeigt es an: Wir sind wieder im bereits bekannten Terrain des Waldsees, verbleiben jetzt aber auf der rechten Seite des Kurparks, schließen uns damit dem roten Punkt an. Er leitet in großzügigen Bogen zurück zum Kurhaus. Das Museum liegt etwas abseits im Rathausbereich. Dazu geht man die Kirchstraße hinunter, ihre Verlängerung, die Adolfstraße, weiter bis Rathaus und Post. Zwischen den beiden Gebäuden führt eine Treppe hinauf zur Pestalozzistraße. Diese gleich rechts thront leuchtend pastellfarben das „Kur • Stadt • Apothekenmuseum“ über dem Rathaus.

# Großartige Burgen im Aartal

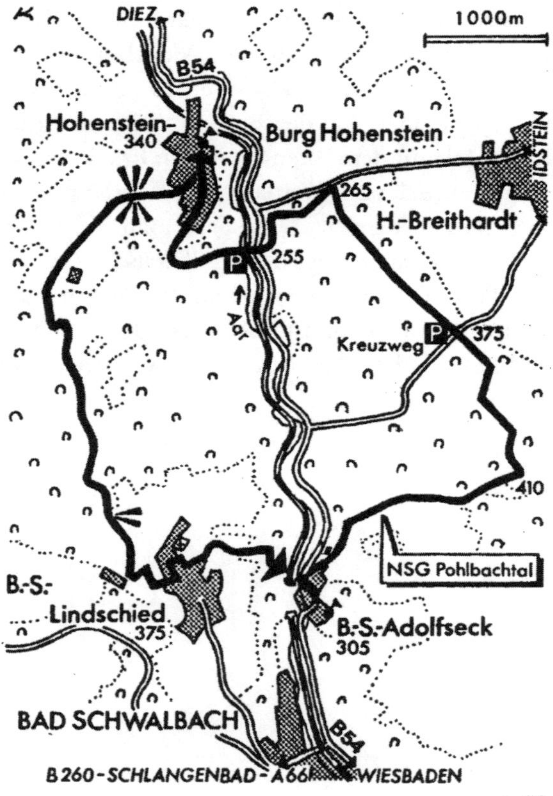


**Beginn:** Bad Schwalbach-Adolfseck, Bushaltestelle an der B 54
**Länge:** 15 km
**Einkehr:** Restaurant „Waffenschmiede“ auf Burg Hohenstein (Mo. Ruhetag, Di. ab 17 Uhr)
**Merkmale:** Großartige Beispiele mittelalterlicher Burgenbaukunst kennen lernen • vom felsigen Aartal in die waldreiche Umgebung
**Öffnungszeiten:** Die Burgen Adolfseck und Hohenstein sind frei zugänglich
**Info:** Kurverwaltung Bad Schwalbach, Tel. 0 61 24/50 20;
Internet: www.bad-schwalbach.de

**Sehenswert:** Bad Schwalbach-Adolfseck, im engen, durch Stausee abgeriegelten Aartal im 14. Jh. durch Graf Adolf v. Nassau-Idstein ausgebaut, Reste v. Bering, Vorburg und Zwinger erhalten • Bad S.-Hohenstein, Burg, beherrschend über dem Aartal, seit 1190 von Katzenelnbogener Grafen als mächtige Festung errichtet, dreieckige Kernburg mit Schildmauern und Zwingern; nach Wiederaufbau bis auf Palas und einige Türme weitgehend dem Originalzustand angeglichen • optisch korrespondierend die neugotische ev. Pfarrkirche (1884) v. Hermann Cuno

Landschaftliche Gegensätze kennzeichnen den Lauf der Aar durch den Taunus. Bevor das Flüsschen gemächlich der Mündung in die Lahn zustreben kann, muss es sich im Raum von Bad Schwalbach durch ein wildromantisches Felsental zwängen. Wie steinerne Wächter ragen links und rechts Schieferfelsen empor, die das Gewässer bei seiner „Sägearbeit“ stehen ließ. Dass diese natürlichen Felsbastionen für strategische Zwecke zu nutzen waren, erkannte man bereits früh. So entstanden nur wenige Kilometer voneinander entfernt Burg Hohenstein der Katzenelnbogener Grafen im 12. Jahrhundert und 200 Jahre später Burg Adolfseck der Nassau-Idsteiner.

Namentlich die Hohenstein ist ein imponierendes Beispiel für den territorialen Behauptungswillen des Mittelalters, der buchstäblich Steine versetzte. Wo sich der Schiefer am höchsten türmt, wurde die ihrem Namen alle Ehre machende Feste errichtet. Aus der Entfernung betrachtet, wirkt das Gemäuer wie dem untergebenen Gestein entwachsen. An drei steil abfallenden Seiten war die Burg uneinnehmbar, nur gegen das höher gelegene Bergplateau musste sie doppelt und dreifach gesichert werden. Vieles davon ist noch erhalten, die besteigbaren Schildmauern, Türme und der Bergfried geben eine gute Anschauung davon, wie durchdacht das damalige Wehrwesen war, zugleich wird deutlich, dass man nach Erfindung des Schießpulvers im ständigen Wettlauf mit der veränderten Kriegstechnik lag: Damit Kanonenkugeln besser abprallten, gestaltete man den Bergfried sechseckig, die Mauern wurden verstärkt und für Schießscharten durchbrochen. Zugleich war dies mit doppelstöckigem Palas, Fachwerkbauten und selbst einem kleinen Garten ein wohnlicher Platz. Durch die Zerstörungen im Dreißigjährigen Krieg blieb davon nichts, nach Wiederaufbau und Restaurierung kann aber ein großartiges Zeugnis mittelalterlicher Burgbaukunst besichtigt werden.

*Burgruine Hohenstein im Aartal*

Nicht ganz so spektakulär, dennoch beeindruckend anzusehen ist Burg Adolfseck. Von der Bushaltestelle an der B 54 im gleichnamigen Ortsteil Bad Schwalbachs, kommen wir rechts hinauf. Hier hatte man einst einen besonders raffinierten Schutz entwickelt. Ort und Burg sicherte die aufgestaute

Aar, durch den Halsgraben floss sie ab. Wieder zurück, folgen wir ab dem kleinen Ort der Markierung schwarzes Limes-Wachtürmchen. Nach Verlassen von Adolfseck biegt es rechts in das Naturschutzgebiet Pohlbachtal. Wenn das Zeichen rechts entschwindet, verbleiben wir geradeaus bei der unterdessen aufgetauchten roten Schnepfe. Sie „fliegt" in den Wald voraus, bald links einschwenkend und weiter leicht aufwärts bis zur einer Landstraße. Am dortigen Naturparkplatz Kreuzweg nehmen wir die Fährte eines roten Fuchses auf. Zunächst steigt es noch etwas, dann schnurgerade abwärts durch abwechslungsreiche Nadelgehölze. Wir behalten die Richtung auch bei, wenn sich der Fuchs links ins Unterholz schlägt. Flankiert von Fichten, laufen wir den Bachgraben bis an die Straße nach Breithard. Von hier an wählt man, noch immer ohne Markierung, den links ansteigenden sandigen Weg, der schließlich steil zur B 54 abfällt. Straße, Gleis und Aar werden überschritten, und dann mit Schwung hinauf nach Hohenstein-Burg Hohenstein; angezeigt sind „300 m" bis zum Burgzugang.

Über die einstige Zugbrücke gelangt man zur äußeren, rund 2,50 Meter dicken Schildmauer der Vorburg. Nach Passieren eines gotischen Tores läuft man durch den Turmzwinger hinauf in den eigentlichen Kernbereich; eine enge Wendeltreppe leitet weiter zum Zinnenkranz der inneren Schildmauer und dem Bergfried gegenüber. Wie ein Ritter auf Wachgang darf man sich hier oben fühlen. Dem „Geist" angepasst, findet sich in dem Gemäuer auch eine mit mittelalterlichen Utensilien eingerichtete „Waffenschmiede". Hinter dem Namen verbirgt sich freilich ein gehobeneres Hotel-Restaurant.

Für die zweite Wanderhälfte heißt es zurück zum Burg-Hinweisschild, halb links in die Straße Schlossbrücke einbiegen und Ausschau halten nach dem Zeichen roter Rhombus. Es zieht hinaus auf eine Felderhöhe, weiter über Weidewiesen zum Wald, der uns so schnell nicht wieder freigibt. Hügelauf und hügelab erreichen wir nach einer Dreiviertelstunde die so genannte Villa Lilly. An dem herrschaftlichen, fast burgenartigen Anwesen aus dem 19. Jahrhundert tauschen wir den Rhombus gegen das bekannte Limes-Wachtürmchen. Mit diesem biegen wir sogleich links nach Lindschied ab. Dort schlägt das Zeichen einige Haken und zieht dann wieder hinaus, anfangs auf asphaltiertem, später sandigem, von Büschen gesäumten Weg. Es geht an Pferdekoppeln vorbei abwärts, nochmals kurz durch Wald und nach Unterqueren der Eisenbahnbrücke rechts nach Adolfseck.

# Zündende Ideen aus dem Hintertaunus

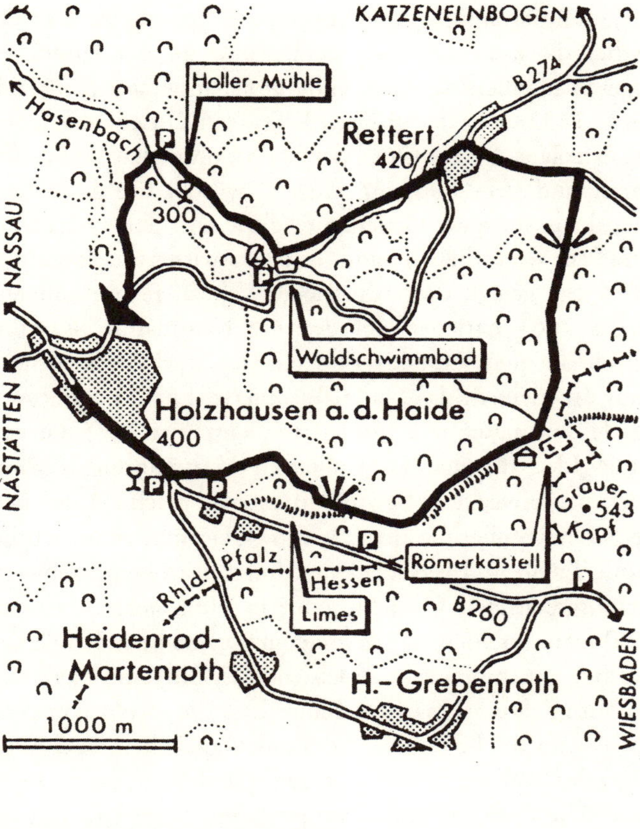


**Beginn:** Holzhausen auf der Haide, Mitte
**Länge:** 10 km
**Einkehr:** Hotel-Restaurant Holler-Mühle (Di. Ruhetag)
**Merkmale:** Besuch beim Erfinder des Verbrennungsmotors • zu römischen Hinterlassenschaften • im Wechsel Feld und Wald
**Öffnungszeiten:** Nicolaus-August-Otto-Museum, tägl. 9 – 16 Uhr

**Info:** Verbandsgemeinde Nastätten, Tel. 0 67 72/80 20;
Internet: www.nastaetten.de
**Sehenswert:** Ev. Pfarrkirche (1765), kleiner Saalbau mit Mansarddach • römisches Kastell aus dem 2. Jh. u. gut erhaltene Limesstrecke mit Turmfundamenten, Reste eines Vicus u. Bad

Der Hintertaunus gilt nicht gerade als Speerspitze des technischen Fortschritts. Ausgerechnet hier in der ländlichen Abgeschiedenheit der Gemeinde Holzhausen auf der Haide wurde 1832 einer der größten Erfinder Deutschlands geboren: Nicolaus August Otto, der Mann, ohne den „kein Auto fahren und kein Flugzeug fliegen" würde, wie an seinem Elternhaus auf einer Gedenktafel zu lesen steht. Dem Sohn eines früh verstorbenen Land- und Gastwirtes war es nicht in die Wiege gelegt, die industrielle Welt zu revolutionieren. Bereits 1861 hatte er, der gelernte Kaufmann, als reiner Autodidakt den Viertaktmotor entwickelt, der freilich noch etwas unausgereift das Material ruinierte. Erst als andernorts die Heißluftmaschine erfunden war, kam Otto 1875 die zündende Idee für den kontrollierten Verbrennungsvorgang. Noch heute weckt es Bewunderung, wie geschickt das Problem der Regulierung des Gas-Luft-Gemischs gelöst wurde. Große Tafeln und verschiedene Motoren im bemerkenswert gut ausgestatteten Otto-Museum in Holzhausen erläutern das Prinzip. Freilich war es anderen vorbehalten, den damals zwischen einem und acht PS leistenden Motor zum Herzstück des Automobils zu machen. Kaum dass die ersten Kraftkutschen von Carl Benz über die Straßen zuckelten, starb Otto aufgezehrt von wirtschaftlichen und familiären Sorgen 1891. Die größte Ehre widerfuhr ihm posthum. Seit 1940 trägt der Viertaktmotor seinen Namen; in jedem Kraftfahrzeugbrief steht unter Punkt fünf, Antriebsart: Otto.

Viel hat sich seit Nicolaus Ottos Zeiten in Holzhausen nicht verändert, ein unauffälliger Ort, dessen bedeutendste Sehenswürdigkeiten, ein römisches Kastell samt einer längeren Limesstrecke, im freien Gelände zu finden sind. Von der Ortsmitte Holzhausens läuft man in südlicher Richtung mit dem Zeichen schwarzer Limesturm an der B 260 entlang, bis gegenüber der Abzweigung Martenroth Turm und blaues Dreieck links von der Straße wegführen. Zunächst neben dem Feldrand, was weite Sicht über die Höhenzüge des Lahntaunus ermöglicht, kommen wir im Rechtsknick zum Wald hinauf. Hier unter Bäumen weist der Limeswall noch eine beachtliche Höhe auf. Wird die Schutzhütte sichtbar, sollte man sich ihren Standort einprägen, bevor man auf das nahe Kastell zuhält. Am Kreuzungspunkt wichtiger Verkehrswege wurde es Ende des 2. Jahrhunderts errichtet. Hier überdauerte es die Zeit recht unbeschadet, ehe man im 19. Jahrhundert zum Bau einer Straße, der heutigen B 260 verantwortungslos Steine aus den Mauern brach. Dennoch blieb noch so viel bewahrt, um das Kastell den besterhaltenen Wehrbauten am Obergermanischen Limes zurechnen zu können. An den Überresten lässt sich die Grundanlage deutlich ablesen: In der Mitte der Ummauerung als Rundapsis das Fahnenheiligtum, daneben die Verwaltungsgebäude und Torbauten; ohne sichtbare Spuren hingegen die einst dicht stehenden Mannschafts- und Versorgungsgebäude aus Holz. In den Ruinenhügeln ringsum zeichnen sich Reste eines Vicus mit Bad ab.

Vom Kastell geht man zur Schutzhütte zurück und auf dem breiten Weg nach rechts durch Wald mit blauem Dreieck und H 4 weiter. Nicht verfehlt werden kann das Dörfchen Rettert dank seines schiefergedeckten gotischen Kirchturms, den wir, aber nur mit H 4 nach links durch die Felder streifend, ansteuern. Auf der Durchgangsstraße links, dann zweigt aus der Kurve ein mit J 5 ausgeschilderter, befestigter Weg ins Hasenbachtal zur Holler-Mühle ab, einem idyllisch gelegenen Waldhotel mit gutbürgerlichem Restaurant. Für den letzten Wegabschnitt müssen wir von der

Mühle zum davorliegenden Parkplatz, wechseln über das Brückchen zur anderen Hasenbachseite und nehmen dort den mit H 2 markierten Weg, der bald gemeinsam mit dem schwarzen Rhombus bis Holzhausen führt. Genau am Geburtshaus von Nicolaus August Otto kommt man in den Ort.

# Eine Hütte als Palast

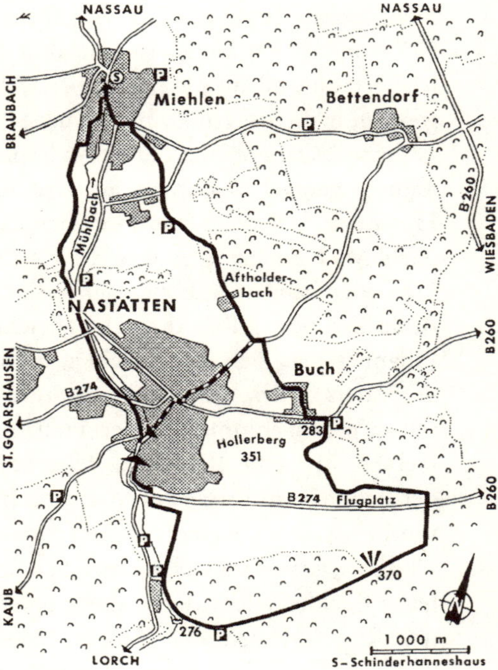


**Beginn:** Nastätten, Marktplatz
**Länge:** 17 (10) km
**Einkehr:**
In Miehlen • in Buch
**Merkmale:** Wo der Räuberhauptmann Schinderhannes geboren wurde • halb durch freies Feld, halb im Waldschatten über die Höhen des Hintertaunus
**Öffnungszeiten:**
Museum Leben und Arbeiten, Nastätten, Mi./Do. 9.30 – 11.30, So. 13.30 – 17 Uhr
**Info:** Verbandsgemeinde Nastätten, Tel. 0 67 72/80 20;
Internet:
www.vg-nastaetten.de
**Sehenswert:** Ev. Pfarrkirche, aus Erbauungszeit um 1250 noch der spätromanische Westturm, der Chor spätgotisch, Schiff 1774 erneuert, im Inneren Emporen, Ausmalungen u. Kruzifix v. 1520 • kath. Pfarrkirche St. Peter und Paul, 1656 als schlichter Saalbau errichtet • mehrere stattliche Fachwerkhäuser wie Solernscher Hof (1692) oder Wohnbauten in der Römerstraße

Klein und unscheinbar steht es da, das Geburtshaus des legendären Räuberhauptmannes Johannes Bückler, genannt Schinderhannes. Fein hat es die Hintertaunus-Gemeinde Miehlen herausgeputzt, wobei es an ein Wunder grenzt, dass diese bescheidene Fachwerkkate noch steht. Jahrelang ungenutzt, hat nun dort die Bücherei ihr Domizil gefunden. Nur ein Holzschild „Haus Schinderhannes" erinnert an den Sohn eines Abdeckers („Schinders"). Das Geburtsjahr ist bis heute nicht genau bekannt. Die Angaben schwanken zwischen 1777 und 1783. Sicher ist nur, dass Bückler an einem 29. Mai getauft und am 21. November 1803 mit 19 seiner Spießgesellen in Mainz guillotiniert wurde.

Seine „Karriere" hat der Schinderhannes freilich nicht im Taunus gemacht, sondern auf der anderen Rheinseite im Hunsrück. Von dort stammte auch der Vater, der nur kurz nach Miehlen gezogen war, weil seine Frau dort besagtes Häuschen geerbt hatte. Für den sozial ganz unten stehenden Abdecker war selbst diese bescheidene Hütte ein Palast. Johannes mag sich gesagt haben, ein besseres Leben als das des Vaters findest du überall, und nutzte die unsicheren Zeiten seit dem Einmarsch der Franzosen in linksrheinische Gebiete für seine Raubzüge. Über 200 Straftaten konnten der Bande beim Prozess in Mainz nachgewiesen werden, vermutlich waren es weitaus mehr. Ohne die Zeitumstände und seine als clever und charmant beschriebene Persönlichkeit hätte Bückler weder derart dreist agieren noch sich der spätere Ruf eines deutschen Robin Hood verfestigen können. Ob von Carl Zuckmayer dramatisiert oder von Helmut Käutner in seiner Verfilmung (1958) mit Curd Jürgens und Maria Schell romantisiert, viele woben mit, dass der Schinderhannes unsterblich wurde.

Die Wanderung auf den Spuren des Räuberhauptmannes beginnt in Nastätten. Am ehemaligen Bahnhof nahe dem zentralen Marktplatz nehmen wir die Markierung blauer Strich auf. Wir queren die Landstraße in Richtung Miehlen und schwenken drüben vor dem Steinmetzbetrieb rechts ab. Zunächst noch befestigt, findet der Weg rasch in freies Terrain und führt fast parallel zur Straße durch offenes Wiesengelände hinüber nach Miehlen. Gleich am ersten Haus heißt es rechts einbiegen und weiter zwischen Neubauten mit mehreren Schlenkern den alten Kern ansteuern. Links vom offen durch den Ort fließenden Mühlbach findet man das Geburtshäuschen Johannes Bücklers. So hübsch wie heute dürften Gefache und rotbraunes Balkenwerk noch nie ausgesehen haben.

Wir gehen – jetzt ohne Markierung – die Hauptdurchgangsstraße zurück bis zur Bergstraße und folgen dieser links hinauf zum Felderrand; dort rechts und weiter zu einer Kreisstraße. Davor biegt man rechts auf den parallel verlaufenden Bürgersteig, dann links in die Laubornstraße. Sie führt in ein Gewerbegebiet, das wir an der ersten Gabelung nach links verlassen. Der befestigte Weg gibt automatisch die Richtung vor, erst über Felder, dann ein kurzes Stück im Wald. Der anschließende Weiler Aftholderbach wird geradeaus durchschritten, der Weg endet schließlich an einer Landstraße. Zum Abkürzen kann man dem Sträßchen auf breitem Bankett rechts hinunter nach Nastätten folgen. Ansonsten läuft man wenige Meter links entlang der Fahrbahn zum ersten rechts in die Felder weisenden, im Ort Buch herauskommenden Weg. Wir schlängeln uns durch das Dörfchen, am Spielplatz links, dann die Lindenstraße hinauf zur Ausfallstraße. Ihr wird bis zu einer baumgesäumten Kurve am Ortsausgang nachgegangen, davor rechts in den asphaltierten Wirtschaftsweg. Mit leichtem Bergan kommt man durch Felder zu einem Segelflugplatz auf dem Plateau.

Das Fluggelände wird auf ganzer Länge an der linken Seite abgegangen, weiter in den Wald und gleich an der ersten Kreuzung rechts hinüber zur Straße, diese gequert und weitere 200 Meter geradeaus. An der folgenden Wegekreuzung (links ein Hochstand) rechts ab, und von nun an heißt die Devise nur noch geradeaus. Erst werden noch einige Felder mit Sicht über die offene Hintertaunus-Landschaft berührt, dann geht es beschwingten Schrittes durch Mischwald ohne

Richtungsänderung zurück. Erst in Höhe einer Birkenpflanzung beiderseits des Weges setzt eine lang gezogene Rechtskurve ein, dabei passiert man ein Erholungsheim und das Freischwimmbad. Kurz vor der neuen Ausfallstraße schwenken wir links ab, unterqueren dann nach rechts diese Straße, um dann darauf zugeführt zu werden. Rechts über die Brücke und weiter auf einem Fußweg kommt man nach Nastätten.

# Entdeckungen fernab der Verkehrsströme

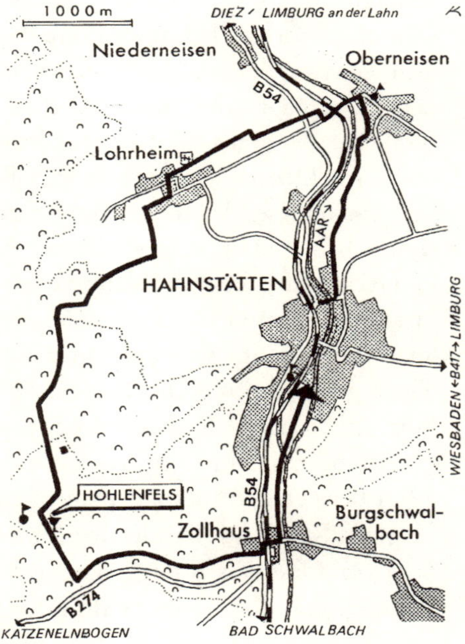


**Beginn:** Hahnstätten, Mitte (Kreuzung Brücken-/Aarstraße)
**Länge:** 12 km
**Einkehr:** Die Gaststätte an der Burg Hohlenfels hat Sa./So. geöffnet, aber auch werktags gibt es kleine Speisen
**Merkmale:** Unbekannter Hintertaunus: entlang der Aar durch Feld, Wald und Wiesen • die „versteckte" Burg Hohlenfels entdecken
**Info:** Gemeindeverwaltung Hahnstätten, Tel. 06430/91140; Internet: www.aar-touristik.de
**Sehenswert:** Ev. Pfarrkirche, einschiffiger Bau aus 13. Jh. im romanisch-gotischen Übergangsstil, Schiff im 17. Jh. barock verändert • Mudershausen, Burg Hohenfels, versteckt in Aar-Seitental gelegen, Mitte 14. Jh. durch Nassau-Weilburg erbaut; nach Verfall seit 18. Jh. vollständig wieder aufgebaut: Bering, Wohnbauten, fünfeckiger Turm (nur Innenhof betretbar) • Oberneisen, ev. Pfarrkirche, beherrschend über dem Dorf zehneckiger Zentralbau unter Einbeziehung eines spätromanischen Turmes 1816/19 erbaut, im Inneren Steinsäulen unter Holzkuppel = der schönste klassizistische Bau im Taunus

Mit dem Taunus verbindet sich die Vorstellung beliebter Ausflugsziele: Großer Feldberg und Rheingau oder Hessenpark und Saalburg. Doch je weiter man noch Norden kommt, desto mehr verebben die Besucherströme. Dabei gibt es auch hier landschaftliche Besonderheiten und Sehenswürdigkeiten zu entdecken. Im nordwestlichen Taunus etwa überrascht das 40 Kilometer lange Aartal mit einigen spektakulären Abschnitten durch schroff aufragende Felsen. Im Unterlauf vor der Lahnmündung bei Diez tritt die steinerne Kulisse etwas zurück, dafür öffnet sich eine gefälligere Landschaft, geprägt vom steten Wechsel zwischen Feldern und Wäldern. Mehrere gut erhaltene Burgen zeugen davon, dass solch fruchtbares Land schon früh Begehrlichkeiten weckte. Zu einem dieser Adelssitze, Burg Hohlenfels, gut versteckt in einem Seitental der Aar, wollen wir hinauswandern.

Der Beginn liegt in Hahnstätten an der Kreuzung Aarstraße (B 54) und Brückenstraße. Auf Letzterer überschreitet man die Aar, um sich links in die Marktstraße zu wenden. Diese geht nahtlos in die Wiesenstraße über und diese wiederum mit kurzem Rechts-links-Knick in den Wiesengrund, einem befestigtem Weg am Rande der flachen Uferzone. Man bewegt sich hier auf dem mit grünen Schildern angezeigten „Rad- und Wanderweg Nr. 36". An den ersten Häusern von Oberneisen folgt man dessen Ausschilderung links, noch einmal über freies Feld und weiter durch den Ort auf der Wiesenstraße bis zum Bahnübergang. Vor dem Weiterlaufen lohnt ein kurzer Abstecher rechts in die Dorfmitte. Beherrscht wird der Ort von einer der schönsten klassizistischen Kirchen im Taunus, einem zehneckigen Zentralbau unter Einbeziehung eines spätromanischen Turmes. Außerdem ist noch über vier Stockwerke die zwanzig Meter lange Mauer eines Burghauses aus der Zeit um 1300 erhalten.

Am Bahnübergang nehmen wir das Zeichen schwarzer Strich auf. Keine hundert Meter dahinter biegt es rechts und bald links ab. Man quert die B 54 und läuft geradeaus über freies Feld auf Lohrheim zu. Zu beachten ist nur ein kurzer Rechts-links-Knick. Es geht vorbei an einem Friedhof und –

sicher von der Markierung geführt – quer durch Lohrheim. Weiter oben, wieder auf freiem Feld, steuert der schwarze Strich auf den Wald zu. Noch ein, zwei Richtungswechsel, dann kann man ganz den stimmungsvollen Laubwald auf sich wirken lassen.

Nach einer halben Stunde gemütlichen Schreitens in leicht fallendem Terrain steht man unvermutet an einer großen Waldwiese, an deren Ende sich die hoch ragende Burg Hohlenfels aufbaut. Hell leuchten die Wohnbauten aus dem frühen 18. Jahrhundert vor dem dunklen Buchenwald, überragt vom fünfeckigen Hauptturm noch aus der Entstehungszeit. Um 1360 ließ Graf Johann I. von Nassau-Weilburg die Burg auf zerklüftetem Kalkfelsen errichten, um sie alsbald dem Geschlecht derer von Langenau als Ganerbenburg zu überlassen. Heute ist die Hohlenfels in Privatbesitz. Für die Jugendbegegnungsstätte, der sie bis 1978 diente, fand sich Ersatz mit der Domäne Hohlenfels zu Füßen der Burg. Ganzjährig steht die große Gutsanlage Schulgruppen, Pfadfindern, Familien, Sport- und Musikvereinen offen. Und in der angeschlossenen Gaststätte wird dem Wanderer rasch eine Brotzeit bereitet.

Der schwarze Strich behält bis zur Domäne seine Leitfunktion, danach läuft man links das Zufahrtssträßchen hinan, passiert ein Betontor und marschiert weiter aufwärts durch Wald bis kurz vor die B 274. Ab hier dürfen wir uns dem schwarzen Punkt anvertrauen. Er führt links abwärts, erst noch zwischen Wald und Feld, schließlich kräftiger fallend durch dichten Mischwald bis nach Zollhaus. An der Kreuzung der Bundesstraßen 274 und 54 halten wir uns links und kurz darauf rechts in die Burgschwalbacher Straße. In Höhe des Kulturhauses „Kreml“ zweigt man links ab. Angezeigt ist der bereits bekannte „Rad- und Wanderweg Nr. 36“. Von der munter sprudelnden Aar rechter Hand lassen wir uns bis nach Hahnstätten begleiten. Am Ende eines

Schulgeländes biegt man links und gleich wieder rechts ab. Ein schmaler Weg führt bis zur Brückenstraße. Sehenswert

*Rekonstruierter Wachturm am Limes nahe dem Kastell Zugmantel* *(s. S. 289)*

sind in Hahnstätten ein stattlicher Fachwerkbau aus dem 18. Jahrhundert an der Aarstraße (Gasthaus) sowie die evangelische Pfarrkirche St. Nikolaus, halb romanisch, halb barock.

# Adressen regionaler Auskunftsstellen

**Hoch- und Maintaunuskreis:**
Taunus Touristik Service e. V.
Ludwig-Erhard-Anlage 1–4
61352 Bad Homburg
Tel. 0 61 72/9 99 41 40
E-Mail: ti@taunus-info.de
Internet: www.taunus-info.de

**Rheingau:**
Rheingau-Taunus Information
An der Basilika 11 a
65375 Oestrich-Winkel
Tel. 0 67 23/99 55 99
E-Mail: Tourist@rheingau-taunus-info.de
Internet: www.rheingau-taunus-info.de

**Mittelrhein und untere Lahn:**
Mittelrhein-Lahn-Tourismus GmbH
Bahnhofplatz 7
56068 Koblenz
Tel. 02 61/3 03 88 34
E-Mail: info@mittelrhein-lahn.de
Internet: www.mittelrhein-lahn.de

**Mittlere Lahn:**
Freizeitregion Lahn-Dill e. V.
Karl-Kellner-Ring 51
35576 Wetzlar
Tel. 0 64 41/4 07 19 00
E-Mail: info@lahn-dill-kreis.de
Internet: www.lahn-dill-kreis.de

**Empfohlene Wanderkarten:**
Der Taunus, 3 Blätter (Osten, Mitte, Westen), Maßstab 1:50 000; hrsg. vom Hessischen Landesvermessungsamt, Wiesbaden

# Register